CB134712

Quando chegam as respostas

Quando chegam as respostas

Psicografia de

Sônia Tozzi

pelo espírito

Irmão Ivo

LÚMEN
EDITORIAL

Quando chegam as respostas
pelo espírito *Irmão Ivo*
psicografia de *Sônia Tozzi*

Copyright ® 2007 by
Lúmen Editorial Ltda.

1ª edição – agosto de 2007

Direção editorial: *Celso Maiellari*
Preparação de originais: *Fábio Maximiliano*
Revisão: *Alessandra Miranda de Sá*
Diagramação: *Raquel Coelho / Casa de Idéias*
Arte da Capa: *Daniel Rampazzo / Casa de Idéias*
Impressão e acabamento: *Gráfica Palas Athena*

Dados Internacionais de Catalogação na Publicação (CIP)
(Câmara Brasileira do Livro, SP, Brasil)

Ivo, Irmão (Espírito).
Quando chegam as respostas / pelo Espírito Irmão Ivo; psicografia de Sônia Tozzi. — São Paulo : Lúmen, 2007.

1. Espiritismo 2. Psicografia 3. Romance espírita
I. Tozzi, Sônia. II. Título.

07-5394 CDD-133.9

Índice para catálogo sistemático:
1. Romance espírita : Espiritismo 133.9

LÚMEN EDITORIAL

Rua Espírita, 64
São Paulo – SP
CEP: 01527-040
Tel./Fax: (0xx11) 3207-1353

visite nosso site: www.lumeneditorial.com.br
fale com a Lúmen: atendimento@lumeneditorial.com.br
departamento de vendas: comercial@lumeneditorial.com.br
contato editorial: editorial@lumeneditorial.com.br

2007

Proibida a reprodução total ou parcial desta
obra sem prévia autorização da editora

Impresso no Brasil – *Printed in Brazil*

“Devemos falar de amor o mais que pudermos, porque o desamor, a humanidade já conhece.”

Irmão Ivo

Agradeço a Jesus por permitir que mais uma obra fosse entregue aos irmãos que, como eu, acreditam na vida futura; e ao querido amigo Ivo, por continuar confiando em mim, compreendendo minhas imperfeições.

Dedico esta obra em especial aos meus queridos netos:
Bruno Henrique e Viviane
Camila, Sophia, Ricardo Luis, Luisa e Enzo,
que apenas começam sua caminhada no mundo físico.
Que Jesus os ilumine para que jamais se desviem da rota do bem e do amor fraternal, e que suas respostas sejam de paz e de felicidade no reino de Deus.

Prefácio I

Aqui estamos, mais um livro de Sônia Tozzi. E o que falar sobre mais um trabalho desta escritora que, a cada dia, a cada mês, a cada livro, nos enriquece com ensinamentos edificantes que nos ajudam a entender fatos que transformam nossas vidas e que, na maioria das vezes, nos faz perguntar: "Por que isso aconteceu comigo?"

Este trabalho fica ainda mais difícil quando a escritora é sua mãe, a pessoa que nos ensinou a trilhar os caminhos do bem e os princípios que verdadeiramente importam na vida. Fui privilegiado por poder conviver com estes ensinamentos desde minha infância, o que agora é compartilhado com todos que tiverem a oportunidade de ler mais esta obra de Sônia Tozzi e Irmão Ivo.

Em *Quando chegam as respostas*, o espírito Irmão Ivo nos brinda com histórias que nos fazem refletir sobre nossas atitudes e posturas diante dos fatos, pois, com sua escrita leve e cotidiana, ele nos faz refletir fazendo com que, mais do que leitores, nós sejamos os protagonistas do enredo.

Portanto, caro leitor, mergulhe nesta leitura que, com certeza, lhe trará ensinamentos que o ajudarão na longa caminhada da vida.

Para finalizar, gostaria de agradecer a oportunidade de participar desta obra e dizer para minha mãe: “Eu te amo!!!!”.

EDUARDO HENRIQUES RODRIGUES

Prefácio II

Receber um convite para escrever o prefácio de um livro, além de uma grande responsabilidade, é uma grande honra. O que dizer então se a escritora é sua própria mãe?

Será possível separar o amor filial da admiração pessoal? Será possível ser imparcial, objetiva e direta?

Pensei não ser possível e, na verdade, não sei se é; apenas sei que não preciso fazer de conta que a Sônia Tozzi não é minha mãe para escrever um prefácio. Simplesmente devo escrever o que sinto e, sendo sincera, eu não quero omitir esse fato da minha vida. E por que eu ia querer omiti-lo?

Minha mãe é uma das melhores pessoas que já conheci, sabe ser filha, esposa, mãe, amiga, divulgadora da doutrina espírita, tarefeira de Jesus e, como se não bastasse, escritora do amor. Seus livros ensinam, inspiram o bem, acalmam os corações, elevam o espírito, e com este novo livro não poderia ser diferente.

Quando chegam as respostas é uma obra que, acima de tudo, nos traz a luz, nos ensina a viver antes de termos as respostas. Ensina-nos a confiar em Deus e a seguir em frente, amando, trabalhando e olhando para o nosso próximo. A cada página nos encontramos e nos entendemos. A cada página temos a certeza da Justiça de Deus e de que estamos exatamente onde deveríamos estar, passando pelos problemas que devemos passar e aprendendo que, se soubermos olhar à nossa volta, se soubermos aprender com a nossa vida, encontraremos as soluções e o caminho para a paz almejada.

Orgulho é um sentimento que não devemos abrigar em nosso coração, por isso não vou dizer que tenho orgulho da minha mãe, mas posso dizer com a maior sinceridade que a Sônia Tozzi, minha mãe, por sua vida, e principalmente pelos seus exemplos, me fez ter muito amor. Amor por ela, amor por Deus, amor pelos meus semelhantes e, com certeza, ela e o espírito Irmão Ivo, por intermédio deste livro, também despertarão em vocês esse amor.

Se entreguem a essa leitura de coração aberto para as mudanças, pois certamente elas virão. Amar, mudar, evoluir e acordar são verbos que mexerão com o seu íntimo.

Foi uma honra participar de alguma forma deste livro, mas honra maior é poder conviver com ela e com Irmão Ivo também.

Muito obrigada!

Cláudia Henriques Rodrigues Sirvinskas

Sumário

Capítulo I Pátria espiritual 15
Capítulo II Reencarnação: uma nova chance 33
Capítulo III O criador é sempre justo 49
Capítulo IV A lição de Laís 67
Capítulo V Jacira vai às zonas umbralinas 77
Capítulo VI A morte não é o fim da vida 99
Capítulo VII A dívida e o devedor 115
Capítulo VIII Trabalho e aprendizado na espiritualidade 131
Capítulo IX Os dois mundos de Deus 143
Capítulo X Revelação surpreendente 159
Capítulo XI O amparo dos bons espíritos 181
Capítulo XII O vale dos suicidas 199
Capítulo XIII Triunfando sobre o vício 217
Capítulo XIV O bálsamo do perdão 231

Capítulo XV O amor mais puro 251
Capítulo XVI Generosidade é felicidade 263
Capítulo XVII Na reencarnação, a depuração 279
Capítulo XVIII Até o último ceitil 293
Capítulo XIX Divina solução 309
Considerações 323

Capítulo I

Pátria espiritual

"Descendo eles da montanha (após a transfiguração), Jesus lhes preceituou, dizendo: 'Não digais a ninguém o que viste, até que o Filho do homem seja ressuscitado de entre os mortos'. Seus discípulos então o interrogaram, e lhe disseram: 'Por que dizem, pois, os escribas que é necessário que Elias venha primeiro?' E Jesus, respondendo, disse-lhes: 'Em verdade, Elias virá primeiro e restabelecerá todas as coisas. Mas eu vos declaro que Elias já veio, e eles não o conheceram, antes o fizeram sofrer tudo quanto quiseram'. Então entenderam os discípulos que era de João Batista que ele lhes havia falado." (São Mateus, cap. XVII)

"Seja qual for, de resto, a opinião que se tenha sobre a reencarnação, quer aceitem ou não, ninguém a ela escapará por causa da crença em contrário. O ponto essencial é que o ensinamento dos Espíritos é eminentemente cristão: ele se apóia na imortalidade da alma, nas penas e recompensas futuras, no livre-arbítrio do homem, na moral do Cristo, portanto não é anticristão.

Reconheçamos, em resumo, que a doutrina da pluralidade da existência é a única a explicar aquilo que sem ela é inexplicável. Que é eminentemente consoladora e conforme a justiça mais rigorosa, sendo para o homem a tábua de salvação que Deus lhe concedeu, na sua misericórdia." (*Livro dos Espíritos* – cap. V – item 222 – perg. 147)

Jacira, em seus poucos momentos de folga, dirigia-se ao lago azul em busca da energia e da paz que reconfortavam seu espírito, fortalecendo-o para que ela desempenhasse com equilíbrio sua missão de atendimento aos recém-chegados da Terra. Trabalhava no Hospital Maria de Nazaré, em uma Colônia da espiritualidade, desde o seu retorno à Pátria espiritual e após atingir o preparo exigido para o cumprimento de tal tarefa.

Aos vinte e cinco anos, ela desencarnara ao dar à luz seu quarto filho; fora vítima de um parto complicado, nas mãos de uma parteira inexperiente, no início do século XX. Filha de pais severos e autoritários, casou-se com Josué por imposição paterna, aos dezesseis anos, sem que tivesse por ele nenhum sentimento, nem afeição. Cumpria apenas o costume da época de unir interesses familiares e fortunas adquiridas, não raro, de maneira suspeita e ilegal.

Acostumara-se apenas a ouvir e obedecer. Josué não fugia à regra dos homens que consideravam a esposa apenas um adorno que servia para enfeitar a casa com sua beleza e satisfazer os desejos do marido. Jacira não conhecera a felicidade conjugal, e sua vida fora a réplica da de sua mãe e de sua avó.

Jacira entregava-se às recordações de sua existência anterior, e estava tão absorta que não percebeu a presença de Jacob.

— Irmã Jacira, o que a deixa assim tão pensativa?

Jacira teve um leve sobressalto ao perceber a presença do querido instrutor e amigo.

— Perdoe-me, Irmão Jacob, mas entreguei-me às minhas lembranças, e parece que me perdi no tempo.

— Boas lembranças?

— Minhas lembranças ruins são em maior número do que as boas, infelizmente, Irmão.

— Quanta amargura! — exclamou Jacob.

— Envergonho-me, mas é verdade. Tantos anos desde o meu retorno e não consegui ainda neutralizar totalmente os efeitos que essas lembranças provocam em meu espírito. Sinto-me injustiçada, ferida... Enfim, nada fiz para que minha última existência fosse tão cheia de lágrimas.

— Falando assim, Jacira, está colocando em dúvida a justiça do Criador. Nenhuma criatura jamais sofreu injustamente. Nós não somos tão inocentes quanto queremos parecer, minha irmã.

— Não duvido do Criador, Irmão Jacob, mas não compreendo por que ainda não tomei conhecimento do motivo do meu sofrimento. O que fiz para viver ao lado de um homem insensível, déspota, orgulhoso e egoísta o suficiente para não dedicar à mulher ou aos filhos o mínimo de atenção e gentileza que todo ser anseia receber? Casei-me muito jovem... eu era apenas uma menina! Não me deram o direito de escolher quem gostaria de ter ao meu lado, dividir comigo os meus sonhos e a minha vida. Tudo me foi imposto.

— Entretanto, tudo suportou com coragem. Não se entregou às lamentações, nem ao desejo de vingança. Não armou tramas ou artifícios mesquinhos para modificar a situação. Foi valente e corajosa, Jacira.

— Alguma coisa que até hoje desconheço sustentava a minha alma, dava-me força e fé para suportar, dia após dia, os maus-tratos e o terrível humor de Josué. Meus pais nada faziam para aliviar minhas aflições; ao contrário, apoiavam meu marido, dizendo que a mulher tinha o dever e a obrigação de obedecer ao marido, que era o senhor absoluto das decisões do lar.

— Jacira, chegará o dia em que as respostas lhe serão dadas, e a partir delas você entenderá o porquê de toda aquela situação de conflito.

— Quando isso acontecerá?

— No momento em que estiver preparada. Quando o perdão estiver presente em seu espírito de verdade, sinceramente. Assim que você tiver equilíbrio suficiente para não se abater diante das revelações. Aguarde com paciência, trabalhe com dedicação e confie no Criador.

— Mas... É que já se passou tanto tempo desde que aqui cheguei!

— O tempo não importa; o que conta é o equilíbrio do espírito e sua verdadeira integração com o amor de Deus. Sua hora chegará. Como disse, paciência.

Nesse instante, ouviram as notas musicais ecoando suavemente por todo o ambiente, compondo uma linda melodia.

— É hora da prece! — exclamou Jacob. — Vamos até o auditório?

— Vamos! — respondeu Jacira com entusiasmo.

Dirigiram-se ao auditório onde seria ministrada uma palestra, após a prece de louvor ao Senhor da vida, feita diariamente naquele horário.

Após breves minutos, adentrou o recinto Lucas, espírito nobre e de alta evolução. Seu porte humilde, sua sabedoria e a intensa luz que o envolvia atingiam os presentes como um jato de amor e paz. Com voz pausada e doce, iniciou sua explanação:

"Que a luz divina aqueça neste instante todos os irmãos aqui presentes, e aqueça também os que ainda não conseguiram enxergá-la pela própria cegueira espiritual em que se encontram.

O tema que estudaremos agora diz respeito à reencarnação, essa sagrada oportunidade concedida pelo Criador para que cada uma de suas criaturas tenha nova oportunidade de reavaliar seus conceitos e ideais, e de ajustar-se mais firmemente às leis divinas, compreendendo que apenas através dessas leis que nos levam ao amor universal poderemos avançar para nosso Pai e alcançar a felicidade que almejamos.

A cada nova existência na Terra, preso a um corpo de carne e sofrendo as limitações desse corpo, o espírito vive situações semelhantes às passadas para que possa, por meio de novo aprendizado, modificar as atitudes impensadas de outrora, atitudes essas que originaram dores e aflições em seu semelhante, e principalmente em si próprio. Ou então situações opostas às vividas, para que aprenda e adquira em cada uma delas experiências que lhe trarão sabedoria no futuro."

Jacira fitou Jacob, que, com um olhar, incentivou-a a prestar atenção nas palavras de Lucas, que prosseguia:

"Quem apenas foi rico jamais saberá o que padece o miserável; aquele que nunca adoeceu nem sofreu aflições jamais irá se sensibilizar com a dor alheia; enfim, quem nunca conheceu a escuridão não poderá valorizar a luz. Deus nos dá em abundância tudo que precisamos para renascer para a luz, a verdade e o amor. Cada um de nós constrói sua encarnação futura através das atitudes prudentes ou levianas que tomamos em cada existência. Aquele que muito amou, muito será amado; mas a grande esperança para aqueles que erraram e se enganaram é a certeza da justiça divina, que concede a todas as criaturas nova oportunidade de retornar e modificar sua história através da própria mudança.

Elevem, neste instante, o pensamento a Deus e agradeçam-Lhe pela vida que pulsa incessantemente em todos os cantos do universo. Que o Divino Amigo auxilie todos nós a prosseguir rumo a nossa evolução."

Jacira voltou a pensar em sua própria existência na Terra. "Não posso deixar de questionar, de tentar entender por que sofri tanto nas mãos de Josué. O que fiz no passado que gerou tanto rancor em seu espírito a ponto de espezinhar-me da maneira como fez?"

Jacob apenas observava a reação de Jacira. Percebendo sua inquietação, disse-lhe:

— Ore! Aproveite esse instante e ore, minha irmã.

Jacira aceitou a orientação do instrutor. Dirigiu seu pensamento ao mestre Jesus e, enquanto Lucas encerrava sua explanação com uma singela prece, Jacira também orava, entregando-se sem reservas ao amor de Deus e suplicando-Lhe auxílio.

No instante em que todos se retiravam do recinto, Jacira aproximou-se mais de Jacob, e novamente lhe perguntou:

— Irmão, desculpe a minha insistência, mas algum dia poderei conhecer as respostas que busco?

— Claro, Jacira! Todos têm esse direito, uns mais cedo, outros mais tarde; mas o momento da revelação chegará para todos.

— Anseio por esse instante. Quero muito entender o porquê das aflições que passei quando ainda encarnada.

— Não se torture tanto, Jacira, controle-se para não cair em desequilíbrio, o que a prejudicaria muito. Atualmente, por mérito seu, desempenha um importante trabalho no hospital Maria de Nazaré; dedique-se a ele. Acolha os irmãos que chegam da Terra e necessitam de amparo e auxílio. A generosidade, o amor fraternal que dedicar a esses espíritos ainda em perturbação, fortalecerá o seu próprio espírito e o seu encontro com a verdade chegará quando menos esperar. Só não poderá esquecer de perdoar, minha irmã: o perdão é o grande efeito do amor.

— Mas, Irmão Jacob, ainda dói muito ter sido impedida de cuidar pessoalmente dos meus filhos. Por determinação de Josué, eles foram criados por duas amas da fazenda, e não por mim, sua mãe! Isso machuca demais o meu espírito. Quantas noites chorei pelo desejo incontido de envolvê-los em meus braços e cobrir seus rostos com os meus beijos de mãe; sentir em meu pescoço seus bracinhos me envolvendo... Não consigo compreender a razão de tanta maldade e severidade de Josué para comigo.

— Como já lhe disse, e o Irmão Lucas acabou de esclarecer, a reencarnação é a maior dádiva de Deus. Um dia irá agradecer ao Pai Maior as dores e as aflições vividas com resignação e fé. Nesse dia, entenderá a importância que elas tiveram na sua escalada evolutiva. Deus é sábio, justo e bondoso com todas as Suas criaturas, e o que agora não pode compreender, mais tarde será motivo de agradecimento ao Pai.

— Mas por que não tomamos conhecimento de tudo assim que retornamos?

— Porque para todos os propósitos existe um tempo, um tempo necessário para que haja o aprendizado e, conseqüentemente, a compreensão.

— E enquanto espero...

— Faça o que já está fazendo, o trabalho edificante junto aos espíritos que necessitam, esquecendo-se de si mesma e permitindo que cada vez mais o amor de Deus fortaleça seu espírito inquieto, dando-lhe serenidade para aguardar o seu momento.

Jacira segurou as mãos de Jacob e beijou-as antes que o querido espírito as retirasse.

— Não faça isso, irmã, sou apenas um espírito comum e imperfeito.

— É a minha maneira de agradecer-lhe por ser meu instrutor, sempre amigo e generoso.

— Não agradeça a mim, Jacira, mas sim ao querido amigo Jesus, que olha por todos nós e permitiu nosso encontro.

Separaram-se.

Jacob seguiu para o cumprimento de sua missão na espiritualidade, e Jacira, com mais entusiasmo, dirigiu-se ao hospital.

— Que bom que chegou — disse Ivan ao vê-la.

— Aconteceu alguma coisa? — perguntou Jacira.

— Sim. Nosso querido irmãozinho do leito 29 insiste em ir embora do hospital e voltar para seu lar terreno. Não quer dar ouvidos a ninguém, e diz que só escutará você. Pode ir vê-lo?

— Claro, Ivan, imediatamente.

Com rapidez, dirigiu-se ao quarto onde Mateus debatia-se em agitação. Aproximou-se devagar e de modo suave sussurrou-lhe:

— Que a luz divina ilumine seu espírito, irmãozinho.

No mesmo instante em que percebeu a presença de Jacira, Mateus aquietou-se.

— Que a luz divina ilumine seu espírito, meu irmão – repetiu Jacira.

O rosto de Mateus, até então contraído, foi-se desanuviando e tomando uma expressão mais serena. Jacira pegou um pequeno recipiente, onde colocou um pouco de água energizada. Ofereceu-lhe, dizendo:

— Beba, Mateus, irá lhe fazer muito bem.

Sem questionar, Mateus aceitou a sugestão de Jacira e tomou o líquido oferecido, aparentando serenidade.

— Sente-se mais calmo? — perguntou-lhe Jacira.

Apesar de não conseguir esconder sua insegurança, respondeu com certa tranqüilidade.

— Sim. Quer dizer, acho que estou. Obrigado.

— Gostaria de conversar um pouco?

— Com você, sim.

— Então, comece revelando-me o que o atormenta.

— Quero ir embora! — ele exclamou.

— Ir embora!?

— Sim.

— Posso saber por que, e para onde pretende ir?

— Quero voltar para minha casa na Terra.

— Mateus, aquela casa não lhe pertence mais. Sua casa agora é aqui, na espiritualidade.

— Mas não gosto daqui, e não quero ficar aqui. Quero ir para o meu lar terreno e ficar junto da minha família.

— Você está junto de sua família espiritual. Esta é sua casa, e aqui deve ficar até o momento que nosso Criador decidir que está na hora de retornar ao mundo físico.

— Mas quando isso irá acontecer?

— Não sei dizer, Mateus, não tenho essa informação. Mas é muito provável que demore ainda um certo tempo.

— Por quê?

— Porque você precisa se refazer, equilibrar-se e aprender muito, e se preparar para retornar à Terra.

— Mas... assim demorará tempo demais, e minha esposa irá se unir a outra pessoa, esquecer-me... Eu não posso agüentar isso! Não é assim que acontecerá?

— Não sei, Mateus. Pode ou não acontecer. Caso aconteça, você deverá deixá-la livre para seguir seu caminho na Terra. Não poderá tê-la da maneira que pensa e ainda quer, mas poderá guardá-la no seu sentimento de amor fraternal. Agora vocês pertencem a mundos diferentes, possuem corpos diferentes e terão tarefas diferentes, que deverão cumprir com entusiasmo e coragem.

— Não terei forças para isso!

— Terá, Mateus, se entregar seu espírito a Jesus e confiar no Divino Amigo. Iniciará sua evolução espiritual através do aprendizado edificante e nobre; e aquela que foi sua companheira na Terra seguirá também o caminho traçado para a evolução dela própria, ou seja, aprenderá a superar a prova da separação, criará seus filhos sozinha para adquirir experiência na luta digna, e humildade na subserviência à vontade de Deus, cumprindo assim o roteiro estabelecido por ocasião de sua reencarnação, e atingindo o seu objetivo de consertar seus erros do passado.

Mateus permanecia em silêncio. A paz tomou conta de seu espírito quando Jacira, colocando a mão com suavidade em sua testa, orou a Jesus suplicando auxílio para aquele espírito ainda em perturbação. Ao terminar a oração, disse a Jacira:

— Posso fazer-lhe uma última pergunta?

— Claro, Mateus, faça!

— O que acontecerá se eu optar em sair daqui e voltar para o meu lar terreno?

— Retardará seu processo de evolução, e perceberá mais tarde a inutilidade desse gesto imprudente, quando cair no sofrimento que certamente virá. Aconselho-o a aceitar o cuidado e o carinho com os quais é tratado aqui, e as orientações que recebe para conseguir o seu equilíbrio, através da ligação com Jesus. Ainda é cedo para perceber tudo, mas a compreensão virá pouco a pouco, trazendo-lhe paz e aceitação.

Impedindo que Mateus novamente a interrogasse, Jacira despediu-se, orientando-o a que se entregasse ao sono reparador.

Ao se ver sozinho, Mateus, imprudente, mais uma vez se entregou às perguntas para as quais não encontrava respostas.

— Por que será que desencarnei tão cedo, quando tinha tantos objetivos para alcançar? Marisa ficou só com as crianças, com a responsabilidade de criá-las e educá-las sem o meu apoio, e ainda é tão jovem! Não sei, mas penso que deve existir um meio de retornar ao meu antigo lar, ficar perto dela e ajudá-la nessa missão, que, acredito, será muito difícil. Sei que ela não me verá, mas mesmo assim poderei influenciá-la; e o mais importante é que participarei de sua vida e da de meus filhos.

Imprudentemente, Mateus se entregou ao delírio de querer o que, para ele, era impossível, ou seja, retornar ao mundo físico e retomar uma tarefa que sua própria inconseqüência anulara. Sofria unicamente o efeito de uma causa que ele mesmo, em sua leviandade, gerara. Julgava-se vítima de um destino cruel e impiedoso, que o retirara do convívio de seus familiares; mas não se dava conta de que fora ele o próprio algoz.

Retornara à Pátria Espiritual através de um suicídio inconsciente, gerado na sua própria volúpia em desfrutar da vida sem nenhuma prudência ou equilíbrio. Portador de uma doença grave no fígado, entregava-se de modo leviano à bebida em suas inúmeras noites de orgia, esquecendo-se da esposa e dos filhos, cuja ausência agora lamentava.

Desencarnara em um cabaré, expondo sua esposa à mágoa e à humilhação de retirar seu corpo inerte entre copos, fumaça e toda sorte de desatinos. Assim que seu espírito abandonou seu corpo sem vida, fora atraído, seguindo a lei da afinidade, para uma zona infeliz, até que, cansado, clamou por misericórdia. Foi então resgatado e levado ao hospital Maria de Nazaré, para receber o tratamento adequado ao seu espírito.

As respostas existem para todas as nossas aflições, porque a bondade divina jamais permite que uma só criatura de Deus sofra sem causa justa. O sofrimento é gerado pelo próprio homem, e não por Deus, que espera com paciência que todas as suas criaturas percebam o caminho do bem e da luz, porque esse é o caminho da felicidade real.

O desencarne de Mateus contrariou o seu projeto de vida, que era de sessenta anos no mundo físico. Por conta de seu livre-arbítrio, tornou-se vítima de si próprio, impedindo o cumprimento da missão para a qual se preparara antes de reencarnar, e tirando de seus filhos o direito de ter o pai presente.

Essa é a co-responsabilidade da qual todos precisam tomar atenção. Os atos impensados e levianos atingem outras pessoas, e muitas vezes mudam a rota de suas vidas. Hoje Mateus sofre, inconformado, e quer de alguma forma retomar o que para ele não é mais possível. Contraiu um débito a ser resgatado futuramente; mas a grande bênção do Criador é poder voltar no momento certo através da reencarnação e consertar o que imprudentemente se desequilibrou no campo das emoções das pessoas com as quais conviveu.

— Irmão Jacob, sinto que Mateus ainda não aceitou o fato real de estar vivendo de maneira diferente. Insiste em retornar ao lar terreno, e acredito não ser o momento propício.

— Tem razão, Jacira. Se ele sair do hospital, irá para seu antigo lar; e como não tem ainda nenhuma condição para isso, facilmente cairá em prostração e em demência espiritual. Sem mencionar o mal que poderá fazer à sua família, que, graças à força e à fé de Marisa, encontrou o equilíbrio para refazer a vida sem a presença do pai e esposo.

— O que podemos fazer, Irmão?

— Vamos voltar a falar com ele! — exclamou Jacob.

Os dois espíritos retornaram ao quarto de Mateus, encontrando-o quase em confusão mental.

— Por que insiste nessa conduta que o leva a essa confusão, irmão? — perguntou Jacob.

— Porque não posso aceitar tanta injustiça! — respondeu Mateus.

— E onde pensa que está a injustiça? — Jacob continuou.

— No meu desencarne precoce. Sou muito novo para ter abandonado a Terra, deixando minha esposa e meus filhos sozinhos, órfãos. Não é justo!

— Mateus, posso lhe dizer que sua família se encontra muito bem. Eles superaram a dor da separação com valentia e fé no Criador. Hoje vivem unidos e felizes, e oram muito por você; isso quer dizer que nunca o esqueceram, mas aceitam que a separação é definitiva e que, quando ela acontece, cada um passa a habitar um lugar diferente na grande casa de Deus, que é o Universo Infinito.

— Mas aceitaram tudo com tão pouco tempo passado da minha desencarnação?

— Não é pouco tempo, Mateus, é um tempo considerável.

— Mas não cheguei recentemente?

— Aqui no hospital, sim, mas não na espiritualidade.

— Não entendo!

— Você passou um período em outra região até que foi trazido para cá, pela misericórdia de Jesus.

— Por que não me recordo?

— Talvez porque não seja importante que se recorde. Tente se concentrar nesse seu momento presente, pense em Jesus, na sua grande bondade e no amor por todas as criaturas. Agradeça a bênção recebida.

— Por que então não me conta toda a minha história?

— Mateus, você ainda não tem condições de ouvir toda a verdade, mas podemos conversar sobre uma lei que nos rege sem que possamos alterá-la.

— Que lei é essa?

— Chama-se lei de causa e efeito, ação e reação.

— E o que isso quer dizer?

— Que toda ação provoca, infalivelmente, uma reação, boa ou má, dependendo da ação praticada. Nenhum efeito surge sem que tenha havido uma causa que o tenha provocado. Você hoje lamenta a separação de sua esposa e filhos, mas eu lhe pergunto: tem consciência da causa da morte de seu corpo físico?

— Soube que foi uma doença do fígado.

— Consegue se lembrar das recomendações do médico que o atendeu?

— Bem, ele me dizia para não beber, alimentar-me da maneira certa e adequada e, principalmente, levar uma vida sossegada, fazendo o repouso necessário.

— Muito bem, Mateus, vejo que já tem muito de sua memória de volta. Agora me diga: seguiu essas recomendações, dando ao seu fígado a chance de se recuperar, proporcionando a volta de sua saúde física?

Jacob e Jacira notaram que Mateus se agitou.

— Tranqüilize-se, Mateus, não é bom agitar-se tanto. Se preferir, continuaremos nossa conversa em outra ocasião.

— Não. Prefiro que seja agora.

— Quer responder?

Mateus viu à sua frente, como num filme, cenas rápidas de sua vida na Terra. Toda a sua imprudência, a inconseqüência com a qual tomava atitudes sem respeitar nenhuma orientação que não viesse ao encontro do que queria; o descaso com que tratava Marisa e seus próprios filhos. Viu os copos de bebida que sorvia sem controle nem moderação; enfim, sem que mais nada precisasse ser explicado, percebeu que era ele o único responsável pela situação que vivia naquele momento, e por seu desencarne precoce. Com lágrimas nos olhos, respondeu, envergonhado:

— Não! Não segui nenhuma recomendação do médico.

— Consegue compreender a lei de causa e efeito?

— Consigo.

— Para todas as perguntas existem respostas, Mateus. E um dia elas chegam.

— E, quando chegam, machucam-nos de maneira dolorosa.

— Machucam-nos porque percebemos que poderíamos ter agido de modo diferente, mas também alegram-nos, porque confirmam para os incrédulos que a justiça divina jamais falha e é igual para todos. Deus não possui dois pesos e duas medidas para sua justiça; as criaturas é que se afastam de suas leis, desrespeitam seu corpo físico, não valorizam sua existência, abusam da leviandade e conseqüentemente geram suas próprias aflições. Pode entender agora a razão de seu desencarne precoce?

— Posso! Agredi meu corpo físico, não respeitando suas limitações.

— Ótimo, Mateus, que Jesus o abençoe.

— O que faço agora?

— Agora que alcançou um pouco de compreensão e obteve algumas respostas, acalme seu espírito e se entregue ao amor de Jesus. Esqueça as lamentações e questionamentos e lute para nutrir seu espírito com a fé e a esperança, iniciando assim sua evolução. Fortaleça-se, aprenda a respeitar o outro e a si mesmo. Ore ao Criador, reflita sobre suas imperfeições; trabalhe e estude para superá-las. Daqui a algum tempo, no momento propício, quem sabe não estará apto para ir ao auxílio de seus filhos e de sua companheira terrena, e, mais tarde, ser beneficiado com uma nova oportunidade na vida física, através da reencarnação?

— Isso pode acontecer?

— Pode. Desde que esteja preparado para essa tarefa e consiga autorização do Mais Alto. Dependerá de você, Mateus. O amor de Deus é para todos; o Criador não abandona nenhuma de suas criaturas, e as oportunidades são iguais para todos.

Jacira a tudo observava. Pensou em si própria, mas nada disse. Jacob percebeu o que a afligia, e lhe disse:

— Tudo no seu tempo, Jacira. Você também terá suas respostas.

— Quando?

— Não sei, apenas o Mestre poderá dizer.

Aplicaram o passe em Mateus, doando-lhe a energia necessária para o seu equilíbrio. Assim que ele se acalmou e entregou-se ao sono reparador, Jacob e Jacira deixaram o aposento e seguiram rumo às suas tarefas.

Capítulo II

Reencarnação: uma nova chance

"— Como acaba de depurar-se a alma que não atingiu a perfeição durante a vida corpórea?

— Submetendo-se à prova de uma nova existência.

— Como realiza ela essa nova existência? Pela sua transformação como espírito?

— Ao se depurar, a alma sofre, sem dúvida, uma transformação, mas para isso necessita da prova da vida corpórea.

— A alma tem muitas existências corpóreas?

— Sim, todos nós temos muitas existências. Os que dizem o contrário querem manter-vos na ignorância em que eles mesmos se encontram; esse é o seu desejo.

— Qual é a finalidade da reencarnação?

— Expiação, melhoramento progressivo da humanidade. Sem isso, onde estaria a justiça?"

(*Livro dos Espíritos* – cap. IV – item I – perg. 166 e seguinte)

Jacira desempenhava sua tarefa com paciência e muito amor fraternal. Tinha consciência de que aqueles que chegavam da Terra traziam, em grande parte, questões emocionais não resolvidas e conflitantes em razão do desencarne inesperado, precoce, ou mesmo do sofrimento experimentado por ocasião do desenlace. Aqueles que nortearam sua vida dentro dos padrões dignos das leis divinas, exercitando o amor universal, praticando o bem com atitudes generosas, despertavam mais serenos e confiantes no amor de Deus. Percebiam mais facilmente sua nova condição, e a aceitavam como o filho obediente respeita a vontade de seu pai. Não traziam em seu espírito o medo do desconhecido, pois confiavam e sentiam-se amparados pela misericórdia do Divino Amigo.

Mas, ao contrário desses, os que viveram escravos dos bens materiais, e cultivaram em seus corações o orgulho e o egoísmo, viam-se perdidos na própria insanidade espiritual. Nada sabendo sobre a vida espiritual e não tendo o amor como alicerce, alimentavam a impressão de ainda pertencerem ao mundo terreno e partiam, muitas vezes, em busca do que haviam deixado na Terra, retornando ao lar terreno na crença de terem ainda direito aos próprios bens que deixaram contra a sua vontade. Outros irmãos em situações mais graves, por conta de seus atos perversos, que contrariaram a lei do amor e da caridade, afundavam-se no sofrimento, fruto da completa ausência de Deus em seus corações durante toda a sua estada no mundo físico.

Foi o que aconteceu com Marcelo. Rapaz bonito, rico, filho de um ilustre fazendeiro e cercado de bajuladores. Criado com o maior mimo por seus pais e irmãos, por ser o filho mais novo, aprendeu com maestria a arte de enganar e usar as pessoas para o seu próprio benefício. Acreditava tudo poder comprar com o dinheiro, e aprendeu a gastar sem nenhum critério ou bom senso. Dera toda a sorte de preocupações para seus pais, que sofriam, mas nunca perceberam, em nenhum momento, a responsabilidade que tinham pelas atitudes levianas e inconseqüentes do filho.

Marcelo crescera sem que jamais um desejo seu tivesse sido recusado; os pais sempre davam à criança tudo o que ela queria, com o propósito de não magoá-la. Seus pais esqueceram que quando amamos alguém devemos querer o seu bem; e o bem muitas vezes está em negar os caprichos do ser amado.

Em sua fase adulta, Marcelo envolvia-se com donzelas incautas, seduzindo-as com palavras falsas e cheias de promessas. Era um sedutor que brincava com os sentimentos das pessoas sem dar a menor importância ao efeito destruidor que causava em seus corações.

Em uma tarde de outono, Marcelo participava da festa da caça à raposa, costume da época, quando seu cavalo, assustado com uma cobra em seu caminho, empinou, jogando Marcelo ao chão. Este, ao cair, bateu pesadamente a cabeça em uma pedra, desencarnando de imediato. Marcelo deixava o mundo físico em meio a gritos, blasfêmias e desespero. Chegava à pátria espiritual sem trazer em sua bagagem nenhuma atitude generosa, ou mesmo um sentimento que não fosse revolta, inconformação e desejo de voltar ao mundo que acabava de deixar.

Cumprindo a lei da afinidade, o rapaz fora levado por seus próprios pensamentos e ligação energética para as zonas mais tristes e infelizes, onde ficou por longo tempo; até que, cansado, abriu seu espírito para a luz divina e clamou por auxílio e misericórdia.

Jacira fizera parte da equipe que o recolhera, levando-o para o hospital de refazimento Maria de Nazaré. Após meses de tratamento, Marcelo começou a se recuperar e a entender a inutilidade que fora sua vida como encarnado. Nada fizera de bom ou útil para o seu semelhante, e hoje, reconhecendo sua insensatez, entregava-se ao aprendizado do amor através do conhecimento das leis divinas. Muitas vezes perguntara a Jacira por que havia se afastado tanto do propósito inicial de reencarnação. Jacira, com paciência, explicava-lhe.

— Marcelo, é muito comum o espírito, quando chega na Terra através da reencarnação, esquecer o motivo para o qual foi devidamente preparado. Deixa-se fascinar por riqueza, poder ou pela própria beleza, e julga-se superior ao que de fato é. Passa a agir como se fosse o centro do universo, satisfazendo apenas seu próprio interesse ambicioso.

— Mas o esquecimento da vida passada não é natural?

— Claro! O esquecimento da vida pretérita, que geralmente não é tão louvável como deveria ser, é uma bênção que Deus concede às suas criaturas; mas o que se aprende na espiritualidade, a preparação para nova etapa na vida física, fica latente no espírito e vem à tona por meio da sua consciência e das inspirações que recebe.

— E por que então o homem erra tanto?

— Porque não dá o crédito necessário à sua própria consciência, que é, sem dúvida, o parâmetro do bem e do mal. Sufoca-a quando percebe que ela impede o seu desejo impuro: contrariar a sua vontade na maioria das vezes voltada para a matéria, cobiçando não raro o que não lhe pertence, e achando justo conquistar tudo a qualquer preço.

— Explique-me melhor, Jacira.

— Marcelo, na consciência está registrado o nosso desejo de não voltar a cometer os mesmos erros do passado; e ela nos adverte de que devemos resistir firmemente às tentações. Temos a intuição de que cometemos erros quando nos afastamos das leis divinas.

— E por que não modificamos nossas atitudes, neutralizando nossa índole de praticar leviandades?

— Porque o homem pensa mais em seu bem-estar material; agasalha em seu coração sentimentos menores, que apenas satisfazem seus desejos mesquinhos, que lhe trazem alegrias momentâneas, mas que o atiram posteriormente no lamaçal da dor. Sufocam sua consciência com o orgulho que os torna tolos e o egoísmo que os leva ao sofrimento.

Nessas horas, Marcelo entregava-se à reflexão, analisando sua própria vida terrena. Eram momentos de angústia e arrependimento, pois ele constatava que havia desperdiçado a oportunidade de se tornar melhor. Jacira, sempre que percebia o desequilíbrio dele, aconselhava-o a direcionar seu pensamento para o querido Mestre Jesus, permitindo assim que a serenidade anulasse sua agitação.

Certa feita, quando mais uma vez Jacira orientava Marcelo, equilibrando-o com passes magnéticos, este a interrogou:

— Jacira, o que devo fazer para esquecer o mal que causei a uma pessoa na Terra? Como apagar uma atitude leviana e cruel, praticada contra uma jovem que acreditou em mim, que confiou plenamente em minhas palavras mentirosas, palavras essas que foram ditas com a única intenção de conseguir o meu intento vil?

— Marcelo, na vida do espírito nada simplesmente se apaga. O mal que praticamos contra nosso semelhante, mesmo que venhamos a esquecê-lo, continuará lembrado na Pátria Espiritual; e teremos que reparar os danos causados à pessoa que prejudicamos, devolvendo a ela o equilíbrio e a paz que nossa leviandade desestruturou.

Diante do silêncio de Marcelo, Jacira perguntou-lhe:

— Deseja falar sobre isso?

Marcelo titubeou por alguns instantes, e por fim respondeu.

— Quero muito conversar sobre esse assunto. Creio que irá aliviar meu espírito. Espero encontrar alguma solução, para retirar de mim essa culpa que tanto me faz sofrer.

— Sou toda ouvidos, Marcelo. Fale. Confie em Jesus, o Divino Amigo possui todas as soluções adequadas a cada caso, e com você não será diferente. É necessário que haja o arrependimento sincero e o desejo de progredir e evoluir através do amor.

— Em minha última existência na Terra – iniciou Marcelo –, conheci Lucinda quando acompanhei meu pai em uma visita de negócios ao pai dela. De imediato encantei-me com os seus lindos olhos azuis, que mais pareciam duas águas-marinhas, de tão límpidos. No meu delírio egoísta e, para ser franco, sem nenhuma moral nem respeito pelas pessoas, disse a mim mesmo: "Essa será minha, custe o que custar!"

— Insinuei-me acintosamente, e quanto mais eu constatava o seu recato, mais me sentia atraído. Lucinda esquivava-se com o pudor condizente com as donzelas de família da época. Mas, como disse, cada vez mais sua atitude de boa moça aumentava o meu desejo carnal. De nada adiantaram as palavras prudentes de meus pais, alertando-me sobre um possível envolvimento fútil com Lucinda, pois era comprovadamente uma moça educada, digna e única filha de seu amigo e companheiro de negócios.

Marcelo fez uma pequena pausa, triste, e então continuou.

— Minha mãe pedia: "Não a faça sofrer, meu filho. Não é justo machucar o coração de uma pessoa tão meiga como Lucinda". Mas de nada adiantava. Meu desejo aumentava cada dia mais, abafando em mim qualquer raciocínio lógico e digno. Queria-a para mim a todo custo, precisava satisfazer meus anseios imorais. Sabia não existir amor, mas apenas desejo carnal, vontade de satisfazer minha vaidade e provar ao mundo que conseguia tudo o que quisesse, até as pessoas, como se fossem brinquedos. Essa volúpia não me deixava olhar para trás e ver os rastros de dor que deixava no coração de quantos se aproximavam de mim.

— Em uma linda tarde de primavera, fui até sua casa e convidei-a para passear pelos campos. Diante da indecisão de Lucinda, sua mãe interveio, dizendo: "Vá passear um pouco, querida! Marcelo é filho de um grande amigo de seu pai. Podemos confiar nele, sinto sinceridade em suas palavras". Então, saímos. No início, sentia-a tensa e preocupada; mas eu passei a dizer as palavras que toda moça gosta de ouvir, e comportei-me como um perfeito cavalheiro, o que a deixou mais relaxada e confiante. Levei-a até um lugar que conhecia muito bem e sabia ser pouco freqüentado. Sentamos à sombra de uma frondosa e florida árvore, e começamos uma conversa na qual eu não prestava nenhuma atenção. Enquanto Lucinda falava dos seus sonhos e objetivos de vida, meu desejo foi aumentando; e quando não suportei mais minha própria volúpia, tomei-a em meus braços e... e a possuí! Contrariando sua recusa, sem dar ouvidos às suas súplicas nem me importar com as lágrimas que rolavam copiosas sobre seu rosto assustado e desfigurado pelo terror, dominei-a completamente e a possuí como um selvagem.

— Quando tudo terminou, vi-a encolhida em um canto, com o rosto escondido entre as mãos trêmulas e entregue ao choro mais desesperado que presenciara em alguém. Eu disse a ela: "Por que chora tanto, Lucinda? Isso é normal entre duas pessoas de sexo oposto, ou ainda não sabia disso? Imaginou mesmo que eu a trouxe apenas para admirar os campos? Não pode ser tão ingênua". Lembro-me que a resposta dela foi: "Você destruiu meus sonhos e a minha vida. Eu o odeio, Marcelo, e meu ódio irá acompanhá-lo aqui e no inferno, que é o lugar onde deverá estar". Depois, levantou-se e dirigiu-se à sua casa, sem esperar por mim.

Marcelo fez mais uma pausa, e continuou.

— A mãe da jovem assustou-se ao ver a filha tão transtornada: "Que descompostura é essa, Lucinda? Por que voltou sozinha e chorando?" E a filha: "Pergunte ao monstro do filho do amigo de papai, aquele em quem deveríamos confiar!"

— E daí, Marcelo? — indagou Jacira.

— Daí que a repercussão foi tão grande que para evitar uma tragédia meu pai mandou-me para fora, até que as coisas esfriassem. Quatro dias depois da minha volta, meu pai promoveu a festa que culminou com meu desencarne.

— E o que você sente hoje, após todo este tempo?

— Hoje eu compreendo o meu desatino, a vil ação que pratiquei contra uma pessoa pura e digna. Sei que plantei o ódio em seu coração, e sinto até hoje o peso desse sentimento que eu mesmo atraí para mim, em cada momento que ela pensa em mim. Ainda não sei como Lucinda está, como vive e o que fez da sua vida; mas gostaria de encontrar uma solução e tentar reverter todo o mal que pratiquei contra ela. Acredito que somente assim encontrarei a paz para o meu espírito.

Jacira condoeu-se da aflição que perturbava aquele espírito que muito sofrera nas zonas mais infelizes.

— Marcelo, esperávamos apenas que você percebesse o mal praticado e desejasse ardentemente tentar, mais uma vez, levar o amor ao coração de Lucinda, fechado desde este acontecimento.

— O que quer dizer com isso, Jacira?

— Aguarde. Virá alguém capacitado para conversar com você e orientá-lo corretamente.

Nesse instante, Jacob entra no recinto, envolto como sempre pela luz divina.

— Jacob!

—Tudo bem, Marcelo?

— Na verdade, bastante agoniado. Já se passou tanto tempo desde minha desencarnação e não consigo me refazer da culpa que carrego em relação a Lucinda.

— Acalme-se! Terá agora algumas respostas; mas é necessário que mantenha a calma. Traga o amor de Jesus para o seu coração.

— Estou preparado, Irmão Jacob.

— Pois bem. Dois anos após ter acontecido este fato trágico, e um ano após sua desencarnação, Lucinda contraiu matrimônio com o capataz da fazenda de seu pai, que a aceitou, apesar de saber de toda a história, e teve um bom dote para recebê-la como esposa. Lucinda nunca mais conseguiu amar alguém, mas, mesmo assim, apesar das marcas do passado, conseguiu viver bem e em harmonia com Joaquim, que é um bom homem e sempre a tratou com respeito. Tiveram uma filha, que hoje conta dezesseis anos e se prepara para o casamento. Lucinda sonha em ser avó e acredita que somente um neto poderá despertar nela o amor perdido no desencanto de sua mocidade. Hoje mesmo você será transferido para o Departamento Reencarnatório, onde irá se preparar para uma nova reencarnação.

— Eu?

— Sim. Recebeu a bênção de uma nova experiência na Terra, viverá em um corpo feminino e será a primeira neta de Lucinda. Deverão ser muito unidas, e sua tarefa é se reconciliar com ela, despertando em seu coração novamente os sonhos e o amor perdidos por culpa de sua inconseqüência.

— Mas como minha avó, teremos tempo para ficarmos juntas e aprendermos a nos amar?

— Sim. O tempo suficiente. Lucinda retornará ao plano espiritual assim que você completar quinze anos, e chegará com o coração livre do ódio e pronto para amar. Quanto a você, sofrerá a dor da separação do ser que mais amará na Terra. Aprenderá a não brincar com os sentimentos através da perda daquela que desprezou no passado.

— Só não entendo o porquê de reencarnar em um corpo feminino.

— Marcelo, em sua última encarnação você brincou com os sentimentos das mulheres das quais se aproximou. É preciso que passe pela mesma situação, para aprender a respeitar e saber o quanto sofre um coração desprezado e humilhado. Tudo o que fazemos para o nosso semelhante, Marcelo, fazemos a nós mesmos, e nossa encarnação futura nós a preparamos na atual, pois somos nós que sofremos as conseqüências dos atos indignos, levianos e impiedosos que praticamos contra o nosso próximo.

Emocionado, Marcelo respondeu:

— Agradeço a Jesus essa nova oportunidade, Irmão Jacob! Não posso mais agüentar essa culpa e esse remorso. Envergonho-me, e quero tentar consertar o que insanamente estraguei.

— Durante a sua preparação, fortalecerá sua fé e seus conhecimentos. Receberá todas as instruções para ser bem-sucedido e fazer sua nova oportunidade dar certo. Contará com o auxílio dos espíritos amigos. Terá de prestar atenção e ser forte, buscar auxílio nas palavras do Cristo contidas no Evangelho, entregar-se à oração que acalma; assim, não se desviará do objetivo proposto nem do caminho do bem, para não ser presa da energia negativa que ronda os distraídos. Permita que seu coração seja a morada da luz divina, e não desviará da rota traçada.

— Quando serei transferido?

— Como já lhe disse, hoje mesmo. Acompanharei você até lá; terá tempo para se preparar, pois sua futura mãe terrena ainda não se uniu ao seu futuro pai, o que acontecerá dentro de poucos meses.

Jacira aproximou-se de Marcelo e lhe disse:

— Não tenha medo, deixa amigos dispostos a ajudá-lo. Eu mesma irei visitá-lo em seu lar terreno sempre que puder. Só não perca a confiança no amor de Deus.

— Podemos ir? — perguntou Jacob.

— Sim — respondeu Marcelo, confiante.

— Quando chegar o momento — disse Jacira —, irei me despedir de você.

— Vou esperar. Obrigado por tudo, minha amiga.

— Volte para a espiritualidade como um vencedor.

— É o que tentarei fazer!

Jacob e Marcelo se retiraram. Jacira se dirigiu ao local onde mais gostava de estar, diante do lago azul. Lá chegando, sentou-se, como sempre fazia, e logo em seguida a uma singela prece entregou-se à meditação.

— Tenho presenciado tantas situações de irmãos desencarnados que recebem suas respostas, encontram seu caminho... entretanto, após anos do meu desencarne, não fui agraciada ainda com nenhuma explicação, e menos ainda com alguma informação sobre Josué. Pelo tempo que se passou, ele deve estar desencarnado, mas sempre que questiono o Irmão Jacob ele me pede paciência. Acho tudo isso muito estranho. Por que somente eu não tenho direito ao conhecimento de mim mesma?

— Posso responder a essa pergunta, Jacira?

— Irmão Jacob?!

— Fui tocado pelo seu pensamento de amargura, Jacira, e achei conveniente vir em seu auxílio.

— Sou-lhe muito grata pela atenção que sempre tem comigo, querido Irmão.

— Você faz por merecer. Por que questiona tanto sobre si mesma?

— Porque não compreendo o fato de não estar ainda apta a ouvir minha história, ou ao menos parte dela. Saber algumas respostas, enfim... Por que para mim está demorando tanto?

— Jacira, Jesus conhece a história de todos nós, nossas vitórias e fracassos; sabe exatamente o que somos capazes de suportar, porque entende nossa fragilidade, fruto da nossa própria imperfeição. Sendo assim, embora possamos nos julgar preparados para a revelação que tanto ansiamos, nem sempre estamos; nesse momento somos beneficiados com a bênção do retardamento dessa revelação, até que nos tornemos fortalecidos o suficiente para evitar o desequilíbrio que nos é prejudicial.

— Devo então acreditar que sou alguém que terá vergonha dos desatinos cometidos ao longo de minhas encarnações?

— Poucos poderão dizer que nada têm do que se envergonhar durante os anos que passaram presos em um corpo de carne. Deve acreditar ser uma criatura de Deus que, como todas as outras criaturas, errou, caiu, mas se levantou e resgatou seus débitos com coragem, resignação e fé no Criador, até retornar vitoriosa, como aconteceu em sua última encarnação.

— Diga-se de passagem, de muito sofrimento.

— Sofrimento esse que foi a cura para o seu espírito devedor! Por essa razão, não amaldiçoe; pelo contrário, bendiga-o, pois foi através dele que conseguiu encontrar o amor de Deus em si mesma, fechando um ciclo de carma que se arrastava por séculos.

— Chegará o dia em que tomarei conhecimento da minha trajetória espiritual? Saberei como iniciou essa longa jornada de evolução?

— Sem nenhuma dúvida esse dia chegará, Jacira. É só saber esperar e confiar que nada é feito na espiritualidade que não seja para o benefício espiritual de cada um, e não para satisfazer curiosidade.

— E Josué? Nada sei dele! Imagino que já esteja desencarnado, pelo tempo que se passou.

— Repito o que disse: no momento adequado, encontrará respostas para todas as suas perguntas. Por ora, é só trabalhar com afinco, dedicar-se aos que chegam em desequilíbrio, confiar no Criador e fortalecer-se através da prece sincera e do amor exercitado.

— Peço que perdoe minha insistência, Irmão Jacob. Procurarei não questionar mais nada, e apenas aguardar o instante que o Mais Alto decidir ser propício. Continuarei meu trabalho com dedicação, e tudo farei para levar aos espíritos perdidos na aflição a paz do nosso Mestre Jesus.

— Alegro-me. Que Jesus a abençoe, para que seja realmente uma tarefeira do amor universal.

— Obrigada, irmão. Agora, se me permite, voltarei ao trabalho.

— Vá, minha irmã, e que a luz divina a ilumine.

Jacira, sentindo-se aliviada, dirigiu-se ao hospital para o cumprimento de suas tarefas. Em meio ao caminho encontrou Vera, uma jovem desencarnada que fazia estágio no hospital e se preparava para o trabalho que escolhera: fazer parte da equipe socorrista, que ia em busca dos irmãozinhos cansados do sofrimento e que clamavam por misericórdia, e pela sinceridade do sentimento eram resgatados das zonas infelizes e levados ao hospital para o tratamento.

Vera, desde sua recuperação após o seu desencarne, ocorrido através de uma doença incurável que a maltratara por longo tempo, solicitara permissão para cumprir uma tarefa junto aos sofredores.

Espírito forte, lúcido e generoso, ela se dedicava de maneira incansável ao atendimento dos espíritos ainda em desequilíbrio. Assim que viu Jacira demonstrou alegria em encontrá-la.

— O que faz por aqui, Jacira?

— Sempre que posso venho ao lago azul fortalecer-me, Vera. Tenho ainda muito que aprender, principalmente aceitar e esperar com paciência as soluções para as minhas questões internas.

— Aceitar e esperar?

— Sim!

— Não a compreendo! — exclamou Vera.

— É uma longa história, mas o Irmão Jacob ajuda-me muito nessa questão.

— Nessa questão? Poderia falar sobre isso?

— Eu sonho em obter respostas que expliquem todo o sofrimento pelo qual passei ao lado de Josué.

— Josué?

— Sim. Foi meu marido na Terra. Para mim, nada justifica tanta aflição e dor. Queria muito saber o meu passado.

Vera fixou seu olhar de bondade em Jacira, lembrando da própria dor que sofrera quando encarnada. Veio-lhe a lembrança de seu corpo machucado pela doença que a mantinha presa ao leito, e lhe disse:

— Jacira, não queira tanto algo que poderá não lhe fazer bem nesse momento. Use seu tempo para se elevar cada vez mais e se aproximar ao máximo do amor de Jesus. Deixe que tudo aconteça no momento certo, na hora exata, para que lhe traga benefícios, e não aflição.

— Como assim, Vera?

— Os encarnados querem tanto saber o que foram no passado, procuram técnicas nem sempre verdadeiras e pessoas despreparadas, mas se esquecem do mais importante: que é agora, sempre agora, que as coisas acontecem, é agora que se faz o futuro e se limpa o passado. É no momento presente que temos a oportunidade de mudar nossos atos, falar de amor e praticar o bem, porque é esse presente que irá escrever o nosso futuro. Assim também acontece com o espírito desencarnado: devemos exercitar o amor o mais que pudermos junto aos que sofrem, esquecendo de nós mesmos e estando atentos à dor alheia. Quando menos esperamos, somos chamados para termos acesso às respostas que tanto ansiamos; mas de tão envolvidos com o amor de Jesus, e preocupados com as tarefas do bem, estaremos mais fortes para as revelações menos felizes que praticamos em algum lugar do pretérito.

Jacira, como fazia com Jacob, absorvia tudo o que Vera lhe dizia.

— Você tem razão, Vera, assim como Jacob, que é incansável em me orientar. Vou seguir, de verdade, os conselhos que recebo dos espíritos que me querem bem. Quando Jesus determinar, saberei minhas respostas; e quem sabe não serão mais tão importantes como agora. Obrigada, Vera.

Vera convidou-a para uma prece. Os dois espíritos elevaram o pensamento ao Alto e oraram com sinceridade ao Criador, solicitando bênçãos para prosseguirem o caminho da evolução.

Capítulo III

O Criador é sempre justo

"— O número das existências corpóreas é limitado ou o Espírito se reencarna perpetuamente?

— A cada nova existência o Espírito dá um passo na senda do progresso; quando se despojou de todas as suas impurezas, não precisa mais das provas da vida corpórea.

— O número das reencarnações é o mesmo para todos os Espíritos?

— Não. Aquele que avança rapidamente poupa-se das provas. Não obstante, as encarnações sucessivas são sempre muito numerosas, porque o progresso é quase infinito."

(*Livro dos Espíritos* – cap. IV – perg. 168 e 169)

Jacira, chamada à presença de Jacob, com presteza atendeu à solicitação do instrutor.

— Vim assim que recebi seu chamado.

— Prepare-se, Jacira, porque irá conosco até a crosta para uma tarefa de suma importância.

— Estou à disposição de Jesus, irmão! E agora, melhor do que nunca, pois finalmente compreendi que mais importante que meus desejos é o trabalho em benefício dos que necessitam de amparo em seus primeiros momentos na espiritualidade.

— Querida Jacira, deixa-nos todos muito felizes expressando-se dessa maneira. A partir de agora se sentirá mais livre para amar.

— Posso saber qual é o teor dessa tarefa?

— Claro. Iremos colaborar com a equipe do desencarne em um desenlace que acontecerá em poucas horas. Vamos nos reunir à equipe, que já está de partida.

Em poucos instantes, todos reunidos entregaram-se à prece sincera, solicitando a Jesus amparo para o bom cumprimento da missão. Chegaram ao lar terreno onde se daria a separação e depararam com um quadro que comoveria os mais insensíveis.

Deitada em um leito, cuidadosamente coberta com alvo lençol, estava Jandira, pálida, fraca, respiração quase imperceptível, e lutando com bravura, pois acreditava poder vencer o que aconteceria dentro de instantes. Próximo dela, abraçando quatro filhos ainda pequenos, encontrava-se Euclides, tentando consolar as crianças e mal podendo suportar o próprio sofrimento.

— Mamãe, não vá embora – dizia Clarinha, a filha mais velha, de apenas nove anos. — Não deixa a "gente" e o papai, somos muito pequenos ainda para a senhora ir embora e nos deixar sem mãe. Se a senhora não consegue "falar" com o Papai do Céu, nós vamos fazer isso para a senhora... não é, papai? Vamos pedir pra Ele deixar a senhora ficar.

Euclides sofria ainda mais com o que ouvia dos lábios de uma criança de apenas nove anos de idade. Sabia que nada poderia reverter o quadro de sua esposa, que sofria há seis meses, vítima de uma doença cruel e incurável na época. Como lhe dissera o médico ao se retirar: "Nada posso fazer, é questão de horas". Euclides percebera que o fim de seu sofrimento estava bem próximo. Diante da insistência de Clarinha, e abraçado aos filhos, iniciou uma oração que saía do mais profundo do seu ser:

"Senhor, Pai e Criador de todas as criaturas, sei que vossa vontade é soberana e sempre justa. Para tudo existe um porquê e uma resposta; portanto, senhor, meus filhos e eu curvamo-nos diante do vosso desígnio e aceitamos a vossa decisão, embora nosso coração sangre a dor mais profunda que conhecemos até o dia de hoje, a separação do ente amado. Entretanto, meu pai, reconheço a nossa fraqueza e vos peço misericórdia e auxílio para suportarmos com valentia essa provação. Que nossa querida Jandira não sofra mais que o necessário, e que no momento da sua partida sua 'alma' seja acolhida pelos 'anjos' da morte e levada para o 'descanso' no vosso reino de luz. Que leve consigo a certeza do nosso amor por ela, e que saiba também que tudo farei para a felicidade dos nossos filhos; dedicarei minha vida para criá-los bem, sem abandoná-los nunca. Com a vossa bênção, Senhor, crescerão dignos e honestos. Não vos esqueçais de nós, Senhor, e permiti que vossos 'anjos' nos protejam sempre. Amém."

Terminando a singela prece, feita com o coração sofrido mas confiante na bondade de Deus, Euclides segurou as mãos da esposa e as beijou com carinho. Jandira abriu os olhos, e seus lábios ensaiaram um tímido sorriso de paz. Duas lágrimas escorreram por seu rosto, e ela, dando um leve suspiro, transpôs o portal para a Pátria Espiritual. Enquanto Euclides orava ainda sem perceber que Jandira se fora, o ambiente tornara-se sereno e coberto pela luz divina, energizando aqueles que ficavam e aquela que partia. Era o início de dois caminhos diferentes; enquanto os espíritos encarnados sofriam a dor da perda, o que partia era acolhido pelos espíritos que trabalhavam no afrouxamento dos liames que o prendiam no corpo que acabava de deixar. O desligamento acontecia de um modo tranqüilo, sem traumas nem desespero da parte do espírito desencarnante, que se entregava confiante no amparo divino e sustentado pelo amor de seus entes queridos que ficaram. Jandira vivera dentro dos padrões das leis divinas, amara e respeitara as pessoas como seus irmãos em Cristo; jamais machucara seu semelhante com palavras ásperas, e aceitara a doença como o caminho para sua redenção.

O despertar do homem de bem é sempre calmo, porque a lei da afinidade sempre se faz presente; e Jandira recebia o que nunca havia deixado de distribuir para o próximo: o amor.

Jacira, orientada por Jacob, acolheu Jandira em seus braços, aconchegando-a em seguida na "maca" que a levaria à espiritualidade. Jacob entregava-se à tarefa de confortar Euclides e as crianças, que, debruçadas sobre o corpo inerte, choravam copiosamente. Ministrava-lhes passes reconfortantes e orava ao Mestre Jesus pedindo auxílio.

— Papai — disse Clarinha a Euclides, com os olhos vermelhos de chorar —, eu não entendi o senhor.

— Por que, filha?

— Eu pedi que o senhor fizesse uma oração pedindo ao Papai do Céu que não levasse a mamãe e, não sei se entendi direito, mas achei que o senhor fez o contrário. A mamãe não pode falar, por isso nós tínhamos que pedir por ela.

Euclides sentia-se desfalecer de dor, mas, apoiado por Jacob, sentou Clarinha em seu colo e respondeu.

— Filha, Deus é soberano e sempre sabe o que faz. Pode até parecer o contrário, mas tudo o que acontece conosco é para o nosso bem, mesmo que no momento possa parecer uma grande injustiça. É nosso Criador, e a vontade Dele sempre prevalecerá sobre a nossa.

— Por quê?

— Porque o nosso Criador sabe o que precisamos para melhorar como seres humanos. Aprender coisas que ainda não aprendemos e caminhar, através desse aprendizado, em direção a Ele.

— E perder a mamãe é aprender coisas e caminhar em direção a Ele? Ele quer o nosso sofrimento para poder nos receber?

— Não, minha filha — respondeu Euclides com o rosto banhado em lágrimas. — Ele não quer que soframos! Ao contrário, deseja a felicidade de todos nós, mas geralmente o homem procura a felicidade nos lugares e na forma errada, provocando seu próprio sofrimento. São criadas então situações nas quais teremos oportunidades de refazer nossas atitudes perante nossos semelhantes e nossa própria vida; e passamos a agir quando entendemos essa mensagem de Deus, da maneira correta, da maneira que nos leva até Ele.

— Papai, não entendo nada do que disse... Só sei que não tenho mais a mamãe, e meu coração dói muito.

Euclides apertou a filha em seus braços.

— Querida, você tem razão! Não tem ainda condições de compreender minhas palavras, é muito criança. Desculpe o papai, parece até que falei para mim mesmo... A única coisa que o papai lhe pede é que não se afaste do Papai do Céu nem pense que isso que aconteceu foi maldade de Deus, porque não foi. Você já sabe rezar, então ore todas as noites e peça a Jesus que nos auxilie a prosseguir sempre juntos, sem perder a fé e a esperança, e amando-nos como uma família deve se amar. Papai tomará conta de vocês e os ensinará a viver com dignidade, e serão sempre meus filhos queridos.

— Irmão Jacob, estou impressionada com o que acabo de presenciar — disse Jacira.

— Essa é a atitude do filho de Deus que conhece e confia em seu Pai celestial. Agora você entende por que o desencarne de Jandira se deu em um clima de paz e harmonia. Euclides, com sua fé e aceitação, tranqüilizou o espírito de Jandira, propiciando a ele a entrega sem desespero por confiar nas palavras sinceras do marido. Sentiu-se amada e confortada em saber que todos, apesar da dor e da saudade, ficariam bem. Percebendo que o momento havia chegado, entregou-se sem reservas ao amor de Deus. Sempre foram uma família unida a Deus, e viveram como deve viver uma família cristã.

— Os familiares podem ajudar muito aquele que parte, não é, Irmão Jacob?

— Evidente que sim, Jacira. Veja a expressão de paz no rosto cadavérico de Jandira. Euclides, com sua sabedoria do mundo espiritual, consciente de que a vida do espírito é eterna, e que a morte, embora os encarnados pensem o contrário, não existe, pois a vida continua a pulsar, auxiliou Jandira nesse momento sempre difícil para o espírito. É assim a desencarnação das pessoas que colocaram o bem acima de si mesmas.

— Mas é sempre triste ver crianças tão pequenas se separarem de suas mães e seguirem a vida sozinhas, sem o amparo materno.

— Você tem razão, é triste, mas é essa separação que proporcionará a esses espíritos, jovens ainda, o grande salto rumo à própria evolução.

— Como assim?

— Jacira, você já aprendeu que a vida é cíclica: vamos e voltamos quantas vezes forem necessárias para promovermos nossa evolução através da reforma íntima. Essa é a grande esperança dos seres comuns e imperfeitos como nós. Somente os espíritos puros já se afastaram das provas e privações, por haverem aprendido, ao longo de suas inúmeras encarnações, o amor verdadeiro e universal. Esses espíritos apenas animam o corpo de criança, mas trazem uma história de enganos e imprudências e terão oportunidade de aprender nessa existência os sentimentos desprezados no passado. Aprenderão a tornar bom o que hoje pode parecer mal.

— Explique-se, Irmão Jacob.

— Aprenderão principalmente o amor filial desprezado no passado, através da falta que sentirão de sua mãe. Saberão valorizar cada conquista, cada abraço ou sorriso recebidos, colocarão em primeiro plano os valores antes sufocados pelo orgulho; enfim, Jacira, Deus nos dá em abundância tudo o que precisamos para evoluir, crescer e avançar para Ele. E essas crianças terão como suporte, ajudando-os e orientando-os no bem, um espírito de valor como Euclides.

— E Jandira?

— Jandira é um espírito evoluído, Jacira. É uma irmã que trabalhou no hospital Maria de Nazaré antes de vir para a Terra, e deixou muitos amigos na espiritualidade antes de reencarnar. Aceitou essa encarnação para ajudar esses quatro espíritos que foram, em outra existência, novamente seus filhos e geraram naquela encarnação a causa cujo efeito se faz presente hoje.

— Mas... e Euclides?

— Euclides também faz parte dessa história. Ao contrário de Jandira, tem questões a resolver junto a seus filhos, por exemplo, assumir sozinho a educação desses espíritos, dar atenção, orientação e cuidados necessários a uma criança. Com essa missão, aprenderá a dar valor ao esforço das mulheres que assumem sozinhas as tarefas que poderiam e deveriam ser executadas com o apoio do companheiro.

— Mas, pelo que presenciamos, ele está preparado para essa tarefa para com os filhos, e me parece que a executará com êxito.

— Ele está, Jacira. Foi bem preparado para desenvolver essa missão. Resgatará suas atitudes enganosas de outrora com as atitudes de prudência e muito amor para os filhos. Acreditamos no sucesso de sua encarnação atual.

— Tudo é muito bem planejado, não é, Irmão Jacob?

— Nada na espiritualidade é feito somente para satisfazer curiosidades ou desejos egoístas de quem pede. Tudo é planejado para que os envolvidos tenham a oportunidade de escrever nova história no currículo de suas existências, de modo mais prudente, digno e elevado, caminhando de acordo com as leis divinas. Tanto Euclides quanto seus filhos se ajudarão de forma mútua; se não se desviarem do projeto ao qual se propuseram, voltarão como vencedores.

— Se tudo é planejado e se todos são preparados para progredir, por que muitos fracassam em seus objetivos de evolução?

— Porque todos os seres possuem o livre-arbítrio, que é sempre respeitado. Ao encarnarem, deixam-se seduzir pelo brilho das coisas efêmeras da matéria, afastam-se das conquistas espirituais e de Deus; ao desprezarem as leis divinas, caem com facilidade nos enganos que os levam à dor. Retornam de mãos vazias ao tomarem conhecimento dos erros e imprudências cometidas, envergonham-se e se arrependem da inutilidade de sua existência terrena.

— Euclides corre esse risco?

— Risco todos nós corremos. Mas as chances de tudo dar certo para Euclides são grandes, pois ele traz em seu coração as palavras de Jesus e a fé no Criador. Através dos seus exemplos de dignidade cristã, seus filhos perceberão com facilidade o caminho.

Aproximaram-se novamente de Euclides e das crianças que se despediam da esposa e da mãe querida. Perceberam a luz azulada que os cobria, e puderam ler o pensamento de Euclides:

"Querida, vá ao encontro do nosso Pai, com confiança. Não se preocupe com as crianças porque Jesus irá me ajudar a criá-las e educá-las no bem, como você sempre dizia. O nosso amor me dará forças! Procure sua evolução, um dia em algum lugar nos encontraremos.

Senhor, cuide de mim e das crianças, não permita a minha queda como homem e como pai. Proteja-me, Senhor, de mim mesmo!"

Os espíritos presentes e responsáveis, poucos instantes antes do enterro, retiraram do local o espírito de Jandira, que dormia tranqüila, levando-a para o hospital do espaço. Era o desencarne de um espírito vencedor, que colocara o bem e o amor acima de qualquer interesse que não fosse exercitar as leis divinas. Cumprira a missão para a qual viera ao mundo físico; sofrera com resignação e coragem a doença que enchera de dores seu corpo enfraquecido, e aceitara o cumprimento do projeto que havia sido elaborado na espiritualidade: a separação precoce de seus filhos. Para Jandira, como para todos aqueles que vivem de acordo com o bem, praticando a fraternidade e o amor sincero e desinteressado ao seu próximo, a desencarnação é sempre calma, semelhante a um despertar tranqüilo. Jandira fora levada para a verdadeira pátria do espírito e, ao despertar, ela se alegraria com a recepção de familiares e amigos que a aguardavam felizes por saberem-na uma vencedora.

Jacob e Jacira, como sempre, conversavam em seus momentos de descanso quando Sabina, espírito jovem que trabalhava com Jacira no hospital, se aproximou.

— Permitam que eu me aproxime?

— Só nos causa satisfação a sua presença — disse Jacob. — Sente-se junto a nós.

— Queria mesmo conversar com o senhor, Irmão Jacob.

— Sobre o que, Sabina?

— Sobre uma questão que não sai do meu pensamento.

— Pode dizer!

— É sobre os filhos de Jandira.

— O que têm eles?

— São tão pequenos para estarem sozinhos no mundo! — exclamou.

— Mas não estão sozinhos no mundo — respondeu Jacob. — Têm ao lado deles a presença do pai, que cumpre e cumprirá sua tarefa com perfeição; e, principalmente, são alvos da atenção de Jesus, que nunca abandona nenhum homem, seja na terra ou aqui. Eles possuem condições de suprir suas necessidades materiais justas. Quanto às espirituais, Euclides se encarregará de ensinar, com palavras e exemplos. Não se preocupe, Sabina, eles estão amparados.

— Eles sim, acredito que estejam, irmão. Mas e os órfãos que nada possuem de material, nem contam com alguém que os oriente com precisão, indicando-lhes e mostrando-lhes o bem, a amizade e a esperança? Ficam entregues à própria sorte?

— Não ficariam se no coração do homem existisse de verdade a solidariedade, a consciência de que a humanidade é, na realidade, a grande família de Deus, e como família deveria se ajudar mutuamente. Independentemente do porquê de as coisas acontecerem, devemos amar os órfãos que choram na solidão de si mesmos; tentar mostrar-lhes a direção mais segura para um caminhar equilibrado, evitando assim tropeçarem na própria inconformação. A carência materna deixa marcas muitas vezes profundas, e nem todos conseguem assumir sozinhos a própria vida, direcionando-a com alegria e otimismo, sem se deixar abater pela autopiedade.

— Mas muitos não se deixam sensibilizar pela dor alheia; ao contrário, tratam-nos, não raro, com indiferença e, ouso mesmo dizer, com descaso.

— Os que assim agem são os que possuem o coração fechado para os sentimentos mais nobres e elevados, Sabina. Esquecem que as posições podem se inverter, senão nessa, na vida futura. Tudo o que fazemos para o próximo, o bem ou o mal, fazemos para nós mesmos.

— Por essa razão a humanidade caminha a passos lentos rumo à evolução, não é verdade, Irmão Jacob?

— Acaba de dizer uma verdade, Jacira — concordou Jacob. — Querem um mundo melhor, mas nada fazem para anular o mundo mau que eles mesmos criaram. Julgam-se elevados no conhecimento, mas nada sabem sobre o conhecimento do amor universal e se perdem nas atitudes levianas, enganosas e imprudentes. Tudo em nome de uma posição privilegiada no reino dos homens. Porém, essa posição se apagará no dia do retorno, e passará a existir apenas na lembrança dos homens; e isso nada significa no reino de Deus. Portanto, Sabina, devemos inspirar os homens para que se interessem pelo aprendizado do amor, praticando assim todo o bem que puderem.

— Mas nem todos são sensíveis às inspirações espirituais, Irmão Jacob — disse Jacira.

— Tem razão, mas devemos considerar a lei da afinidade e respeitar o livre-arbítrio de cada um. Como diz o querido amigo doutor Klein, "se durante cem anos uma fonte no deserto matar a sede de um só sedento, terá valido a pena".

Sentindo-se satisfeita com tudo que tinha ouvido de Jacob, Sabina despediu-se dos amigos, dirigindo-se às suas tarefas no hospital. Caminhava lentamente, mantendo o pensamento voltado para Jesus. Analisava a coerência e a justiça que norteavam todos os procedimentos na espiritualidade.

— Nada aqui acontece somente para satisfazer curiosidade ou desejo infundado de quem quer que seja — pensava Sabina. — Tudo precisa trazer benefício; as coisas acontecem de acordo com a necessidade e o equilíbrio de cada ser. O que a princípio pode parecer mau se torna, lá na frente, a salvação do espírito, quando este aprende a tornar bom o que parece ruim.

— Pensativa, Sabina?

Era Jonas, grande amigo e companheiro de Sabina no seu trabalho no hospital Maria de Nazaré.

— Olá, Jonas! O que faz por aqui?

— Fui chamado ao Departamento Reencarnatório, e me dirijo para lá.

— Departamento Reencarnatório — repetiu Sabina, surpresa. — Sabe a razão?

— Por enquanto não sei nada, mas com certeza logo saberei. Com licença, amiga, tenho que ir.

— Que Jesus o acompanhe — respondeu Sabina.

Jonas se afastou.

Sabina, com tranqüilidade, foi cuidar de suas tarefas junto aos irmãozinhos do hospital.

Assim que Jonas entrou no departamento onde era esperado, foi logo encaminhado à presença do responsável.

— Com licença — disse Jonas polidamente.

— Fique à vontade — respondeu Clemente, responsável pelo departamento.

— Vim assim que soube do seu chamado. Alguma tarefa especial?

— Sim, Jonas. Precisamos da sua colaboração em um processo de reencarnação.

— Agradeço a Jesus a oportunidade de poder ajudar, Clemente, ser útil ao meu semelhante.

— Vou colocá-lo a par do assunto. Está próximo o momento do retorno ao plano físico de Laís, espírito que você conhece bem, pois está sob sua guarda na Colônia.

— Claro — respondeu Jonas —, conheço-a muito bem. É um espírito voluntarioso, que sente dificuldade em se livrar do orgulho e da vaidade que a consomem; e ela mesma não se dá conta disso.

— Perfeito, Jonas. Por conta desses sentimentos menores, recusa-se a se reencarnar. Não aceita passar pelo processo necessário para sua evolução e conseqüente quitação de seus débitos.

— Pode se explicar melhor? — pediu Jonas.

— Quando impomos a alguém uma dor, um sofrimento originário da nossa falsidade, maldade e total falta de humanidade e respeito ao próximo, damos origem a um carma que teremos de saldar, mais cedo ou mais tarde. Passa-se pela mesma situação para aprender e sentir o que sofre o próximo, vítima da maldade de um coração sem Deus.

— E qual é a prova de Laís?

— A cegueira! Em sua última reencarnação, foi uma mulher bonita, atraente e conquistadora. Quando gostava de alguém, não tinha limites para satisfazer seus desejos. Apaixonou-se perdidamente por Cássio, seu cunhado. Insinuou-se até que seu sentimento fosse correspondido, o que de fato aconteceu. Morando na mesma casa, facilmente conseguiam se encontrar às escondidas; até que um dia Lívia, sua irmã, encontrou-os em atitude que levantou suspeita em seu coração. Desconfiada de que algo acontecia entre os dois, pediu explicações ao marido e à irmã. Os dois amantes negaram com veemência, e Laís, entre lágrimas, descartou qualquer envolvimento com Cássio, dizendo-se ofendida com tal suspeita. Dramatizou a situação, ameaçando ir embora para que a pessoa que mais amava, no caso sua irmã Lívia, não alimentasse nenhuma desconfiança. Após os pedidos de desculpas da irmã, aceitou continuar na casa. A partir desse episódio, iniciou em sua mente um plano sórdido para que pudesse encontrar-se com seu amante no momento e no lugar que quisesse, sem correr o risco de ser surpreendida por Lívia.

"Não posso mais correr nenhum risco", Laís dizia para si mesma.

— Logo o plano tomou forma em sua mente doente, e Laís passou para a execução. Contratou um rapaz que havia algum tempo perambulava pelas redondezas, e por uma boa quantia em dinheiro conseguiu seu intento. Em uma tarde primaveril, enquanto Lívia distraía-se cuidando das rosas de seu jardim, o rapaz aproximou-se, agarrou-a com força e cometeu o ato indigno e perverso que Laís arquitetara. Furou os dois olhos de Lívia, deixando-a cega para sempre. Ouvindo os gritos desesperados de Lívia, conseqüência da dor dilacerante que sentia, Cássio, seguido de Laís e dos empregados da casa, aproximaram-se para socorrer a pobre, atônitos com o que viam. Ninguém se deu conta do falso sentimento de Laís, que abraçava a irmã ensangüentada e desfalecida de dor, fingindo uma consternação inexistente.

— Vamos levá-la ao médico, rápido — dizia Cássio, transtornado.

— Meu Deus, como isso foi acontecer? — gritavam os empregados.

Neste ponto da narrativa, Jonas interrompeu Clemente:

— Cássio não estava em comum acordo com Laís? Não sabia ter sido ela a autora intelectual desse ato infame?

— Não, Jonas. Cássio de nada sabia, e nem por um instante imaginou que Laís fosse capaz de tanta maldade. Era apenas um rapaz sem o necessário amadurecimento emocional para reagir contra as investidas de Laís e impedir que a paixão tomasse conta de seu coração. Mas em momento algum quis magoar Lívia, muito menos feri-la com tamanha crueldade. Admirava a atenção de Laís, que cuidava com dedicação da irmã desde o incidente, e de nada suspeitou. Continuaram o romance proibido. Mas um dia, ao escutar vozes alteradas, Cássio aproximou-se sem ser notado. Viu Laís discutindo com um rapaz, e sem esforço algum pôde ouvir a grande e surpreendente revelação, que o deixou aterrorizado:

— Quero mais dinheiro — dizia o rapaz. — Fiz o serviço como a senhora mandou, e tudo deu certo. Hoje sua irmã está cega, e eu quero mais dinheiro.

— Mas não tenho dinheiro para lhe dar! — retrucava Laís. — Recebeu o que combinamos, agora desapareça daqui e não volte nunca mais!

— Se não der o que peço, contarei tudo o que fiz, sem omitir que foi a senhora a mandante.

Indignado, Cássio apresentou-se, e disse quase aos gritos:

— Não precisa mais ameaçar, rapaz, já ouvi o suficiente para expulsar os dois daqui! E, se não saírem por bem, sairão por mal!

— Cássio! — exclamou Laís, amedrontada. — Deixe-me explicar...

— Não tente explicar o inexplicável, Laís. Pegue suas coisas e saia imediatamente da minha casa. Poupe-nos, a mim e a Lívia, da sua presença vil! Não sei como pude me enganar a ponto de me envolver com você, e trocar uma pessoa boa e digna por uma inescrupulosa, sem nenhum sentimento de amor ou amizade pela própria irmã!

— Mas eu o amo! — Laís insistia sem parar.

— Não me interessa o seu amor. Saia já! Não quero mais saber de você... E agradeça por eu não denunciá-la à justiça por este ato infame!

— E nosso amor?

— Não existe mais amor, apenas desprezo e vergonha por ter-me deixado seduzir por uma pessoa tão sórdida. Todos os meus melhores sentimentos serão de Lívia, e viverei para fazê-la feliz, se é que conseguirá, mergulhada na escuridão na qual você a colocou.

Clemente chegou ao fim de sua narrativa, e fez uma pequena pausa.

— E essa é a história de Laís, Jonas. Chegou o momento do seu retorno. Ela reluta em reencarnar, pois sabe que nascerá deficiente visual. Jamais sentirá a alegria de admirar a beleza da natureza, ou conhecer o rosto de um ente amado. Conhecerá a dor de quem vive na escuridão, e aprenderá a respeitar o seu próximo e a preencher seu coração com o sentimento do amor, pois poderá enxergar somente dentro de si mesma.

— E Lívia e Cássio?

— Os dois a perdoaram sinceramente, e já se encontram reencarnados há algum tempo. Encontraram-se novamente, apaixonaram-se e se uniram em casamento. Antes de voltarem ao plano físico, aceitaram receber Laís como filha mais velha e se prontificaram a ajudá-la a superar essa prova. Dispuseram-se a ensinar o amor fraternal a Laís; um amor acima de posses e medos, o amor que liberta em vez de aprisionar; que compreende antes de julgar. Enfim, o amor que Jesus exemplificou.

— E o que devo fazer, Clemente?

— Prepará-la para a reencarnação que se aproxima. Fazê-la entender a necessidade de uma nova vida no plano físico, para sua própria evolução. Daqui a seis meses, será transferida para o Departamento Reencarnatório, onde aguardará o instante de seu retorno. Nesse período será preparada, instruída e fortalecida, para que tudo dê certo, para sua evolução espiritual.

— Darei o melhor de mim, Clemente, para que Laís atinja a consciência da necessidade de compreender a lei de ação e reação.

— Confiamos em você, Jonas. Sempre cumpriu suas tarefas com equilíbrio e competência. Gostaríamos que nos enviasse notícias de Laís periodicamente, para acompanharmos seu caso, com ou sem progressos.

— Terá notícias, Clemente. Se me der licença...

— Toda, Jonas. Que Jesus abençoe seu trabalho, para que haja o benefício que esperamos.

Jonas saiu.

Caminhando devagar, pensava na bondade infinita do criador, que proporciona a todas as criaturas oportunidades para recuperarem a si mesmas.

Capítulo IV

A lição de Laís

Jonas encontrou Laís sentada em um banco no lindo jardim da Colônia. Admirava distraidamente as flores viçosas e perfumadas que enfeitavam, com sua beleza, toda aquela região. Aproximou-se devagar, acomodou-se ao seu lado e perguntou:

— Poderia me dizer a razão desse ar distante, Laís? Em que está pensando?

— Para falar a verdade, em nada! – exclamou Laís.

— Agindo assim, não acha que perde uma grande oportunidade de se aproximar de Jesus através da oração silenciosa e sincera?

— Não sei, Jonas... Vocês não aconselham outra coisa a não ser oração.

— Aconselhamos a oração porque sabemos que por meio dela nosso espírito se acalma, proporcionando o equilíbrio tão necessário para a conscientização da vida, tanto na espiritualidade como no plano físico.

— É, pode ser. Mas prefiro ficar assim, sem pensar em nada, sem fazer nada.

— Laís, não acha que chegou a hora de você tomar uma atitude mais prudente em relação ao seu destino, promover sua evolução enfrentando os desafios que a ajudarão a modificar sua história de erros e enganos?

— Como assim, Jonas? O que de verdade quer dizer?

— Quero dizer que talvez tenha chegado a hora de pensar na possibilidade de uma nova encarnação. Retornar ao plano físico para resgatar algum engano cometido, e iniciar seu progresso evolutivo.

— Não quero ouvir falar em reencarnação. Estou muito bem aqui, não me incomoda ser como sou.

— E não se incomoda também com o sofrimento de outrem, provocado em um momento de cegueira espiritual?

Laís se agitou.

— Mas o que é que está querendo me dizer, Jonas?

— Quando estragamos alguma coisa, cabe a nós consertar; se ferimos alguém, cabe a nós estancar o sangue que jorra da ferida que provocamos; enfim, é prudente retornar ao local onde realizamos de modo inconseqüente o mal e limpá-lo com atitudes e gestos de generosidade, praticando todo o bem que pudermos. Agindo assim, quitaremos nossos débitos, e nos harmonizaremos com as leis divinas, ficando aptos a escrever nova história, uma história de amor e fraternidade, que nos ajudará a avançar para Deus.

— Mas por que temos que passar pela mesma situação que criamos, a dor que provocamos?

— Para aprender, Laís. Como saber o que sofre um ser que vive na escuridão, se sempre enxergamos a luz? Como entender a fome e a miséria, se apenas conhecemos a fartura e a opulência? O espírito passa, em suas inúmeras encarnações, por situações e dores diversas; é o aprendizado que nos leva à perfeição. O que se faz para o próximo, se faz para si mesmo: essa é a lei de ação e reação.

— Não estou interessada em ter novamente um corpo de carne.

— Pois deveria estar, Laís. Você será agraciada com essa oportunidade. Aconselho-a a não desprezá-la; pelo contrário: deve aceitá-la com alegria, pois é uma bênção que Deus lhe concede.

Em um impulso, Laís respondeu, agitada:

— Não quero ser cega! Prefiro ficar como estou. É muito triste não poder ver nada, viver na completa escuridão!

— Você acha que é muito triste?

— Acho. Não quero isso para mim.

— Acredita também que seja muito triste para outras pessoas?

— Claro! Deve ser triste para qualquer ser. Ninguém merece viver na escuridão.

Jonas esperava que Laís mencionasse o triste episódio de Lívia. Esta, tocada pelo arrependimento do terrível ato praticado no passado, silenciou, como que tentando apagar a lembrança que teimava, há algum tempo, em povoar seu espírito. Jonas observava sua reação atentamente.

— Por que se calou, Laís? Algo a incomoda?

Laís negou-se a responder, mantendo-se em silêncio. Jonas insistiu.

— Volto a lhe perguntar, Laís: algo a incomoda? Se estiver acontecendo o que imagino, não gostaria de falar sobre isso? Talvez pudesse ajudá-la. O que acha?

Timidamente, Laís se animou a falar.

— O arrependimento consome o meu espírito. Envergonho-me do que fiz no passado.

— Isso é um ótimo começo. Perceber o erro é deixar que a consciência entre em ação, direcionando o espírito para a verdade, e se arrepender é permitir que a luz ilumine a nossa alma.

— Mas machuca muito, Jonas. Cada vez que vem à minha memória o grande mal que pratiquei contra a minha própria irmã, sinto-me pequena, inferior e egoísta ao extremo. Sempre me perdi na tola vaidade de achar que tenho direito a tudo que quero, sem nunca me importar com o rastro de dor que deixo por onde passo.

Jonas condoeu-se com a sinceridade com a qual Laís se expressava.

— Laís, ocupe seu pensamento com a nova chance que se apresenta através da reencarnação. Poderá apagar esse remorso quitando sua dívida com a lei, e retornará vencedora se cumprir com coragem, fé e resignação sua prova de reabilitação.

— Mas não quero ser cega, tenho a impressão que não suportaria viver presa na escuridão!

— Todos somos preparados para enfrentar uma nova etapa no plano físico. Nós nos fortalecemos, passamos a compreender melhor a importância do amor fraternal, o respeito pelo próximo, e ansiamos por nos tornar um ser melhor e mais evoluído. Ninguém fica esquecido por Jesus, em nenhum momento. Os amigos espirituais estarão atentos com sua caminhada na Terra e a auxiliarão nas situações mais difíceis, encorajando-a a prosseguir.

— Mas não compreendo por que tenho de ser uma deficiente visual! Não posso ter um corpo saudável, sem problemas?

— Quando não enxergamos o mundo lá fora, damos mais atenção ao nosso mundo interior, Laís. Passamos a conhecer melhor nosso próprio eu, quem somos de verdade. Tomamos consciência que a Deus não importa a aparência, e sim a essência do ser. Desenvolvemos outros sentidos, aos quais não demos a devida importância, e anulamos sentimentos tolos como, por exemplo, a vaidade. A visão se torna mais ampla porque passamos a enxergar com os olhos espirituais. Acredito, minha amiga, que você precise de todo este aprendizado para se perdoar.

Laís permanecia pensativa. Começava a aceitar a idéia de que Jonas dizia a verdade, e admitia ser realmente necessário passar pela experiência que infligira à sua irmã, para aprender a respeitar o próximo. Nunca fora humilde; ao contrário, sempre se julgara superior. Era orgulhosa o bastante para não aceitar perder.

— Jonas, alguma coisa nisso tudo me deixa intrigada.

— Diga-me o que é.

— Você fala com tanta segurança sobre uma situação que nunca viveu. Como você mesmo disse, quem não conhece não pode entender.

Pelo semblante sereno de Jonas passou uma nuvem de melancolia. Sabia muito bem o que dizia, e por que dizia. Vivera essa situação em uma de suas reencarnações. Olhou para Laís e lhe disse:

— Querida amiga, digo tudo isso com muita segurança porque vivi essa situação, e foi graças a essa experiência que aprendi, de verdade, a ser melhor.

— Como assim?

— Em uma das minhas experiências na Terra, fui um deficiente visual. Reencarnei cego das duas vistas, e vivi cinqüenta anos cativo da escuridão total, sem nunca ter visto um rosto amigo, o sol, o mar ou uma flor. Mas foi nessa encarnação que conheci a luz espiritual, a partir do instante em que conheci a mim mesmo. Foi essa experiência que me libertou do meu próprio egoísmo e mostrou-me o caminho da evolução através do bem e do amor universal. Somente chegaremos até Deus vencendo degrau por degrau a escada da evolução. Aprendi que conhecer as leis de Deus é tomar consciência do Seu caminho, vivê-las... É percorrer o caminho por inteiro. Então, Laís, não despreze essa oportunidade de crescimento espiritual. Em geral, o remédio amargo é que nos traz a cura. É muito difícil se lembrar do outro, sobretudo do Criador, quando só se navega em águas mansas.

— O que posso fazer, Jonas?

— Aceite essa reencarnação com alegria e agradecimento a Deus. Prepare-se, fortaleça-se e vá em busca da sua redenção.

— Mas penso muito em Lívia e Cássio. Onde estão, e como estão? Será que me perdoaram, principalmente Lívia, que tanto fiz sofrer?

— Saberá a respeito deles no momento oportuno, e após ser transferida para o Departamento Reencarnatório.

— E quando isso acontecerá?

— Fui informado que daqui a seis meses.

— Não é pouco tempo para me acostumar?

— É tempo suficiente. Os irmãos responsáveis pelas reencarnações sabem o que fazem, e como devem agir com cada um dos espíritos reencarnantes. Trabalham seguindo instruções do Mais Alto. Portanto, não tenha receio, Laís: confie e se entregue ao amor de Jesus.

Laís sentiu-se acalmar. Levantando-se, agradeceu a Jonas e partiu.

Seis meses se passaram.

Durante todo esse período, Laís se submeteu ao tratamento adequado e necessário para que se fortalecesse, a fim de suportar com coragem as vicissitudes pelas quais passaria em sua nova experiência na vida terrena. Assistia a palestras edificantes e esclarecedoras; participava das reuniões de oração, e se entregava confiante no amor de Jesus, com a certeza de que tudo seria para sua própria evolução espiritual.

Compreendera que os sofrimentos pelos quais passamos, em sua maioria, são conseqüência de atitudes desastrosas, falta de amor pelo próximo, egoísmo e orgulho excessivo; enfim, causas que poderiam ter sido evitadas se nos afinássemos mais com as leis divinas. Os abusos, a ambição, as paixões desenfreadas geralmente trazem dores terríveis. Entendera finalmente que tudo obedece a lei de ação e reação, que nenhum sofrimento aparece sem que o homem tenha colaborado com ele.

Após todo o esclarecimento que recebera, cessou sua ilusão e modificou sua maneira de pensar. Ansiava pela nova oportunidade; enfrentaria sua vida de amarguras, pois acreditava no sucesso de sua nova caminhada.

Em uma bela tarde de primavera, Jonas aproximou-se de Laís e disse-lhe com alegria:

— Chegou o momento, Laís! Hoje é o dia, vim buscá-la.

— Estou pronta, Jonas, podemos ir.

Encaminharam-se até o Departamento Reencarnatório, onde Clemente os aguardava.

— Está pronta, irmã?

— Sim. Pronta e ansiosa.

— Ansiedade nunca é bom, pois podemos perder o equilíbrio. Fique em paz e com o pensamento sempre voltado para Jesus. Irá receber instruções. Venha.

Foram até uma sala onde Laís percebeu uma grande tela.

— Sente-se — disse-lhe amavelmente.

Laís acomodou-se e ficou aguardando.

— Laís, você irá conhecer seus futuros pais terrenos.

Inesperadamente, projetou-se na tela um jovem casal que acabara de contrair matrimônio pelas leis dos homens. Felizes, faziam planos para a família que gostariam de formar.

— Filhos — dizia a jovem —, quatro filhos lindos. Quero encher nossa casa de sorrisos infantis.

— Você está muito animada — respondia feliz o marido.

Os planos continuavam para o lar que iniciavam com tanto amor. Laís observava inquieta e em silêncio.

— Quem são eles? — perguntou.

— Você já os conhece, Laís. Observe melhor.

Laís fixou mais a atenção no casal e, sem entender como acontecia, percebeu que eles foram se transformando e tomando a forma de Lívia e Cássio. Diante do espanto que tomou conta de seu ser, indagou a Clemente:

— Como isso aconteceu? Eles são Lívia e Cássio!

— Sim, Laís, são Lívia e Cássio. Eles aceitaram recebê-la como sua filha primogênita. Perdoaram-na de coração e se prontificaram a acolhê-la em seus braços para ensiná-la a amar de verdade, e passar pela prova da cegueira sem se abater nem cair no desânimo e na prostração. São dois espíritos valentes que aprenderam a perdoar de verdade. Estará amparada pelos dois e, se não abafar sua consciência, conseguirá vencer e avançar para Deus.

— Como Lívia conseguiu me perdoar, Irmão Clemente, depois de tanto mal que fiz para ela?

— Porque ela entendeu que para o nosso crescimento moral o perdão precisa fazer parte da nossa essência, não como uma palavra vazia, mas como um sentimento puro e sincero, com o esquecimento total das faltas que foram cometidas contra nós. Aquele que não perdoa se torna menor e mesquinho e impede sua própria evolução espiritual. Se não se perdoa o próximo, como se pode pedir a Deus o perdão para si mesmo? Lívia compreendeu que perdoando nosso próximo angariamos méritos para nós mesmos, perdão para nossos próprios erros, indulgência para nossas faltas. Quis recebê-la como filha para auxiliá-la no aprendizado do amor.

Laís não sabia o que dizer. Tocada por aquela demonstração de elevação de Lívia, dirigiu seu pensamento ao Alto e disse: "Obrigada, senhor, por esta nova oportunidade".

Doze meses após esse fato, Laís renascia no plano terreno, em uma manhã de inverno rigoroso de uma pequena cidade do interior de São Paulo. Seus olhinhos fechados jamais iriam se abrir para ver as belezas da criação divina, mas seu coração abrigaria a beleza do amor aprendido e a levaria a voltar, após ter cumprido sua prova, como uma tarefeira vencedora no amor de Cristo, pois seu espírito aprendera que o que se faz para o próximo, se faz para si mesmo.

Capítulo V

Jacira vai às zonas umbralinas

A reencarnação é a grande oportunidade do espírito de se renovar e aprender a caminhar com Jesus. Não se pode alcançar a perfeição sem passar pela mesma situação que caracterizou a própria imperfeição.

Essa vivência proporciona para o espírito a dimensão real do mal que causou ao seu próximo e a si mesmo. Através dessa consciência, o espírito vai se renovando e galgando, pouco a pouco, degrau por degrau, a sua evolução. "Os obstáculos aparecem para que possamos aprender a vencê-los. Como evoluir e crescer sem ter passado por situações de aprendizado mais forte? Deus nos dá o principal, que é a vida, e cabe-nos direcioná-la para o destino seguro." (*A Essência da Alma* – Irmão Ivo)

Essas sucessivas experiências propiciam ao espírito reencarnante atingir um estágio mais elevado na escalada espiritual e avançar um pouquinho mais para Deus. Mas é óbvio que tudo está relacionado ao aproveitamento dessa oportunidade, ou seja, dedicar-se ao amor universal, fazendo todo o bem que puder, extirpando o orgulho, o egoísmo e a ambição, que levam à decadência espiritual; viver em harmonia com as leis divinas, que são imutáveis e iguais para todos; e, acima de tudo, amar o Criador, confiando na sua justiça e sabedoria.

Quando se acredita no amor de Deus por todas as suas criaturas, a caminhada terrena fica mais leve e os pés não se ferem nos espinhos que porventura encontramos no percurso do caminho.

Quando se confia na vida eterna, compreende-se que estamos nesse mundo mas não pertencemos a ele. A vida física é apenas o meio para o aperfeiçoamento da nossa alma, e um dia, como o filho pródigo, voltaremos ao nosso verdadeiro lar, que é a Pátria Espiritual.

Quando se quer, de verdade, a felicidade, deve-se procurá-la na conduta digna, cristã e fraterna diante da vida e do semelhante, porque é o único caminho que leva ao Criador. Deus nos fala, através da nossa consciência, que somente chegamos a Ele seguindo Jesus.

Jacira aprendia cada vez mais, e, por conta desse aprendizado, dedicava-se com real fraternidade aos irmãozinhos recém-chegados da Terra e que ainda nutriam sentimentos não compatíveis com a real situação de desencarnados, sofrendo as mesmas sensações e dores de quando possuíam o corpo físico.

Sua desencarnação distanciava-se, e Jacira passara a dar pouca importância às explicações que tanto esperara. Atormentara-se esperando uma resposta, uma justificativa para o sofrimento vivido ao lado de Josué; entretanto, agora isso tudo parecia não despertar mais tanto interesse. Preocupava-se em ser útil, ocupava-se com coisas que trouxessem benefício para si própria e para o seu semelhante.

— Como diz Jacob, no momento adequado saberei com detalhes tudo o que aconteceu e que ocasionou tanta dor — dizia para si mesma. — Não quero mais ter pressa. Hoje sei que tudo se esclarece no momento certo e programado pelo Mais Alto. Voltarei minha atenção para os irmãos que ainda se encontram em desequilíbrio. É isso que quero e que irei fazer, com a bênção de Jesus.

Dirigindo-se ao hospital, encontrou Ivan, que demonstrava preocupação.

— Ivan! — exclamou. — Por que esse ar de preocupação?

— Acompanhe-me, Jacira, e saberá.

Jacira seguiu Ivan, que foi ao encontro da equipe socorrista. De imediato sentiu uma incômoda sensação de desconforto e ansiedade, antevendo o que iria acontecer. Jacob, aproximando-se de Jacira e Ivan, disse-lhes:

— Se não se sentem seguros para empreenderem esta missão, é mais prudente ficarem. Esta tarefa não faz parte do trabalho estabelecido para cada um de vocês; mas serão bem-vindos se quiserem e entenderem que cada um cresce e evolui ao praticar a caridade junto ao seu irmão sofredor.

— O que nos aconselha? — perguntou Jacira.

Ivan, antecipando-se à resposta de Jacob, assim se expressou:

— Quanto a mim, Jacob, não precisa se preocupar, pois sei para onde vão e o que irão fazer. Quero auxiliar no que puder.

— Você sabe qual é a missão? — perguntou Jacira.

— Sim! Esta é a equipe socorrista. Irão até as zonas umbralinas resgatar um espírito que muito sofre, mas, através do seu arrependimento sincero, clamou por misericórdia. É um trabalho de total caridade e amor ao semelhante, e eu gostaria muito de poder acompanhar e ser útil nessa jornada.

Jacira sentiu o quanto ainda necessitava aprender. Percebeu a expectativa de Jacob, esperando sua reação. Presenciava ali, naquele instante, uma demonstração de real fraternidade e amor ao próximo. Sabia o quanto era difícil esse trabalho de resgate nas zonas infelizes; era necessário permanecer com o pensamento em Jesus, confiando totalmente no querido Amigo, para que não houvesse desequilíbrio e tudo pudesse acontecer dentro do previsto. Por fim, com todo o respeito por aqueles espíritos, tarefeiros de Jesus, disse:

— Perdoem minha pequenez. Quero ir com vocês; não vou perder esta oportunidade de exercitar o amor junto a alguém que — acredito — deve estar mergulhado no sofrimento.

Jacob gostou do que ouviu. Dirigiu a Jacira um olhar de incentivo e contentamento pela reação da pupila.

— Vamos, então — exclamou.

Reuniram-se à equipe que os aguardava, e, unidos pelo sentimento de amor aos sofredores, e permanecendo com o pensamento em sintonia com o amor de Jesus, iniciaram o percurso que os levaria às zonas umbralinas, onde espíritos imprudentes e levianos que se perderam na cobiça, no orgulho e no egoísmo, colocando o mal como prioridade na sua existência terrena, amargavam a dor como conseqüência de suas próprias atitudes.

Confiavam na proteção divina, e essa certeza fortalecia-os para a tarefa que iriam realizar sob a bênção de Jesus.

Pela primeira vez Jacira conheceria de perto o sofrimento gerado pela imprudência dos espíritos que se esqueceram de colocar o amor de Deus no coração. Quando o espírito se esconde em um corpo de carne, muitas vezes se esquece de seus propósitos de amor e solidariedade, e se entrega de modo imprudente aos desvarios da matéria, desvarios esses que aniquilam a alma humana, interferindo posteriormente na própria evolução do ser.

Jacob, vigilante, observava as reações de Jacira. Preparado estava para interferir caso houvesse o menor sinal de um possível desequilíbrio. Ivan acompanhava os instrutores, atento a tudo o que via e ouvia à sua volta.

— Por que tanto sofrimento, tantas lágrimas, Irmão Jacob? — perguntou Jacira.

— Jacira, onde não existe amor, existe lágrima e sofrimento. O que vê é apenas a resposta das atitudes dos imprudentes e levianos que se esqueceram de Deus enquanto se importavam e se entregavam à luxúria da matéria. Foram os escravos da ambição, do orgulho e do egoísmo e, em razão disso, destruíram em si mesmos a semente da fraternidade e do amor universal, sentimentos esses que levam o espírito a avançar para Deus. São espíritos que lutaram sem escrúpulos e sem limites para conseguir obter, para si mesmos, o objeto dos seus desejos fúteis; entretanto, tudo o que foi a causa de sua perdição deixaram na Terra; chegaram à espiritualidade com as mãos vazias e o coração cheio de ódio, maldade e inconformação com o próprio desencarne. Nada trouxeram para oferecer ao Criador senão revolta, dissimulação e desespero.

— Mas não podemos recolher os que imploram ajuda e levá-los para o hospital Maria de Nazaré?

— Podemos recolher os que pedem com sinceridade. Aqueles cujo arrependimento é verdadeiro, e a sua súplica, fruto do desejo puro de aceitar Jesus. Recolhemos aqueles que, cansados da dor que experimentam, conseguem perceber a luz divina e imploram o perdão de Deus.

Notaram que os socorristas pararam junto ao amontoado de espíritos que se submetiam a toda sorte de padecimento. Rostos transfigurados, mãos cadavéricas, verdadeiros farrapos que exalavam um odor fétido.

— Chegamos — disse Gentil, responsável pela equipe.

— Nossa missão inicia-se aqui? — perguntou Ivan.

— Sim, Ivan, é aqui.

Ivan pesquisava com atenção, tentando descobrir qual daqueles irmãos, alguns já em estado de demência, seria beneficiado com o resgate. Seu esforço era em vão. Na escuridão só se ouviam os gritos de lamentação daqueles seres em sofrimento. Era o "inferno" criado pelas mentes em desequilíbrio.

O homem torna-se seu próprio carrasco ao escolher uma vida de futilidades e atos infames. Deus é suprema bondade e amor; sendo assim, não castiga nenhuma de suas criaturas, nem permite sofrimento desnecessário. O mal vem de dentro do próprio homem, que não consegue enxergar nada além dos seus próprios interesses. Mas é verdade que nenhum ser foge ou é isento das conseqüências de suas próprias atitudes e, querendo ou não, acreditando ou não, submete-se à lei de causa e efeito. Somos o que queremos ser. Nosso futuro se apresentará através da construção do nosso presente. Nada que traga benefício para o espírito em evolução deve ser desprezado ou esquecido, mas sim cultivado com dedicação, responsabilidade e consciência da necessidade de se fazer o bem para o próximo e para si mesmo. Este é o caminho para se conquistar a felicidade verdadeira.

Gentil pediu a todos que se unissem e fizessem uma prece a Jesus, pedindo auxílio para que a tarefa de resgate acontecesse com harmonia e sucesso. Jacira não deixava que nada escapasse de sua atenção, pois, para ela, tudo era novo e inesperado. Após tanto tempo de desencarnada, pela primeira vez presenciava uma tarefa de resgate na qual o amor e a caridade moral eram determinantes. Como os demais, elevou seu pensamento mais puro, dando vazão ao sentimento maior de amor por aquelas criaturas de Deus que, por imprevidência, haviam se esquecido do próprio Criador.

Enquanto todos se entregavam ao amor de Jesus, Gentil recolheu em seus braços um ser quase disforme, fruto dos próprios atos de outrora.

Jacira comoveu-se com a aparência deplorável daquele espírito, vítima de si mesmo. Aproximou-se mais de Jacob e o interrogou.

— Por caridade, irmão, explique-me o porquê dessa deformação; o que pode ser feito para se chegar a um estado como esse?

Pacientemente Jacob a esclareceu.

— Jacira, o espírito é o que pensa, o que sente e o que faz durante sua permanência no mundo físico. Pensamento toma forma; sentimento, se for bom, eleva quem o sente; caso contrário, atira-o na infelicidade evolutiva; e as obras, as ações em face da vida e do próximo, nada mais são que a materialização dos pensamentos e sentimentos que o espírito agasalhou em si mesmo. Quando se vive fora das leis divinas, das leis do amor, da caridade e de todas as virtudes que enobrecem a alma humana, vai-se pouco a pouco deformando o perispírito e, em conseqüência disso, na hora do retorno, que é inevitável, no momento que o espírito abandona o corpo físico através da desencarnação, torna-se herdeiro da própria imprudência e maldade. O futuro, seja ele na vida física ou na espiritualidade, é fruto do que se constrói no presente.

— Mas o que fez essa irmã para se tornar quase um farrapo, Irmão Jacob?

— Jacira, este não é o momento propício para se falar de culpas ou erros. É um instante importante para o espírito; o instante em que ele "acordou" para a luz divina e clamou por misericórdia. Estamos aqui para auxiliar, e não para avaliar ou julgar os procedimentos adotados por ele quando no mundo físico. Este momento é de oração, de comunhão com Jesus para beneficiar esta irmãzinha que, por imprudência ou ignorância, caiu na armadilha de seus próprios enganos, mas que recebe agora o benefício de seu resgate.

— Perdoe-me, Irmão Jacob. Como sempre, tem razão; e eu, mais uma vez, agi por impulso. Peço-lhe com sinceridade que me perdoe.

Gentil acolheu em seus braços aquele espírito quase demente, e em seguida colocou-o em uma maca. Orientou para que todos se unissem, pois iniciariam a volta ao Hospital de Maria de Nazaré. O grupo mantinha-se em silêncio e entregava-se à prece sincera e reconfortante para eles, e ainda mais para o espírito necessitado. O retorno se fez sem nenhum incidente. Em pouco tempo, Zulmira era cuidadosamente aconchegada em uma cama limpa e cheirosa, em um aposento claro, onde se viam flores perfumadas e um lindo retrato de Jesus. Ouvia-se suave música, que auxiliava os espíritos em tratamento ao relaxamento necessário. Era o Hospital Maria de Nazaré, que acolhia os enfermos e os tratava com o remédio principal: o amor!

Cumprida sua missão, Gentil e sua equipe afastaram-se, deixando Zulmira sob a responsabilidade de Jacob. Passes magnéticos foram aplicados, propiciando àquele espírito em desequilíbrio um sono reparador.

— Nossa irmã irá dormir profundamente, Jacira; deve deixá-la repousar pelo tempo que for necessário, mas é preciso estar atenta para que nada a perturbe. É importante a sua intervenção caso ela entre em desequilíbrio.

— Entendi, Irmão Jacob; ficarei atenta. Se houver alguma anormalidade mandarei chamá-lo.

— Muito bem. Qualquer dúvida, procure Ivan para auxiliá-la. Ele estará aqui no hospital.

— Isso mesmo, Jacira, estarei por perto; caso haja necessidade, é só me chamar.

Jacob e Ivan afastaram-se, deixando Jacira só no aposento onde Zulmira se beneficiava com a energia salutar que dela emanava, fortalecendo-a e equilibrando-a, aliviando-lhe o sofrimento que se fizera por conta do seu afastamento das leis divinas enquanto encarnada.

Jacira sentou-se próxima ao leito e entregou-se aos seus pensamentos.

— Meu Deus, o que será que fez esta irmã para sofrer tanto ao deixar seu corpo físico? Qual a razão por que, ao encarnar, duvidamos de tudo, esquecemos nossos projetos e propósitos tão bem elaborados quando na erraticidade e nos distanciamos do amor de Cristo, enxergando e desejando somente o que nos traz prazer? — dizia para si mesma.

Jacira surpreendeu-se ao ouvir em seu íntimo a resposta para sua indagação.

— Porque o homem ambiciona o que está fora de si mesmo; não consegue enxergar a riqueza que carrega em seu interior; não percebe que lá fora, onde procura o que julga ser o principal, existe o frio, o vento, a chuva e a escuridão, enquanto dentro do coração que ama existe o calor, a brisa, o sol, a luz e a alegria de se saber filho de Deus e, como tal, trabalhar e amar o seu Criador através do amor dedicado ao semelhante.

Jacira assustou-se.

— Quem fala dentro de mim? — perguntou-se.

— A manifestação do amor universal. Ore por esse espírito que tem um longo caminho a percorrer; ajude-o a entender sua situação e oriente-o para que se entregue sem reserva ao amor de Deus.

Jacira, tocada no íntimo do seu ser, ajoelhou-se, movida pela emoção, e orou por aquela irmã que jazia inerte no leito alvo e cuidadosamente preparado para recebê-la.

Em nenhum momento da existência do espírito, seja no mundo físico ou no mundo astral, ele fica à mercê da própria sorte, esquecido e abandonado por Deus. A trajetória de evolução de cada criatura é acompanhada pelo Criador. Os sofrimentos são compatíveis com as atitudes impensadas de cada ser, ou seja, são fruto de leviandades e maldades cometidas em nome da ambição, do orgulho e do egoísmo, que enchem de vaidade, rancor e inveja o coração dos desatentos e dos negligentes. Aqueles que passam pela experiência na Terra, distraídos, sem prestarem muita atenção aos valores reais e nobres, não poderão fugir das conseqüências de seus atos e não ficarão impunes diante das leis divinas.

Mas ninguém, nenhuma criatura de Deus, mesmo passando por dores e aflições geradas por si própria, ficará abandonada nesse vale de lágrimas.

E por que então tantos ficam mergulhados nesses padecimentos por longo tempo, tempo esse que parece não ter fim? Por esquecimento divino? Não! Mil vezes não! Esse esquecimento não existe. O espírito sofre o tempo necessário para conseguir sentir a luz e perceber a inutilidade de suas atitudes volúveis e inconseqüentes, que geraram esta colheita de dor. A partir do momento em que o arrependimento nasce sincero em seu ser e o pedido de clemência é verdadeiro, o socorro virá, o resgate acontece e o espírito é levado para o hospital de refazimento a fim de iniciar seu aprendizado.

Deus quer a felicidade para todas as suas criaturas, mas respeita o livre-arbítrio de cada um. Espera pacientemente porque sabe que chegará o dia em que todos compreenderão que só se chega a Ele seguindo Jesus, e seguir Jesus é estar em afinidade com as leis divinas. Nesse dia, os imprevidentes ressurgirão das cinzas da dor, para a esperança do amor.

Jacira cumpria com dedicação sua tarefa junto a Zulmira. Como previra Jacob, esta dormia profundamente há quatro meses, dando oportunidade ao seu espírito de receber a energia curadora e desfrutar do descanso importante para o seu equilíbrio. Sua fisionomia ainda conservava as marcas da dor.

Jacira ausentou-se, atendendo ao chamado de Ivan. Aproximando-se do amigo, indagou:

— Como está Zulmira, Jacira?

— Ainda adormecida. Estaria preocupada se Jacob não tivesse alertado que poderia acontecer de Zulmira permanecer nesse estado por um tempo prolongado.

— Você tem prestado uma boa assistência a esta irmã, Jacira. Meus parabéns! — exclamou o amigo.

— Obrigada, Ivan. Visito-a duas vezes ao dia e procuro fazer tudo da maneira mais equilibrada possível. Tenho muito ainda que aprender, mas faço o melhor que sei.

— Jacob está muito contente com o seu progresso.

— Você acha que ela ainda irá demorar a acordar, Ivan?

— Não sei, e não posso precisar quando isso irá acontecer; isso é inerente a cada espírito. Para todos os propósitos, Jacira, existe um tempo, e este tempo difere de pessoa para pessoa. É importante respeitar o tempo de cada um e compreender que as necessidades de cada ser são diferentes.

— Mas Zulmira dorme há quatro meses! — observou Jacira.

— Você acha muito, amiga?

— Penso que sim.

— Pois lhe digo que este tempo não é nada na espiritualidade. Existem casos em que o espírito dorme por cinqüenta, cem anos.

— Cem anos?! — repetiu Jacira espantada.

— Acha que é muito tempo?

— Isso é uma eternidade!

Ivan sorriu.

— Jacira, isso não é nada em relação à eternidade.

Intimidada e envergonhada, Jacira respondeu:

— Como sou tola... É claro que todos temos a eternidade pela frente para resolvermos nossas questões. Desculpe-me, Ivan.

— O que é isso, minha amiga? Aqui todos estamos aprendendo.

— Mas você chamou-me exatamente para quê?

— É verdade, ficamos conversando e não lhe disse ainda o que realmente interessa.

— Diga-me!

— Jacob pediu que fosse procurá-lo ainda hoje. Deseja falar-lhe.

— Algum problema?

— Problema, não. Acredito que seja alguma instrução.

— Irei imediatamente — respondeu Jacira.

— Faça isso, amiga. Nós nos veremos depois.

— Até mais tarde, Ivan.

Afastaram-se. Cada um tomou o rumo desejado. Jacira ia pensativa, tentando descobrir o porquê do chamado de Jacob.

— Será que fiz algo errado? — perguntava-se. — Bem, não adianta tecer suposições. Assim que chegar ficarei sabendo.

Apressou-se, e em poucos instantes encontrava-se em frente a Jacob.

— Recebi seu recado, e vim em seguida.

— Obrigado, Jacira. Preciso mesmo lhe falar. Aproxime-se.

Jacira atendeu à solicitação do instrutor, e ouviu com atenção o que Jacob tinha a lhe dizer.

— Jacira, estamos contentes com o seu desempenho no Hospital de Maria. Atende a todos com especial carinho e dedicação.

— Tento fazer o melhor que posso — respondeu ela timidamente.

— Tem conseguido — completou Jacob. — Bem, vamos ao assunto que a trouxe aqui.

— Estou mesmo muito interessada em saber o que tem a me dizer.

— Jacira, como você se tornou responsável pelo equilíbrio e bem-estar de Zulmira, achamos por bem colocá-la ciente da vida terrena dessa nossa irmã, para melhor orientá-la no momento do seu despertar, que, acreditamos, possa ser de angústia para ela.

— Este momento está próximo?

— Não posso precisar quando ela abrirá seus olhos para sua nova vida, Jacira, mas é prudente que esteja preparada para recebê-la e auxiliá-la em seus medos e angústias.

— Obrigada por confiar em mim, Irmão Jacob.

— Jacira, há tempo quero lhe pedir que chame-me apenas de Jacob. Somos iguais perante Deus.

— Mas sei que não tenho a sua importância. É meu instrutor, e devo o que aprendi aos seus ensinamentos. Tenho-lhe um profundo respeito. Se hoje sou capaz de auxiliar irmãozinhos que ainda sofrem, foi graças aos seus esclarecimentos e seu auxílio.

Jacob sorriu.

— Jacira, todas as criaturas são importantes para o Criador. Cada um ocupa o lugar que nosso Pai julga ser o mais adequado para sua evolução. Aqui na espiritualidade, as coisas acontecem de modo parecido com a vida terrena, com a diferença de que tudo é feito visando o bem-estar, o progresso e a felicidade de cada um. Todos se auxiliam uns aos outros porque a matéria principal que se aprende é o amor universal.

— Continue, por favor, Jacob — disse Jacira interessada.

— O que de fato conta é o respeito com que nos dirigimos a alguém, e o respeito não está no título que se diz antes de pronunciar o nome — título este que é muitas vezes fruto de um balbuciar dos lábios —, mas sim na maneira, na postura e no sentimento com os quais uma pessoa se dirige ao seu semelhante. Em geral, na Terra, julgam-se importantes aqueles que possuem diplomas, cursos, títulos de doutor ou fortunas, e são esquecidos aqueles que retiram o lixo para que a cidade fique limpa, por exemplo; enfim, tantos trabalhos passam despercebidos quando, na verdade, são muito importantes na rotina da humanidade; todavia, as atenções e honrarias são dispensadas aos que vivem para si mesmos. Portanto, Jacira, acredite, somos igualmente importantes, cada um de nós está no lugar certo para cumprir a missão a nós destinada, e devemos cumpri-la bem e com amor, pois este é o caminho.

— Jacob, como você é sábio!

— Não, Jacira, sábio é o nosso Criador e nosso Deus. Eu sou apenas um aprendiz, como são todas as criaturas.

Jacob silenciou por poucos instantes, e disse em seguida:

— Mas vamos ao assunto para o qual eu a chamei aqui.

— Claro, estou a sua disposição.

— Preste atenção, Jacira, o que vou lhe narrar é a experiência improdutiva de um espírito enquanto encarnado. Digo improdutiva porque, apesar de ter tido acesso às melhores condições e informações, entregou-se à prática nociva do desrespeito à vida. O importante é não julgar em nenhum momento sua atitude, e sim conduzi-la à compreensão do mal que se causa ao próximo quando usamos de maneira errada as ferramentas que a vida coloca em nossas mãos para que sejam usadas para o bem do próximo.

— Continue, Jacob — pediu Jacira, cada vez mais atenta.

— Zulmira reencarnou com um objetivo nobre: salvar vidas. Pertenceu a uma família de classe média, mas que lhe propiciou todas as condições para que se graduasse doutora da área da saúde, o que realmente aconteceu, e em uma época em que poucas ou quase nenhuma mulher se formava. Tornou-se uma profissional expressiva, destacando-se em ginecologia e obstetrícia. Com o passar do tempo, começou a questionar se realmente valia a pena interessar-se por pessoas que pouco ou quase nada possuíam para retribuir, da forma que ela esperava, seus serviços médicos. Não lutou quando a vaidade e a ambição começaram a tomar um lugar importante em seu coração e em sua mente. Percebeu que poderia ganhar muito dinheiro procedendo de uma maneira incorreta, e sem nenhuma ética. Ninguém questionava seus diagnósticos ou seu procedimento em face das doenças que ela afirmava existirem. Iniciou assim sua decadência moral e espiritual. Em pouco tempo entregava-se a realizar o mais terrível dos procedimentos médicos: o aborto, e com este ato infame deu início a sua riqueza. Esqueceu-se da missão para a qual reencarnara e, ao contrário do que se esperava, começou a matar em vez de salvar vidas. O resto não preciso relatar, Jacira, pois você mesma poderá tirar suas conclusões.

— Desculpe-me, Jacob, mas sinto-me ainda insegura para aventurar-me a concluir o que quer que seja em relação ao próximo. Gostaria de saber mais sobre ela.

— Zulmira contraiu matrimônio com Vicente, sem nutrir por ele nenhum outro sentimento que não fosse o desejo de possuir sua fortuna. Vicente acalentava o sonho de ter um filho, para que tivesse um herdeiro de toda a sua fortuna. Passou a pedir a Zulmira que lhe desse um filho. O tempo passava e Zulmira não engravidava. Foi então que ela se viu frente a frente com a verdade: não poderia ser mãe. O desespero tomou conta dela de uma maneira avassaladora, pois sabia que o marido a abandonaria, e, se algo acontecesse a Vicente, ela nada herdaria: seu sacrifício teria sido em vão. Sua mente insensata, entregue à pretensão de se apossar do que ambicionava, engendrou um plano sinistro.

— Por Deus, Jacob, o que ela fez?

— Disse ao marido que estava grávida.

— Mas ele não percebia que seu corpo não se modificava?

— Zulmira começou aos poucos a engordar para que Vicente de nada suspeitasse. Não permitia que ele a tocasse, sempre dizendo não estar bem, por conta de uma gravidez que ela afirmava ser de alto risco. A felicidade de Vicente era tão grande que confiava cegamente na esposa, dizendo-lhe: "Você é quem sabe, meu amor; afinal, a médica é você!".

— E como terminou esta história, Jacob?

— Quando supostamente completaria sete meses, Zulmira, com a ajuda de Alice, sua empregada e cúmplice, realizou um parto prematuro em um casebre nas proximidades de sua fazenda. Disse à mãe que a criança morrera, pois se sufocara com o cordão umbilical, o que passivamente foi aceito pela parturiente, que solicitou à médica que o levasse, pois não queria ver o filho morto. Zulmira, após dar-lhe dinheiro para que fosse embora assim que se sentisse melhor, fingiu compaixão pela situação de pobreza em que vivia e afirmou-lhe que tomaria todas as providências legais para enterrar o filho que acabara de perder. Saiu acompanhada de Alice e, bem distante do local, simulou seu próprio parto. Mandou que Alice fosse chamar Vicente, e este a encontrou deitada na relva, com o recém-nascido ao seu lado.

— Meu Deus — dissera Vicente —, o que aconteceu, Zulmira? Não era ainda a hora do parto.

— Não sei, Vicente, não sei mesmo por que foi acontecer este parto prematuro... Passeava com Alice, e de repente senti fortes dores... e logo percebi que o parto iria acontecer!

— Por que não mandou chamar-me imediatamente?

— Não houve tempo, Vicente. Alice ajudou-me com muita habilidade, e graças a Deus tudo acabou bem. Agora preciso apenas ir para casa repousar um pouco e cuidar do nosso filhinho.

Vicente, encantado, enrolou o filho em seu próprio casaco e nem se deu conta de que à volta de Zulmira não existia nada que indicasse que acontecera um parto naquele local. Feliz, levou a mulher e o filho para a fazenda, acompanhado de Alice, que mesmo sendo cúmplice de Zulmira espantara-se com a trama engendrada por ela, trama esta que qualquer pessoa mais atenta perceberia. Mas Vicente só tinha olhos e atenção para aquele pequenino ser que carregava em seus braços, acreditando que, finalmente, seu sonho havia sido realizado.

Passada uma semana desse acontecimento, o encantamento de Vicente chegou a sua dimensão normal, e ele começou a questionar tudo o que acontecera. Uma desconfiança tomou conta de sua mente.

— Por que será que Zulmira não age como todas as outras parturientes? — pensava. — Parece-me tão normal... Impediu-me de chamar o doutor para examiná-la, afirmando que ela mesma poderia cuidar de si. Preocupa-se o mínimo com a criança, entregando-a aos cuidados de Alice. Tudo me parece agora muito estranho. Não me lembro de ter visto nada de diferente quando nasceu nosso filho; e aqui, em casa, suas atitudes nada lembram alguém que acabou de dar à luz.

Alice percebeu a desconfiança de Vicente. Correu a contar para Zulmira o que pensava.

— O senhor Vicente anda muito desconfiado — disse a Zulmira. — Por duas vezes fez-me perguntas sobre o que realmente aconteceu naquele dia.

— E o que você respondeu?

— A mesma história que a senhora contou. Falei tudo do mesmo jeito.

— Muito bem, Alice! Eu também já percebi a desconfiança de Vicente. A mim também já fez várias perguntas.

— O que a senhora pretende fazer?

— Vou dar um jeito nisso sem perda de tempo, antes que algo aconteça.

— Que jeito é esse?

— Noto que Vicente anda muito cansado, e estou pensando em proporcionar-lhe um repouso. Acho que ele está precisando...

Alice sorriu.

— Entendi!

— E foi assim, Jacira — disse Jacob —, que Vicente desencarnou, tornando Zulmira a senhora de sua fortuna.

— E a criança?

— Zulmira nenhuma atenção dava ao garoto, que cresceu abandonado na sua própria casa, sem receber o mínimo carinho daquela que julgava ser sua mãe.

— E Alice?

— Com o passar do tempo, Alice começou a exigir regalias, chantageando Zulmira, que, para se ver livre de suas ameaças, livrou-se dela da mesma maneira que se livrara de Vicente. Tirou do seu caminho a única pessoa que sabia de sua história de crimes, da terrível verdade que escondia aquele coração endurecido.

— Meu Deus! — exclamou novamente Jacira.

— Como já lhe disse, Jacira, sem julgamentos. Zulmira sofreu as conseqüências de seus atos infames; teve as respostas condizentes com a desumanidade praticada. Após todos esses anos de sofrimento, arrependeu-se e foi alvo da benevolência divina ao ser beneficiada com o resgate que lhe deu a oportunidade de se regenerar e iniciar um caminho de evolução. Por esta razão, achamos por bem colocá-la ciente de sua verdadeira história. Provavelmente acordará em desequilíbrio, e seu auxílio fraterno e paciente será importante para esta irmã iniciar essa nova etapa.

— Apenas oriente-me, Jacob. Os atos cometidos na vida física não se perdem na espiritualidade, não é assim?

— Nada se perde e nada é esquecido, Jacira. Tudo precisa ser reparado. O primeiro passo para a renovação do espírito é o arrependimento dos atos levianos e cruéis cometidos contra o seu próximo, mas o arrependimento deve ser seguido da reparação. Necessário se faz reparar o mal praticado; equilibrar tudo e todos que se desestruturaram em virtude da imprudência, orgulho, egoísmo ou ambição que se tenha cometido. Zulmira, no momento adequado, retornará e se encontrará com aqueles que sua ganância prejudicou.

— Este retorno será breve?

— Em geral, o retorno acontece após o tempo necessário para o espírito se preparar, se fortalecer e se conscientizar da necessidade de quitar seus débitos cármicos; sentir o desejo de se harmonizar com as leis divinas e ficar livre da própria culpa para promover sua evolução e avançar para Deus.

— Mas quanto tempo duram os sofrimentos dos espíritos culpados? — voltou Jacira a interrogar.

— A duração da expiação na Terra ou os sofrimentos aqui na espiritualidade estão subordinados ao melhoramento do culpado. No dia em que os homens entenderem que o essencial para a evolução é se entregar à prática do bem e do amor universal, vivendo em acordo com as imutáveis leis de Deus, retornarão à Pátria espiritual como espíritos bons. Nesse dia, a Terra solidificará sua mudança, deixando de ser um mundo de provas e expiações. A humanidade não sofrerá mais as aflições, violências e misérias que nada mais são do que conseqüências de suas imperfeições. Tal transformação elevará a Terra para um mundo de Regeneração no qual o bem irá sobressair ao mal.

Jacob deu por encerrado seu encontro com Jacira. Despediram-se, e Jacira, feliz por tudo o que havia aprendido, seguiu feliz para cumprir sua tarefa junto a Zulmira.

Capítulo VI

A morte não é o fim da vida

Jacira refletia sobre tudo o que ouvira de Jacob. As coisas ditas pelo querido instrutor pareciam-lhe lógicas e coerentes. Nada se constrói de bom e edificante se não for através da prática do bem e do amor.

— É necessário se unir com o próximo na construção de um mundo melhor; de uma existência mais feliz, seja aqui ou no mundo dos encarnados — concluía.

— Perdoe-me se interrompo suas reflexões — disse Ivan se aproximando da amiga.

— Ivan! — exclamou Jacira com alegria. — Sente-se ao meu lado.

— Posso participar de seus pensamentos?

— Claro amigo. Estou refletindo sobre o que Jacob me esclareceu para que eu possa cumprir minha tarefa com sabedoria e verdadeira fraternidade, correndo menos risco de me enganar.

— Zulmira?

— Sim. É um espírito em desequilíbrio, Ivan. Mas, segundo me esclareceu Jacob, está pronto para receber o auxílio, as explicações e o amor necessários para se reestruturar no amor de Deus.

— E esta missão é sua, estou certo?

— Está. Quero executá-la da melhor forma possível, para que Zulmira encontre o caminho da verdadeira paz e felicidade. Ajudá-la a entender os valores reais e nobres que nos encaminham para a evolução. Mostrar-lhe a inutilidade de alimentar desejos torpes, ambicionando o que não nos pertence, querendo a qualquer preço o que julgamos, erroneamente, ser felicidade. Aprendi, Ivan, que nessa busca insana deixamos rastros de dor por onde passamos, e são esses mesmos rastros que nos levam à decadência espiritual.

— Muito bem, Jacira, estou impressionado com você.

— Por quê?

— Porque você cresceu em direção ao amor universal. Aprendeu a esquecer de si mesma e lembrar das aflições alheias, a cuidar daqueles que, por imprudência, distração, leviandade e inconseqüência jogam-se no abismo da amargura. É isso mesmo, minha amiga, o amor é um sentimento mágico, quanto mais o ofertamos, mais ele cresce em nós. Jesus irá abençoá-la a cada instante para que saia vitoriosa nessa missão.

Jacira emocionou-se.

— Obrigada, Ivan. Agradeço a Jesus ter conseguido amigos que me auxiliam na difícil escalada da evolução. Esclarecem minhas dúvidas, aliviam meus medos e tornam mais leves minhas angústias. Tudo farei para merecer esta bênção divina.

Enquanto conversavam, Lucy, aproximando-se, disse a Jacira:

— Jacira, é preciso que vá com urgência até o hospital.

— Alguma coisa inesperada?

— Sim. Zulmira acordou, e está agitadíssima.

— Vou imediatamente — respondeu Jacira, já se dirigindo ao hospital.

Entrando no aposento de Zulmira, encontrou-a em profunda agitação. Debatia-se violentamente, e à primeira vista parecia estar em completa demência. Jacira elevou o pensamento a Jesus, solicitando do Divino Amigo o auxílio necessário naquele momento de total desequilíbrio daquela irmã em aflição. Confiante, aproximou-se e mansamente perguntou-lhe:

— Irmã, o que sente de verdade, o que a faz entregar-se a essa agitação, este desequilíbrio? Você está no Hospital de Maria, entre amigos que lhe querem bem e dispostos a ampará-la nesses seus primeiros momentos.

Colocou a mão sobre sua testa e orou ao Mais Alto com a certeza de que o auxílio viria.

"Jesus, Mestre dos Mestres, confiando no vosso amor e benevolência para com seus filhos, espíritos ainda frágeis e imperfeitos, clamo por misericórdia para esta irmãzinha que no momento sente dificuldade em enxergar a vossa luz brilhando intensamente e iluminando-a para que possa aos poucos ir percebendo o caminho. Que ela se acalme e se beneficie com a energia salutar da qual é alvo, e que possa se entregar à paz que emana de Vós. Assim seja."

Jacira percebeu pequenos flocos de luz violeta que caíam sobre Zulmira, cobrindo-a de vigor e tranqüilidade. Esta aos poucos se foi acalmando, até que, cansada, permaneceu quieta em seu leito. Jacira aproveitou esse instante de paz e lentamente segurou-lhe a mão, beijando-a com carinho. Ao sentir o toque de Jacira, Zulmira abriu novamente os olhos e com voz fraca perguntou:

— Quem é você?

— Meu nome é Jacira, e sou responsável pelo seu bem-estar.

— Está aqui para rir da minha desgraça?

— Não, minha irmã, estou aqui para auxiliá-la a entender sua nova situação, esclarecer suas dúvidas e jamais julgar um só ato seu, pois não tenho o direito de atirar a primeira pedra, já que, como você, sou muito imperfeita e trago uma história de erros e enganos.

Zulmira gostou do que ouviu. Abriu mais os olhos e indagou:

— Então me explique onde estou, porque me sinto muito confusa. Tenho a lembrança de ter estado em um lugar sujo, fétido e ouvindo sem parar gritos de lamentações, mas agora experimento uma sensação de paz no silêncio desse ambiente! Sinto perfume, e posso perceber que me encontro em um lugar limpo.

— Você está no Hospital Maria de Nazaré, onde o objetivo é tratar os irmãos que aqui chegam com o amor que Jesus nos ensina. Reequilibrar cada um, falar das leis divinas e da grandeza do amor de Deus; enfim, preparamos aqueles que recebemos aqui para iniciar nova vida na espiritualidade.

— E como cheguei a este hospital?

— Seu arrependimento e a sinceridade do seu pedido de clemência atraíram para você a misericórdia de Deus. Foi beneficiada pelo resgate e trazida para esse hospital pela equipe socorrista, com a finalidade de aprender e iniciar uma vida de felicidade, preparando-se para, no momento adequado, escrever uma nova história de belezas espirituais.

— Mas não sei como fui mudar da minha fazenda para aquele lugar tão feio e infeliz.

— Zulmira, olhe para você — pediu Jacira. — Nota alguma diferença em seu corpo?

— Não. Ele está como sempre foi.

— Olhe novamente, com bastante atenção.

Zulmira voltou a olhar para seu próprio corpo, que jazia deitado na cama alva.

— O que você quer que eu note? Nada está diferente do que sempre foi!

— Tente observá-lo melhor — insistiu Jacira.

Ao fazer o que Jacira lhe pediu, Zulmira levou um susto ao constatar que ele estava com uma consistência diferente.

— Mas o que é isso? Meu corpo está mais leve. Que mágica é essa que você fez?

— Não fiz nenhuma mágica, Zulmira. Este agora é o seu corpo real.

— Por que aconteceu isso?

— Porque você retornou para sua pátria de origem.

— E o que significa isso?

— Significa que todos nós, um dia, deixamos nosso corpo físico e regressamos à casa do Pai. Foi o que aconteceu com você: você também fez o seu regresso.

— Quer me dizer que eu morri?

— Quero dizer que você sofreu uma transformação. Abandonou seu corpo de carne e retornou à casa do pai com o seu corpo astral.

— Isso significa que eu morri!

— Zulmira, a morte não existe, é um ilusão. Veja: você pensa, se expressa, sente, como pode estar morta? Você, eu, todos nós vivemos em um mundo diferente, de uma maneira diferente, com um corpo diferente, mas isso é vida, Zulmira, a verdadeira vida do espírito. É aqui que irá viver agora, como eu e todos os outros que são chamados de volta para casa.

Zulmira calou-se. Permaneceu longo tempo quieta. Em determinado momento, abriu novamente os olhos e disse a Jacira:

— Eu não posso estar viva, porque sempre aprendi e acreditei que a morte é o fim da vida e de tudo. Nada nem ninguém sobrevive à morte; portanto, se não tenho mais meu corpo físico, devo mesmo estar morta! E os mortos não falam nem podem se comunicar.

Dizendo isso, voltou a fechar os olhos e, para espanto de Jacira, entrou em letargia, acreditando firmemente estar morta. Jacira surpreendeu-se com a atitude de Zulmira.

— "Meu Deus", pensou, "devemos ter muito cuidado com as nossa crenças, elas podem nos levar a muitos enganos. Zulmira acredita na morte, na inércia do corpo, no fim dos sentidos e de qualquer possibilidade de vida, e isso a fez entrar em estado letárgico, no que acredita ser a morte. O que devo fazer agora, Senhor?"

A resposta, inspirada em sua mente, não demorou a chegar.

— Orar, minha irmã, energizá-la com os bons fluidos, com o sentimento do amor, e aguardar, confiando em Jesus. Todas as coisas têm seu momento certo para acontecer.

Jacira agradeceu ao Alto, e, ajoelhando-se em frente ao quadro de Jesus, orou por aquela irmã em aflição.

Decorridos alguns instantes, levantou-se e deixou o aposento para ir ao encontro de Jacob. Assim que a viu, este lhe disse, sorrindo:

— Posso adivinhar o motivo que a trouxe aqui.

— Você me conhece bem, não é, amigo?

— Sim, Jacira, conheço. Diga-me o que a aflige.

— Jacob, estou confusa diante da atitude de Zulmira.

— Por quê?

— Surpreendeu-me sua atitude ao tomar consciência do seu desencarne; acreditou que, se estava morta, não poderia ter nenhuma manifestação de vida e entrou em letargia. Deixou-me muito confusa, Jacob.

— Jacira, é necessário ter cuidado com as crenças, pois elas nos trazem opiniões e convicções que nos são impostas, geralmente por religiosos encarnados que nem sempre estão em afinidade com as leis divinas, pregam sob o seu próprio ponto de vista, e não pelo que ensinou Jesus. Crer em Deus e seguir suas leis é o caminho para a evolução, pois Deus é a verdade da vida e da perfeição. Crer nos ensinamentos lógicos, coerentes e divinos que Jesus deixou na Terra torna as criaturas melhores, pois somente através desses ensinamentos percebemos nossa imperfeição; tornamo-nos cientes de que podemos melhorar e ir em busca da perfeição. São ensinamentos alicerçados nas leis divinas que, ao contrário das leis dos homens, são imutáveis. Foi imposta a Zulmira, como a outros tantos irmãos, a crença de que a morte é o fim da vida, e não do corpo material. Ela mergulhou nessa crença por longo tempo, ao conhecer sua situação real através da desencarnação, e se surpreendeu ao verificar que continuava pensando, sentindo... enfim, "vivendo". A partir dessa "revelação", relutou em aceitar o que ia contra o que julgara ser verdade durante tantos anos, entregando-se à morte que acreditava ser real.

— Mas o tempo longo que passou nas zonas infelizes não lhe deu essa consciência.

— Durante todo esse tempo, Zulmira julgava-se viva. Não entendia o sofrimento que experimentava nem o motivo pelo qual não conseguia voltar para sua fazenda. Não se dava conta do tempo que passara desde o seu retorno ao mundo espiritual, até que veio a lucidez de todo o mal que praticara e posteriormente o sincero arrependimento. O resto você já conhece.

— O sofrimento que o espírito enfrenta após sua desencarnação — continuou Jacob — é sempre conseqüência da maneira que escolheu para viver na Terra. Se optou pelos desajustes morais; esqueceu-se de Deus e de suas leis; entregou-se à prática do mal, prejudicando, caluniando seu próximo sem nenhuma compaixão; enfim, se viveu para si mesmo e se sofreu no retorno à espiritualidade, é porque assim preferiu. Ele é, por vontade própria, responsável pelas dores que passa, e deve queixar-se não do Criador, mas de si mesmo.

— Por quanto tempo Zulmira poderá ficar assim, Jacob?

— Não sei. Depende dela própria.

— E como posso ajudá-la?

— Você já teve a resposta, Jacira. Orando, intercedendo por ela junto a Jesus, aplicando-lhe passes magnéticos e "falando-lhe" de Jesus e da vida que continua no reino de Deus, porque aqui é a origem da vida.

Jacira, sentindo-se satisfeita e esclarecida, despediu-se de Jacob.

— Obrigada, Jacob. Mais uma vez obrigada por esclarecer e tirar todas as minhas dúvidas.

— Não precisa agradecer-me, Jacira. É indo em busca das respostas que aprendemos a verdade.

Passaram-se noventa dias.

Jacira diariamente orava próxima ao leito onde Zulmira permanecia adormecida. Em um desses dias, enquanto se entregava de modo pleno a Jesus, pedindo por aquele espírito ainda em perturbação, Jacira percebeu um leve movimento de Zulmira. Enchendo-se de alegria e confiança no Mais Alto, segurou-lhe delicadamente as mãos e lhe disse:

— Zulmira, volte. Estou aqui, esperando você. Acredite na vida que está pulsando em você, e volte. O Senhor da vida não cria suas criaturas para que elas voltem ao nada, acabando junto com o corpo denso da matéria. Você é muito mais que um corpo físico; todos somos mais! O corpo físico é feito de uma matéria densa, mas o espírito não; ele é volátil, etéreo, astral, e é ele que sobrevive à destruição desse corpo, porque é imortal, criado para atingir a perfeição através da eternidade.

Percebeu que Zulmira lentamente abrira os olhos. Esperançosa, continuou.

— Minha irmã querida, anule esta crença de que está morta, porque ela é falsa. Tanto é verdade o que lhe digo que você continua pensando, sentindo, compreendendo o que estou lhe dizendo, e é nessa vida que precisa acreditar, porque é sua nova maneira de viver. Vou repetir o que já lhe disse: a morte é uma ilusão dos encarnados, ela não existe. O ser se modifica, transporta-se de um mundo para o outro, e este mundo em que nos encontramos agora é a vida real do espírito. Nada morre na criação de Deus, e é aí que reside a nossa alegria.

Sentindo-se fraca, Zulmira perguntou:

— Se isso que está dizendo é verdade, se aqui é a vida verdadeira, por que então temos que nascer no mundo da matéria?

— Para que possamos evoluir.

— Não compreendo!

— Zulmira, Deus determina a encarnação com o propósito de levar o espírito à perfeição. Se ele falha, a bondade divina proporciona-lhe a reencarnação. Para chegar a esta perfeição o espírito deve passar pelas aflições da vida física. Nisso está a expiação para alguns; entretanto, para outros espíritos a encarnação consiste em uma missão. O espírito precisa assumir o que lhe cabe na obra da criação.

— E por que tem de ser em um corpo de carne?

— Para que possa ser visto no mundo em que viverá. O espírito toma o corpo adequado e ligado ao mundo no qual viverá. Nesse mundo deverá cumprir o que lhe foi imposto por Deus com a finalidade de se aperfeiçoar. Quanto mais perfeito é o espírito, menos tormentos e aflições sofrerá.

— E os sofrimentos?

— São conseqüência da imprudência, do egoísmo e do orgulho nos quais caímos. Progredimos quando passamos pelas mesmas situações desastrosas que provocamos, e conseguimos superar nosso desequilíbrio aprendendo que a prática do bem e do amor universal é que nos aproxima de Deus. É bom lembrarmos, Zulmira, que sempre seremos herdeiros de nós mesmos; dos nossos atos bons ou maus, e é aí que nasce o sofrimento.

Zulmira silenciou. Sentia-se tocada com o que ouvira de Jacira. Como um *flash*, viu toda a sua vida de crimes e desajustes passar diante de seus olhos marejados de lágrimas. As maldades, dissimulações e ambição. A angústia tomou conta de seu ser. Jacira, atenta a todas as suas reações, logo percebeu o que acontecia.

— Zulmira, não se entregue, lute contra o desequilíbrio, não é bom para você. Confie em Jesus.

— Tenho medo, Jacira, muito medo. Fui muito má.

— O que importa agora, Zulmira, é a sua conscientização e o seu arrependimento; a sua vontade de aprender a amar, o seu reconhecimento da benevolência do Criador, que deseja a sua evolução; e para que isso aconteça irá beneficiá-la, no momento adequado, com o retorno.

— Quero sinceramente melhorar. Ajude-me, Jacira!

— Estou aqui para isso. Sei que o seu arrependimento é sincero, e por conta dessa sinceridade Jesus a beneficiou com o seu resgate.

— Mas, agora, o que preciso fazer para acabar com essa vergonha que sinto por ter sido um ser tão desprezível?

— Entregar-se ao amor de Deus, Zulmira. Orar com fé e confiança no auxílio divino e iniciar o seu aprendizado de evolução. Tente compreender a necessidade de se libertar da culpa resgatando o amor e o perdão das pessoas que prejudicou.

— Mas não sei como fazer isso. Onde encontrá-los para pedir perdão? O que devo fazer?

— Esperar, trabalhar, estudar as leis divinas e aprender o amor real. Quando a espiritualidade Maior julgar ser o momento adequado, tudo irá acontecer.

— Mas acontecer como, Jacira?

— O seu reencontro com as pessoas que prejudicou poderá ser aqui na espiritualidade, ou no plano físico, através da reencarnação. Nossos superiores sabem o que será melhor para todos.

— Reencarnação?! — Zulmira repetiu, admirada. — Você disse encarnação, agora está dizendo reencarnação. O que significa?

— Reencarnação quer dizer encarnar de novo. É a oportunidade que todos temos de voltar ao mundo físico para saldar nossos débitos com as leis de Deus. Voltando ao plano físico, temos novamente a oportunidade de encontrar as pessoas às quais um dia causamos algum mal, por conta da nossa falta de amor. Nesse encontro, podemos resgatar o sentimento fraterno que nos uniu um dia, mas que nossa inconseqüência destruiu, merecendo desses desafetos o perdão. Passamos pela mesma situação que impusemos ao nosso próximo, e por meio dessa experiência conhecemos a dor que infligimos ao semelhante: assim nos tornamos mais sensíveis à dor alheia. Melhoramos o nosso espírito por meio dessas provas porque aprendemos a praticar o bem e a renegar o mal. Somente com o amor aprendido e exercitado poderemos nos retratar perante as leis divinas. Se falharmos em uma encarnação, Deus nos dá outra oportunidade para escrevermos nova história, história essa de melhoramento espiritual. Você me compreende, Zulmira?

— Mais ou menos... Sinto-me ainda atordoada, e tenho dificuldade de compreender com toda a intensidade essas coisas. Mas confesso que sinto paz em meu espírito.

— É natural, com o passar do tempo tudo se tornará mais claro. Assim que estiver apta irá estudar, trabalhar, enfim, dar prosseguimento ao seu progresso espiritual. Você é, como tantos outros — inclusive eu —, um espírito errante.

— E o que é um espírito errante?

— São os espíritos que, abandonando os corpos físicos, libertos da matéria pela desencarnação, aguardam na espiritualidade uma nova oportunidade para retornar ao plano físico. Dedicam-se ao estudo e ao trabalho em benefício dos irmãos mais necessitados, mas muitos expiam as faltas cometidas. Enquanto errantes podem, de acordo com sua vontade, progredir; mas existe a necessidade de se reencarnar para praticar na Terra o que se aprendeu na espiritualidade.

— E isso é bom?

— Zulmira, todos somos espíritos e devemos nos dedicar ao aprendizado, trabalhando quanto pudermos e estudando para conhecermos a verdade. Assim tomamos consciência de nós mesmos. Através dessa consciência passamos a compreender o verdadeiro amor que nos leva a promover nossa evolução. Se quisermos avançar para Deus, devemos seguir Jesus, e seguir Jesus é exercitar o amor fraternal e universal.

Jacira percebeu que Zulmira voltara a dormir. "Dessa vez parece-me tranqüila", pensou.

Jacira levantou-se, deixando o aposento.

O espírito em evolução não se entrega em momento algum à ociosidade, e Jacira, ciente da importância de ocupar-se em algo significativo para si mesma, dirigia-se em seus momentos de folga ao local onde se entregava à meditação e refletia sobre tudo o que aprendia. Sentou-se na relva verde do extenso gramado e passou a admirar a beleza das flores.

— Como são lindas! Não me canso de contemplar esta beleza e nem de ter visto na Terra flores tão belas e perfumadas.

Como todos dizem, a Terra é realmente uma cópia imperfeita do mundo espiritual.

Seu pensamento, ligeiro, dirigiu-se ao Criador.

— Senhor, como tudo é belo e perfeito na sua criação. Nada é inútil, tudo acontece para o benefício das criaturas encarnadas e desencarnadas, e da própria natureza; mas poucos reconhecem tanta bênção e causam destruição na natureza, destruindo sua própria condição de vida. Não conseguem reconhecê-Lo, Senhor, e, na escuridão espiritual em que vivem, entregam-se aos desvarios das paixões terrenas; matam, roubam, agridem o semelhante, com pouca ou nenhuma razão. Se conseguissem notar sua presença divina em todos os cantos do universo, perceberiam facilmente o caminho e se conscientizariam da inutilidade de permanecer no mal.

— É para esses irmãos, cegos de qualquer luz espiritual, que imploro misericórdia, Senhor da vida. Que consigam compreender que a transformação moral conduz ao progresso espiritual e que este é o caminho para a felicidade que tanto procuram, da mesma forma que a caridade pura e desinteressada promove a recompensa que induz à elevação.

— Obrigada, Senhor, por permitir o meu trabalho de auxílio aos que sofrem; estar junto deles; aliviar suas angústias e medos, ofertando-lhes o suporte para minimizar suas aflições. — Ao terminar, levantou-se; e, sentindo a paz que reconfortava seu espírito, seguiu para cumprir sua tarefa no hospital.

O tempo passava e Zulmira cada dia mais se fortalecia. Recebera autorização para freqüentar os cursos e palestras, e já se posicionava como um espírito em processo de evolução. Tornara-se muito amiga de Jacira. Era-lhe grata por todos os esclarecimentos que dela recebera, e que ajudaram-na a se manter no equilíbrio. Mas mesmo seguindo o rumo certo para seu progresso, sentia profunda tristeza por não conseguir esquecer as maldades e crimes resultantes da sua ambição desmedida, enquanto encarnada.

— Sinto-me sufocar cada vez que trago à minha memória as atitudes insanas que pratiquei, os atos indignos que fiz contra pessoas próximas a mim e que, eu sabia, não mereciam tamanha insensatez de minha parte! — dizia sempre a Jacira.

— Tranqüilize-se, amiga — respondia Jacira nessas horas. — Quando o momento certo chegar, você será novamente beneficiada pela bênção da vida terrena. Enquanto aguarda, estude e trabalhe o mais que puder, ame seu semelhante sem barreiras; estará assim se preparando para assumir nova jornada no mundo terreno, jornada essa de reparação, que a elevará à própria redenção.

Zulmira, acreditando no que lhe falava Jacira, aquietava-se e, confiante na misericórdia de Deus, prosseguia sua caminhada na vida espiritual, certa de que o dia de seu acerto de contas com as leis divinas chegaria e que sua expiação não seria fácil nem amena; mas, fortalecida pelo amor de Deus, venceria.

"O arrependimento se verifica no estado espiritual, mas pode também se verificar no estado corpóreo, quando bem compreendeis a distinção entre o bem e o mal.

O arrependimento no estado espiritual proporciona o desejo de uma nova encarnação para se purificar, aspira a uma nova existência onde possa expiar suas faltas.

A conseqüência do arrependimento no estado corpóreo é adiantar-se ainda na vida presente, se houver tempo para a reparação das faltas.

A expiação se realiza na existência corpórea através das provas a que o espírito é submetido, e na vida espiritual pelos sofrimentos morais decorrentes do seu estado de inferioridade. O arrependimento sincero auxilia a melhora do espírito, mas o passado deve ser expiado.

O mal não é reparado senão pelo bem, e a reparação não tem mérito algum se não o atinge no seu orgulho ou nos seus interesses materiais. De que lhe serve a privação de alguns gozos fúteis e de algumas superfluidades se o mal que fez a outrem continua o mesmo? De que lhe serve, enfim, humilhar-se diante de Deus, se conserva o seu orgulho diante dos homens?

Os sofrimentos duram o tempo necessário para o melhoramento do culpado. Os estados de sofrimento e de felicidade, sendo proporcionais ao grau de pureza do espírito, à duração e à natureza dos seus sofrimentos, dependem do tempo que ele precisa para se melhorar. À medida que ele progride e que os seus sentimentos se depuram, seus sofrimentos diminuem e se modificam." (*Livro dos Espíritos* – cap. II do Livro IV – perg. 990 e seguintes)

Capítulo VII

A dívida e o devedor

Jacira quase não se lembrava mais da dor que a atormentara quando estava encarnada, ao lado de Josué. Aprendera muito em todos esses anos vividos na espiritualidade, dedicando-se ao auxílio dos espíritos mais necessitados, e este aprendizado propiciara-lhe paciência sobre a questão de suas próprias respostas.

— O meu momento chegará — dizia a si mesma. — Como sempre diz Jacob, tudo acontece para benefício do ser, e não para satisfazer a curiosidade do espírito.

Acompanhava atentamente a evolução de Zulmira, bem como de tantos outros espíritos que, abrindo o próprio coração para a luz divina, permitiam que Jesus os iluminasse e os fortalecesse na difícil escalada evolutiva. Ao ouvir os acordes da suave melodia já conhecida e esperada pelos espíritos interessados nos esclarecimentos que os levaria ao equilíbrio mental e energético, Jacira encaminhou-se para o salão onde todas as tardes eram realizadas palestras elucidativas. Sentou-se próxima a Ester, jovem desencarnada que fizera sua passagem através de uma doença incurável.

— Como vai, Ester? — perguntou afavelmente.

— Bem, Jacira. Melhorando a cada dia, graças ao tratamento e ao carinho que recebo. Freqüento cursos, palestras... enfim, vou me adaptando à nova vida e compreendendo o porquê das aflições que sofri na Terra e aqui, quando cheguei. Hoje percebo que o egoísmo ao qual me entreguei quando encarnada foi o gerador dos meus tormentos. Nem a doença que castigou meu corpo físico conseguiu mudar meu coração fechado para os apelos do próximo. Mas, graças a Jesus, consegui tomar consciência da minha situação, dos meus erros, da minha própria responsabilidade, roguei auxílio e fui socorrida. Hoje me entrego ao aprendizado na esperança de conseguir aprender a amar o próximo da maneira como o Mestre ensinou.

— Isso é muito bom, Ester. Quando queremos de verdade, o auxílio divino sempre vem em nosso socorro; mas, se teimamos em persistir nos enganos e na inconformação, afastamos qualquer possibilidade de crescimento e paz para nosso espírito.

Ao sentirem a suavidade do perfume que invadia o recinto, perceberam a presença de Maria Emília, espírito nobre que diariamente ministrava palestras para os irmãos recém-chegados da Terra e em tratamento no hospital.

Calaram-se.

Sabiam que a partir daquele momento o ambiente seria invadido pelas doces e sábias palavras do querido espírito. Com brandura, iniciou:

"Glória a Deus nas alturas e paz aos homens de boa vontade.

Queridos irmãos, que a paz do Divino Amigo encontre abrigo em vossos corações.

Tudo o que brilha nos atrai, e geralmente é para o falso brilho que quase sempre nos dirigimos. Cabe-nos aprender a distinguir o brilho real do ilusório; a fala eloqüente, mas vazia, e as palavras que de verdade saem do coração sincero. Em todos os momentos um grande aliado nos acompanha:

muitas vezes não O ouvimos,
nem sempre O entendemos,
mas sempre O sentimos.
Ele é chamado de Jesus, o Filho de Deus.

Não devemos nos envergonhar de lutar contra o mal e acreditar no bem. A teimosia de nossa parte muitas vezes é apenas evidência de grande dose de orgulho, e insistir nessa teimosia é negar-se terminantemente à melhora e à auto-superação.

Hoje, desencarnados, todos estamos diante da nova realidade, sem máscaras nem subterfúgios; e é esse momento que se deve tentar compreender, captar o significado real de ser integrante da criação divina, criaturas de Deus, e, sendo assim, posicionar-se com fé e confiança perante o Criador.

Sair da lamentação e da impressão de se achar 'morto' e se identificar com a nova existência, sentindo-se vivo, pois é esse o mundo real do espírito. Como e por que ter medo de retornar à casa do Pai, da pátria onde cada um de nós saiu para ir em busca da evolução e da quitação de seus débitos? Quando o tempo se esgota, é hora de voltar, e é prudente que se faça a viagem de volta agradecidos pela oportunidade de mais uma vez ter recebido a chance de se redimir, de reconstruir e conquistar o que, por inconseqüência, perdemos."

No auditório, Ester acendeu a luz de sua cadeira, demonstrando com esse gesto o desejo de formular uma pergunta. Atenciosa, Maria Emília encorajou-a.

— Não se acanhe, irmã, diga o que a aflige.

— Envergonho-me de mim mesma por ter desprezado na Terra todas essas oportunidades as quais a irmã mencionou. Não exercitei o amor fraternal. Fui egoísta, egocêntrica o bastante para ocupar o meu tempo apenas com a tarefa de acumular bens materiais, nem a doença que me consumia foi bastante para mudar meu posicionamento perante o meu semelhante. Isolei-me de qualquer movimento que pudesse exigir colaboração financeira ou mesmo doação de trabalho voluntário em favor dos necessitados. Omiti-me de qualquer apelo de caráter beneficente; enfim, dei importância exclusivamente ao meu desejo, considerando-me o centro de todo o interesse e acreditando ter direito e merecer todas as atenções. Ao retornar, padeci muitas aflições e dores, mas hoje tenho compreensão de que tudo foi conseqüência de meus atos de desamor, herdei o sofrimento da minha própria inconseqüência. Hoje, não consigo suportar a culpa e a vergonha, irmã. O que posso fazer para apagar minha história tão triste?

Maria Emília sentiu profundo respeito e carinho por aquele espírito em busca de melhoramento espiritual. Com sua doçura característica, respondeu-lhe:

— Querida irmã, nada se apaga da nossa história senão através da quitação dos nossos débitos. É da lei que a dívida durma com o devedor, e com ele acorde até o momento de sua completa isenção de culpa, conseguida no esforço de se redimir. O arrependimento é o primeiro passo, é ele que dá o sinal de que existe sentimento, mas deve ser seguido da reparação. Somente assim, quando tudo estiver reparado e equilibrado dentro da lei, haverá a anulação do débito, virá o esquecimento destruindo a culpa e a vergonha. Aproveite o período na erraticidade para aprender a fraternidade, enriquecer seu espírito com o amor universal e se preparar para o grande momento da reparação, que virá.

Ester compreendeu a mensagem do querido espírito. Elevou seu pensamento a Jesus e orou.

— Querido Mestre, dê-me força, equilíbrio e sabedoria para aprender as vossas leis, entender que o Criador não criou o Universo para poucos, mas para todos, e, conseqüentemente, todas as criaturas têm o mesmo direito à grande casa de Deus.

Maria Emília percebeu a sensibilidade de Ester e seu desejo real de melhorar sua condição espiritual. Pediu ao pai que a auxiliasse, e deu continuidade à sua exposição.

— Nossa grande alegria é saber que sempre podemos recomeçar uma vez que nosso Criador nos concede nova chance de aperfeiçoamento quantas vezes forem necessárias; porque, se assim não fosse, estaríamos todos condenados ao sofrimento eterno, sem possibilidade alguma de evoluir e avançar para Deus através do amor aprendido e exercitado. O Criador quer o bem e a felicidade de suas criaturas, e não poderemos alcançar a felicidade real se não estivermos em afinidade com as leis divinas. A Terra é uma grande escola onde só passam de ano aqueles que aprenderam o amor e o perdão; mas sempre haverá chance de repetir o ano que se perdeu, através da reencarnação, que nos coloca no meio onde teremos em abundância todas as questões necessárias para a própria reparação. A justiça divina permite a todos realizar em novas existências tudo o que não puderam fazer ou terminar em uma primeira prova. Deus não castiga para sempre aqueles que encontraram dificuldades para o seu melhoramento; se assim fosse, estaria tirando-lhes a oportunidade de se arrepender, melhorar e se tornar bons; seriam atirados ao sofrimento por toda a eternidade, e Deus não quer nenhum de seus filhos mergulhados na dor, mas sim imergidos nas águas mansas da felicidade.

"Se a sorte do homem fosse irrevogavelmente fixada após sua morte, Deus não teria pesado as ações de todos na mesma balança e não os teria tratado com imparcialidade.

A Doutrina da reencarnação, que consiste em admitir para o homem muitas existências sucessivas, é a única que corresponde à idéia de justiça de Deus com respeito aos homens de condição moral inferior; a única que pode explicar o nosso futuro e fundamentar a nossa esperança, pois oferece-nos o meio de resgatarmos os nossos erros através de novas provas. A razão assim nos diz, e é o que os Espíritos nos ensinam. Qual é aquele que, no fim da sua carreira, não lamenta ter adquirido demasiado tarde uma experiência que já não pode aproveitar? Pois esta experiência tardia não estará perdida: ele a aproveitará numa nova existência." (*Livro dos Espíritos* – cap. IV – item II)

— O amanhã — continuou Maria Emília — é a nossa maior esperança, mas representa também o trabalho, o esforço e o bem que deixamos de fazer no tempo anterior. Então ele chega proporcionando-nos nova oportunidade de reação e atitude. A reencarnação é o amanhã do espírito, o amanhã que oferta oportunidade de reparação e melhoramento. Permite novas condições de se reajustar com as leis de Deus e ir, aos poucos, construindo sua evolução. Essa é a bondade, justiça, sabedoria e amor de Deus por todas as suas criaturas.

Todos no auditório se extasiavam com as explanações que ouviam com atenção. Sentiam-se amados e amparados pelo amor de Jesus. Visualizavam para si nova oportunidade de progresso espiritual, e ansiavam pela recuperação e equilíbrio que lhes traria a esperança da renovação.

Após singela prece, Maria Emília afastou-se, desejando a todos os presentes a paz de Cristo. Com a emoção atuando forte em cada um, os espíritos, felizes e esperançosos, deixaram o salão onde puderam renovar suas esperanças e certezas através das palavras esclarecedoras da querida Irmã Maria Emília. Jacira e Ester caminhavam lado a lado, cada uma com seus pensamentos e suas expectativas de alcançarem seus objetivos de evolução. Foi Ester que falou, quebrando o silêncio:

— Jacira, sinto-me renovada cada vez que participo dessas palestras tão elucidativas. Acalma meu espírito e dá-me a certeza de que tudo é possível quando se quer de verdade e existe amor no coração.

— As chances são muitas, Ester. Tudo tem um fim, ninguém sofre eternamente; e se o sofrimento demora por muito tempo, é sinal que o fim ainda não chegou.

— O que quer dizer, Jacira?

— Que cada um é responsável por seus atos, seus pensamentos e sentimentos. As dores têm sua origem nas próprias atitudes do ser, que geralmente são levianas e inconseqüentes. É fácil esquecer do amor e do bem quando se agasalha em seu íntimo o orgulho e o egoísmo, que fazem o homem pensar unicamente em si mesmo.

— Assim como eu fiz, não?

— Ester, muitos agiram e ainda agem como você fez um dia, e por conta dessa cegueira amargam dores e aflições. O que quero dizer é que quando o homem perceber a inutilidade desse seu ponto de vista, adquirir disposição interior alicerçada na fé e no amor, com certeza mudará sua maneira de agir, terminando assim com o seu próprio sofrimento. O fim de todas as dores está relacionado ao início do sentimento de amor e da caridade no coração do homem.

— Jacira, como devemos agir, no auge do sofrimento, para evitar o desespero e a prostração?

— Lembrar de quatro palavras, Ester, que nos proporcionam suporte para a dor.

— Pode me dizer quais são?

— Entrego... Confio... Recebo... Agradeço...

— Como assim, Jacira? Não entendi. Explique-me melhor.

— Preste atenção, Ester, muita atenção mesmo, para entender bem e se posicionar.

Jacira fez uma pequena pausa, e começou:

— Eu entrego... a Deus os conflitos pelos quais estou passando e imagino não poder suportar, por achá-los grandes demais. Entrego para poder dividir com Deus o peso que faz meus ombros se curvarem.

— Eu confio... no auxílio divino, com fé e esperança, na certeza que ele virá; mas não desanimo e não deixo de lutar para vencer as causas que geram meu sofrimento. Confio que Deus não permite nenhuma dor que meus ombros não possam agüentar. Confio na sua justiça e no seu amor por mim, que sou sua criatura.

— Eu recebo... com coragem e compreensão o que for do meu merecimento. Entendo que nem sempre o que julgo ser melhor para mim é realmente o melhor para minha evolução espiritual. Nem sempre o que quero é o que preciso, e por ter consciência disso deixo o meu coração livre para receber o que meu Criador me reservou.

— Eu agradeço... por saber que Deus quer o melhor e o mais produtivo para o meu crescimento moral e espiritual. Agradeço as aflições por saber que estão ligadas aos meus débitos do passado, e que vencê-las é a única maneira de quitar meus erros e enganos, cometidos contra a lei. Tudo é feito visando a evolução do ser, Ester; nada na trajetória de uma vida acontece por um simples acaso ou para satisfazer desejo ou curiosidade do espírito. Agradecer deveria ser um ato constante, entretanto é o que o homem menos se preocupa em fazer.

Ester ficou pensativa por alguns instantes, e voltou a questionar Jacira, no intuito de aprender sempre um pouco mais e tentar resolver suas questões internas.

— Jacira, quando estamos encarnados no mundo físico, como saber a direção certa a seguir, se são muitos os caminhos? Como selecionar o que se ouve e o que se vê? Onde encontrar uma base segura para prosseguir errando e se enganando menos?

— Ester, todos os caminhos onde existem o bem, o amor e a fraternidade desinteressadas nos conduzem a Deus; é preciso apenas ter olhos para ver e coração para sentir. Conhecer o Evangelho de Jesus e sua sabedoria, através desses ensinamentos, e ter condições reais de separar o joio do trigo, não caindo nas articulações dos falsos profetas, dos falsos homens de bem.

— E se a dor for muito profunda... como, por exemplo, a perda de um ente que se ama? Como conseguir conviver com essa dolorosa separação?

— Convive-se com essa dor confiando na vida futura que Jesus deixou clara para a humanidade; com a fé e a certeza de que Deus não permite que nada aconteça sem que haja um objetivo inteligente; e entendendo que cada sofrimento ou aflição que passamos tem uma razão de ser, e a dor que consome o coração dos que ficam é, não raro, um grande benefício para aquele que parte, porque Deus, que tudo sabe, julga que lhe é útil não permanecer por mais tempo na Terra. Tudo isso encontramos no *Evangelho Segundo o Espiritismo*, Ester, daí a importância de conhecê-lo. Deus é sábio, coloca suas marcas em todos os cantos do universo para que suas criaturas O encontrem nos seus momentos de tristeza e solidão, incertezas ou medos, mas também em seus momentos de alegria e felicidade. Veja, por exemplo, a natureza, que nos diz tantas coisas, e os homens a julgam natureza morta. Quem assim pensa está completamente equivocado. Ela nos fala das belezas de Deus em toda a sua exuberância, mostrando aos homens a vida pulsando a cada balançar de uma folha ao vento, a cada ruído selvagem ou na sutileza de um inseto. Suaviza nossa alma com o perfume de suas flores e encanta nossos olhos com a diversidade das espécies de animais, plantas e cores. Esse é o reino que Deus oferece às suas criaturas, Ester, e alguns entregam-se à destruição desse bem maior.

— Meu Deus, Jacira, nunca ouvi ninguém falar assim como você! — exclamou Ester. — Mostrou-me de uma maneira clara, objetiva e coerente a direção mais segura para encontrar Jesus dentro do nosso próprio equilíbrio e percepção. Obrigada, minha amiga.

— Não me agradeça. Como você, sou apenas uma aprendiz. Só não podemos esquecer que o coração se abre pelo lado de dentro, e apenas o homem pode fazer isso se realmente quiser receber Jesus.

Jacira, com alegria, acompanhava a evolução de Ester. Admirava seu entusiasmo e sua real vontade de receber do Alto o benefício de uma nova chance no mundo físico. Sempre orientada por Jacob, empenhava-se no auxílio aos espíritos em tratamento, dedicando-se com esforço e carinho a essa tarefa que recebera como uma bênção.

Nos momentos de dúvidas e medos desses irmãozinhos, lá estava ela falando-lhes de amor, de Jesus e da esperança que lhes daria forças para se equilibrarem junto às leis divinas. Alguns assimilavam com mais facilidade sua palavra; outros, vítimas da própria teimosia, demoravam mais a aceitar a novidade da própria existência. Mas nada lhe tirava ou diminuía o ânimo e o desejo de auxiliar.

— É necessário cooperar sempre — pensava. — Auxiliar o quanto puder o irmão que, por qualquer motivo mesquinho ou insignificante, transgride as leis morais da vida e as leis divinas do Criador, causando danos à sua própria alma e prejudicando sua evolução. A culpa domina a mente da criatura que imprudentemente desrespeitou as leis de Deus, e esse sentimento surge ao iniciar o sentimento do remorso. Como diz Jacob, não se deve esmorecer, jamais perder o ânimo e auxiliar sempre aqueles que sentem dificuldade em enxergar a luz.

Jacira, quase sem se dar conta, voltou ao seu passado, na época em que vivia na Terra, ao lado de Josué e sofrendo toda sorte de humilhações. Sentiu um leve tremor ao recordar os sofrimentos vividos junto àquele homem rude, déspota, que alimentava o orgulho e a ambição desmedida.

— O que será dele? — perguntou-se. — Desde o meu retorno da Terra — e isso aconteceu há muitos anos —, nunca soube nada a seu respeito, onde está nem como está. Com toda certeza deve estar desencarnado, mas... Onde será que se encontra? Por que não me foi permitido ainda conhecer o meu passado, ou mesmo saber do destino de Josué? Dos meus filhos sei tudo a respeito, mas de Josué, nada.

Percebeu que a ansiedade começava a tomar conta do seu espírito. Receando desequilibrar-se, mudou o rumo dos seus pensamentos, e orou ao Criador pedindo auxílio.

"— Jesus, amigo de infinita bondade, mais uma vez elevo meu pensamento até vós e entrego meu espírito imperfeito, mais ansioso para a compreensão dos vossos ensinamentos. Que cada mensagem vinda de Vós encontre abrigo em meu ser. Quero muito me tornar verdadeiramente uma seguidora das leis divinas, tornar-me tarefeira do amor universal, e anseio conquistar o merecimento de vossa bondade. Agradeço os meus momentos de reflexão, que me levam a acordar para os valores reais aproximando-me cada vez mais dos meus irmãos, que, de uma forma ou de outra, encontram-se necessitados de amparo para iniciarem sua caminhada na espiritualidade. Que eu não caia na armadilha do desânimo, da angústia e principalmente da ociosidade. Que tenha paciência para esperar e não queira saber mais que o permitido por Vós. Que a certeza do vosso amor torne-me forte para superar minhas imperfeições, com humildade e esperança. Que eu possa vencê-las, porque o vosso amor existe em mim. Assim seja!"

Decidiu retornar ao seu trabalho quando sentiu a presença do querido amigo Jacob. Exclamou com alegria:

— Jacob! Que paz a sua presença proporciona ao meu espírito.

— Vim em seu auxílio, Jacira. Nenhuma prece dirigida com sinceridade ao Divino Amigo fica sem resposta, não importa se quem a faz seja encarnado ou desencarnado.

Jacira aproximou-se do espírito amigo e beijou-lhe a mão, demonstrando com esse gesto profundo respeito.

— Obrigada, Jacob. Por um momento tive receio de entrar em desequilíbrio; foi essa a razão pela qual pedi ajuda a Jesus.

— Isso é muito comum, Jacira, o importante foi você perceber e reagir solicitando auxílio, auxílio que sempre se faz presente quando o pedido é justo e aquele que o suplica é merecedor.

— Jacob — questionou Jacira —, quando um encarnado ora suplicando ajuda, podemos ir em seu auxílio, sempre?

— Respondo-lhe usando as palavras esclarecedoras do nosso querido André Luiz, que diz: "Quando os companheiros terrestres se fazem merecedores, podemos colaborar em benefício deles, com todos os recursos ao nosso alcance, desde que a nossa cooperação não lhes tolha a liberdade de consciência".

— Entendi — respondeu Jacira. — Isso quer dizer que o auxílio não deve interferir na decisão, no livre-arbítrio, e sim sugerir idéia para que o homem consiga sair por si só das dificuldades, encontrando meios para isso.

— Exatamente. Se assim não fosse, Deus não precisaria ter dado a suas criaturas a inteligência, a vontade e a possibilidade de lutar para promover a sua própria evolução. O Criador concede àqueles que a Ele se dirigem a coragem e a paciência para encontrar e perceber a maneira mais correta de amenizar seu sofrimento, sem se perder no desespero e na inconformação. A criatura encarnada ou desencarnada necessita compreender que o sofrimento quase sempre é a própria cura para sua alma.

— Mas é tão difícil aceitar a dor, Jacob!

— É difícil aceitar qualquer situação que possa contrariar os desejos da alma, Jacira, principalmente o sofrimento.

— Por que isso acontece?

— Porque o homem julga-se uma vítima inocente das aflições da vida, imaginando-se injustiçado. Acredita ser merecedor da felicidade, esquecendo-se que quando ela se faz ausente nada mais é que a conseqüência dos deveres não cumpridos, das leis divinas não respeitadas e do amor esquecido. É comum o homem olhar para si mesmo e constatar tudo o que aspira, determinar seus objetivos, enfim, traçar o caminho que deseja trilhar; mas ele em geral se esquece que existem outras criaturas que caminham ao seu lado e que, como ele, possuem sonhos e ambicionam a felicidade, embora vivam em situações nas quais a felicidade, na terra dos homens, se torna difícil — até impossível — se não houver a mão amiga que se estenda para ajudá-las, ou um coração sensível para ampará-las. É isso, Jacira, que faz toda a diferença. Tudo é possível e justo, desde que haja amor e fraternidade no coração do homem.

— E por que existem pessoas que se dedicam à caridade plena, mas mesmo assim sofrem dores crônicas que se arrastam por longos anos sem que haja melhora em suas aflições? O que de verdade acontece, Jacob?

— Não se pode esquecer, Jacira, que cada um possui atrás de si uma história que vem sendo escrita ao longo de suas encarnações, e nem sempre a criatura age com prudência. Como disse Jesus, cada um irá pagar até o último ceitil sua inconseqüência, mas feliz daquele que consegue, apesar da dor, servir ao próximo; é sinal que o espírito está aprendendo o amor universal que o levará à redenção de seus erros pretéritos. O auxílio espiritual não opera milagres; a recuperação, seja do encarnado ou do desencarnado, não acontece se não houver renovação mental daquele que solicitou ajuda, e essa renovação sempre se faz de dentro para fora, na essência mais pura do ser.

Jacira calou-se. Relembrava sua própria existência quando encarnada, existência essa de intenso sofrimento e aflição. Sofrera humilhações e descaso por parte de seu esposo, que lhe tirara o direito de cuidar e amar seus filhos como gostaria de ter feito. Jacob sentiu o que a afligia e, certo de que deveria intervir para impedir possível desequilíbrio, disse-lhe:

— Querida Jacira, já é de seu conhecimento que nada no reino de Deus é injusto ou desnecessário. Tudo segue a rota do aprendizado e da evolução, e com você não foi diferente. A criatura é vítima de si mesma, porque é ela quem constrói o seu futuro com suas atitudes, que nem sempre são louváveis. Entrega-se à leviandade de apenas satisfazer a si própria, sem se importar com as marcas de dor que deixa por onde passa, esquecendo-se de que tudo o que se faz para o próximo faz-se para si mesmo: porque, como já foi dito, somos herdeiros de nós mesmos.

— Mas o que foi que eu fiz de tão tenebroso, Jacob?

— No momento certo saberá, Jacira. Por ora, agradeça a Jesus a oportunidade de servir, e faça a sua tarefa junto aos sofredores, com o sentimento maior do amor fraternal. Aí está o complemento de sua evolução, já que conseguiu retornar vitoriosa de sua jornada na Terra.

— É que às vezes sinto uma profunda melancolia, uma sensação indefinível, que para mim torna-se incompreensível ou mesmo inexplicável.

— Nesses momentos, lembre-se de Jesus e ore pedindo ajuda, como fez ainda há pouco, para não se entregar tanto à melancolia, o que não é bom para você.

— Mas poderia dizer-me o que vem a ser essa sensação?

— Seu espírito começa a sentir a proximidade de suas lembranças passadas, aspira saber a verdade e sofre. Não é bom entregar-se à melancolia. Aguarde o momento que Jesus achar adequado e trabalhe enquanto espera, como você tem feito até então. Confie, porque tudo será feito para o seu benefício.

Jacira sentiu a tranqüilidade invadir-lhe o ser.

— Obrigada, Jacob, por tudo o que faz por mim. Sou-lhe imensamente grata por isso.

— Como lhe disse ainda há pouco, Jacira, recebe o auxílio aquele que merece, sem que com isso ele interfira nas próprias descobertas.

Os dois espíritos, sem nada mais dizerem, seguiram juntos para o auditório onde mais uma vez assistiriam à palestra diária.

Capítulo VIII

Trabalho e aprendizado na espiritualidade

Ao dirigir-se ao lago azul, como fazia todas as tardes, a atenção de Jacira voltou-se para um pequeno grupo de espíritos que, sentados em círculo no belo gramado do parque, entregavam-se a uma completa ociosidade. Na mesma hora sentiu que nada de proveitoso acontecia entre aqueles irmãos, que, desavisados, perdiam momentos preciosos de aprendizado.

Aproximou-se.

— Junte-se a nós — disseram, assim que notaram sua presença.

— Que Jesus os ilumine, irmãos. A que tarefa se entregam com tanta animação?

A essa pergunta inesperada, todos se olharam intimidados. O que ostentava a aparência de mais velho imediatamente respondeu.

— A que tarefa?! Ora, a tarefa nenhuma! Somos desencarnados e estamos apenas matando o tempo, alegrando-nos um pouco.

— E sentem-se felizes entregando-se à ociosidade enquanto tantos irmãos trabalham em favor de outros tantos que necessitam de auxílio?

— Irmã Jacira, esquece-se que todos somos espíritos desencarnados, já trabalhamos muito enquanto estivemos na Terra.

— É verdade — completou outro. — Agora é a hora de colhermos os frutos do nosso plantio.

Os demais espíritos concordaram de imediato.

Jacira interessou-se. Juntou-se a eles e sem perda de tempo disse-lhes:

— Muito bem. Pelo que entendi, cada um de vocês deve ter trabalhado exaustivamente para aspirar usufruir o descanso eterno. É isso?

— Claro! — interveio Vitório. — Não é esse descanso que nos ensinam na Terra sempre que alguém "morre"? Ele vai para junto de Deus para gozar do descanso eterno.

— É verdade — opinou José. — Se todos vão para o descanso eterno, por que somente nós devemos continuar trabalhando? O que nos cabia fazer, fizemos na Terra; aqui, é para gozar a glória eterna.

— Vocês gostariam de falar sobre isso de modo mais detalhado? — perguntou Jacira.

Olharam-se e, por fim, após pensarem, responderam:

— É... Pode ser!

— Não custa nada — disse outro.

Alice, um espírito jovem, desencarnada através de um coma provocado pelo diabetes, timidamente dirigiu-se a Jacira.

— Meu nome é Alice, e eu gostaria de entender sobre essa questão. Sinto-me cansada de nada fazer, gostaria de me sentir útil; mas o que recebo da Terra, daqueles que ficaram e que me amam é que sou uma santa por ter morrido tão jovem, por ter sido castigada por uma doença que trouxe vários problemas para meu corpo físico, e que com certeza devo estar ao lado de Jesus, gozando do descanso eterno.

— Você gosta de receber esses pensamentos, Alice?

— Não. Sofro por isso. Sei que não sou nem nunca fui uma santa, e esse equívoco me traz angústia. Aprendi, como Vitório, que quem morre goza do descanso eterno; mas sinto que não deve ser assim, e gostaria de aprender.

— Você tem razão, Alice, não é assim. Que utilidade teria para a evolução espiritual o descanso eterno, onde nada se fizesse para aliviar angústias e dores do nosso semelhante? Seria a vida de um egoísta, e nosso Criador não criou suas criaturas para o egoísmo nem para a ociosidade, mas sim para compartilhar e se ajudarem uns aos outros na proliferação do amor universal.

— Por favor, continue, fale mais sobre isso — pediu Alice, bastante interessada.

Jacira olhou atentamente para os outros, esperando a reação de cada um.

— Também gostaria de saber mais — comentou Vitório.

— Eu também — foi a vez de José.

Assim, sucessivamente, cada um pediu a Jacira que continuasse seus esclarecimentos sobre o assunto.

— Causa-me grande alegria o interesse de vocês em aprender. Vamos inicialmente orar a Jesus, pedindo-lhe bênção para que possamos chegar à verdade que irá transformar conceitos que podem impedir a nossa caminhada de evolução. — Sem esperar reação, Jacira iniciou:

"— Jesus, amigo de todos os momentos de alegria e de angústia, vem em nosso auxílio. Ansiamos por aprender o amor e, através desse aprendizado, renovarmos nosso espírito para nos dedicarmos com mãos operosas ao trabalho fraterno. Que possamos, Mestre, manter nosso pensamento na bondade, na compreensão e no mais puro amor fraterno. Ajude-nos a reunir forças para sairmos da ociosidade, e que nossos anseios de cooperação não caiam em fracasso. Assim seja."

Assim que terminou a prece, Jacira notou que aos espíritos presentes juntaram-se outros tantos, que, atraídos pela energia de paz reinante, sentiram o mesmo desejo de ter esclarecimentos a respeito de sua própria existência na espiritualidade. Uma onda de felicidade invadiu o espírito de Jacira. Compreendeu a importância de estar ali, ao lado daqueles irmãozinhos em dúvidas, e principalmente a responsabilidade de suas explicações. Novamente sentiu, como acontecia em seus momentos de fragilidade, a voz querida de Jacob incentivando-a a levar a luz para aqueles espíritos ainda em desajustes.

Com confiança, iniciou:

— Meus irmãos em Cristo, nenhum de nós retorna ao mundo espiritual para usufruir do descanso eterno. Retornamos porque é aqui a nossa verdadeira pátria, nosso lugar de origem; e após a experiência na Terra como encarnados, continuamos na espiritualidade a nossa trajetória de evolução. Temos conhecimento de que ninguém pode evoluir senão através do trabalho, do amor e do conhecimento. Pelo uso do livre-arbítrio pode-se estacionar na trajetória evolutiva por um período curto ou longo, dependendo do grau de apego, teimosia, ociosidade e muitos outros sentimentos menores que escravizam o espírito. "O caráter, a dignidade moral de cada ser é o resultado da soma dos valores íntimos, com predisposição para o bem ou para o mal, dependendo do potencial do bom tesouro ou do mau tesouro de sentimentos guardados no coração." Assim ensinou Jesus.

— Não devemos perder tempo precioso caindo na inutilidade da preguiça. O Criador cria incessantemente; os espíritos superiores trabalham com alegria em prol da humanidade, e tantos outros executam tarefas em vários pontos do universo sem necessitarem ou pedirem ao Mais Alto o descanso eterno.

— Continue, por favor – pediu Vitório, cada vez mais interessado.

— Em cada canto do universo, nas muitas moradas do Senhor existem seres que necessitam de alguma forma de auxílio, e auxiliá-los é positivamente avançar um passo em direção ao Criador. Jesus, quando na Terra, andou sem descanso em busca de aflitos para acalmar seus corações, aproximou-se dos doentes para aliviar suas dores; falou aos corações angustiados sem nunca se queixar do trabalho nem do cansaço, e ainda hoje caminha entre a humanidade procurando tarefeiros, doadores de suor para trabalharem na sua seara; mas os encarnados estão tão ocupados em satisfazerem a si próprios que não conseguem senti-lo de verdade. Enganam-se lutando entre si em nome do Criador, que deseja somente a paz e a felicidade para suas criaturas.

— Esta é a causa de tantos desajustes na Terra?

— Claro! — exclamou Jacira. — O coração sem Deus é um coração aberto para agasalhar a ira contra o semelhante; a ambição do poder; o orgulho de se julgar melhor, achando inferior aquele que serve em nome de Jesus e do amor fraternal, e a vaidade que coloca o tolo bem no alto para derrubá-lo mais tarde, sem informá-lo que quanto mais alta é a sua vaidade, mais alto é o tombo; pois o coração vazio é como uma edificação na areia. Todo ser reside na casa vibracional do próprio pensamento. Todos somos juiz e réu, senhor e escravo dos pensamentos e dos conceitos que nos impomos e que idealizamos. Esta é a razão pela qual devemos trazer dentro de nós o bem e o desejo de ser útil, aqui ou na vida terrena. O homem cria as aflições para si mesmo, gera situações de angústia no pretérito ou na própria encarnação atual.

Todos permaneciam interessados nos esclarecimentos de Jacira, e esta, envolvida pela vibração de harmonia que recebia do Mais Alto, entregava-se com segurança e confiança ao mister de auxiliar aqueles espíritos que procuravam encontrar a verdade dentro de si mesmos. Não se dava conta de quantos outros espíritos haviam chegado para ouvi-la e bebiam suas palavras de amor. José arriscou uma pergunta que sempre o incomodara.

— Jacira, por que as religiões nos prendem a conceitos que não traduzem a verdade espiritual? Por que tantas proibições em vez de esclarecimentos; por que lutam entre si disputando a posse de Jesus em suas igrejas?

Jacira permaneceu em silêncio por alguns instantes, e em seguida respondeu.

— Jesus, quando esteve na Terra, pregou o amor e ensinou as leis divinas; essa foi sua religião e sua igreja. A sua presença deve estar no coração do homem, mas ela só é possível desde que o homem O receba e siga suas leis divinas. A Jesus importam o bem e o amor que existam no coração de cada um, e não os rituais ou as proibições que são impostas. A religião não é uma manifestação externa, mas sim um sentimento, pois é no coração do homem que se encontra o verdadeiro templo de Deus. Quando ela é verdadeira não se reduz a rituais, preceitos ou fórmulas; julga os dogmas apenas pelas influências benéficas que possam exercer na humanidade, e o verdadeiro religioso sabe que a verdade está colocada bem acima de tudo isso. O querido espírito Emmanuel nos diz:

"— Religião, para todos os homens, deveria compreender-se como sentimento divino que clarifica o caminho das almas e que cada espírito aprenderá na pauta do seu nível evolutivo. Nesse sentido, a religião é sempre face augusta e soberana da verdade, porém, na inquietação que lhes caracteriza a existência na Terra, os homens se dividiram em numerosas religiões, como se a fé também pudesse ter fronteiras, à semelhança das pátrias materiais, tantas vezes mergulhadas no egoísmo e na ambição de seus filhos. Dessa falsa interpretação têm nascido no mundo as lutas antifraternais e as dissensões religiosas de todos os tempos." (*O Consolador* – Questão 292 – Chico Xavier – FEB)

— Devemos entender que na realidade o importante é trazer o coração limpo, conhecer e vivenciar as leis divinas, harmonizar-se com elas através do bem e do amor que independem da religião para existir?

— Exatamente, Alice, você colocou muito bem. Aquele que de fato caminha com Jesus no coração nunca erra o caminho. Sua direção será sempre a do amor e da caridade, sentimentos esses que edificam de verdade a igreja de Cristo.

Todos permaneceram pensativos, até que José novamente perguntou:

— Qual então o motivo de tantos dirigentes religiosos direcionarem mais a atenção para as arrecadações financeiras e se preocuparem menos com a evolução espiritual de seus seguidores?

— Porque são homens, José, apenas homens comuns que se entregam a si mesmos. Os homens são passíveis de erros e enganos, principalmente aqueles cujo egoísmo, orgulho e vaidade tomam conta de seu ser e os fazem acreditar que têm direito à felicidade terrena através das aquisições materiais que lhe proporcionam poder — poder esse que se desfaz no primeiro sopro de vento que parte da espiritualidade. A responsabilidade daqueles que falam em nome de Cristo é muito grande, pois serão considerados responsáveis pelas ações desastrosas que alguém fizer ao seguir suas orientações; mas é verdade que aqueles que falam do bem, exemplificando o que pregam e colocando Jesus em suas atitudes em face do semelhante, mostrando à humanidade que somente o amor constrói e transforma o homem, colherão os frutos do seu amor ao próximo, não na terra dos homens, mas no reino de Deus.

Os espíritos presentes emocionaram-se com as palavras de Jacira. Foram tocados no íntimo do seu ser em razão da simplicidade e serenidade com as quais Jacira dirigia-se a eles. Não os julgava e nem os condenava pela atitude ociosa que mantinham; ao contrário, ensinava-os a se libertarem desse procedimento que os manteria em uma inércia prejudicial à própria evolução.

Ao contrário de Jacira, que se inebriava com as bênçãos que vinham do Mais Alto, não conseguiam ver a intensa luz azulada que envolvia a todos, proporcionando ao ambiente paz e harmonia. Sentiam-se cada vez mais interessados nos esclarecimentos daquela irmã que se dispunha a levar-lhes a luz da verdade.

— Continue — pediu Alice com meiguice. — Tenho sede de saber; quero aprender para poder um dia, mais tarde, agir assim como você, auxiliando a todos que necessitam, da mesma maneira que estou sendo auxiliada agora.

— Que bonito — disse Jacira a Alice. — Acredito que esse dia não irá tardar. No momento oportuno, realizará seu desejo de se tornar uma tarefeira de Cristo. Agora o momento é de orar a Jesus, pedindo amparo para prosseguir sua caminhada de aprendizado; preparar-se para o trabalho e aguardar com otimismo a tarefa que certamente virá. Como dizem nossos orientadores, quando o trabalhador está pronto o trabalho aparece.

Alice sentiu-se feliz com as palavras de Jacira.

Vitório dirigiu-se a Jacira e perguntou:

— E agora, o que devemos fazer?

— O que realmente querem fazer? — respondeu Jacira, formulando outra pergunta.

— Qualquer coisa que nos faça sentir úteis — respondeu Vitório, sentindo-se envergonhado.

— Pois bem, se desejam mesmo aprender, modificar a crença de que quando se chega na eternidade usufrui-se do descanso eterno; se aspiram a se tornarem trabalhadores da seara de Jesus, posso ajudá-los.

— Como?

— Encaminhando-os para o Educandário, onde irão estudar, aprender a verdade e a importância da vida, aprender a conhecer a si mesmos, e entender a necessidade da evolução espiritual. A partir daí perceberão a inutilidade de se entregar à ociosidade, conhecerão Jesus, seus ensinamentos, seu amor e sua bondade para com todas as criaturas de Deus, despertarão em si o desejo de crescer, evoluir e avançar em direção ao Divino Amigo. Mas esse avanço só é possível através do amor, do trabalho e do conhecimento. Quando o espírito desencarnado ou encarnado encontra o caminho da verdade e sustenta-se no amor fraternal, não se corrompe, mesmo que o ambiente seja propício a isso, porque a ele só interessa o amor de Deus.

Pequenos flocos de uma brancura sem par caíam sobre aqueles espíritos, fortalecendo-os para o início do aprendizado, encorajando-os a modificar a crença que até então os dominava e paralisava na vida sem ação.

O silêncio se fazia.

A energia do bem e do amor que sustentava aquele instante convidava-os à reflexão. Cada um, vivendo um momento só seu, recordava a vida pretérita onde sempre estiveram presentes a preguiça, o desalento e o descaso pela vida do semelhante. Tomavam consciência que nada de importante tinham feito para minimizar a dor ou aflição do seu próximo. Viveram em função de si mesmos. Sabiam que nenhum mal tinham feito, mas percebiam claramente que nenhum bem haviam praticado; e deixar de fazer o bem é um grande mal.

Jacira percebia o que estava acontecendo com aqueles irmãos que viviam um momento importante para a descoberta de si mesmos e, respeitando cada um, apenas orava a Jesus, pedindo-Lhe que enviasse suas bênçãos de paz para aqueles espíritos que viveram distraídos, e por conta disso deixaram passar grandes momentos para promover o bem.

Não pôde precisar o tempo que permaneceram entregues à meditação. Por fim, despediu-se, prometendo solicitar a Jacob o ingresso de todos no Educandário. Dirigiu-se ao hospital para a continuidade de seu trabalho.

— Como somos alvo das bênçãos de Jesus — pensava Jacira. — Jamais somos esquecidos; o coração receptivo se nutre de energias salutares, propiciando a si próprio a sonhada felicidade.

Logo à entrada do hospital foi abordada por Ivan.

— Esperávamos por você, Jacira!

— Desculpe-me se demorei, mas tive uma tarefa inesperada de suma importância. Tomou-me um tempo maior do que eu esperava.

— Não se desculpe, Jacira, nossa tarefa é socorrer e auxiliar no momento preciso. Pode ter sido inesperada para você, mas com certeza programada pelo Mais Alto.

— Como diz Jacob, devemos seguir nosso impulso de generosidade, pois sem dúvida é para levar benefício a alguém.

Captando o pensamento de Ivan, disse-lhe:

— Parece-me preocupado.

— Realmente estou.

— O que houve, Ivan?

— Chegou há poucos instantes um irmãozinho em estado lastimável. Foi resgatado das zonas umbralinas, recebendo a misericórdia de Jesus.

— Recém-desencarnado?

— Na realidade, não. Sofre há dez anos por conta de sua total imprudência quando encarnado. Lesou seu perispírito no desejo insano de tentar encontrar a liberdade através de atitudes e práticas levianas, enganosas e desastrosas para seu corpo físico e espiritual. Logo após seu desencarne, sofreu o assédio nas zonas infelizes dos espíritos que o acompanharam e o jogaram na lama de forma brutal.

Imediatamente Jacira compreendeu do que se tratava.

— Droga, Ivan?

— Sim, Jacira. Droga!

Capítulo IX

Os dois mundos de Deus

Jacira acompanhou Ivan até o quarto onde André jazia adormecido. Assim que entrou, não conseguiu esconder a surpresa que se apossou de seu espírito ao ver a situação daquele espírito ainda jovem, ostentando as deformações de seu perispírito; deformações essas que impressionavam pelo aspecto degenerativo.

O espírito André Luiz, no livro *Obreiros da Vida Eterna* (FEB – XIX – 282, 283), esclarece, com muita propriedade:

"Qualquer droga, no campo infinitesimal dos núcleos celulares, se faz sentir pelas propriedades elétricas específicas. Combinar aplicações químicas com as verdadeiras necessidades fisiológicas constituirá efetivamente o escopo da medicina no porvir. O médico do futuro aprenderá que todo remédio está saturado de energias eletromagnéticas em seu raio de ação. É por isso que o veneno destrói as vísceras e o entorpecente modifica a natureza das células em si, impondo-lhes incapacidade temporária. A gota medicamentosa tem princípios elétricos, como também acontece às associais atômicas que vão recebê-la. Segundo sabemos, em plano algum a natureza age aos saltos. O perispírito formado à base de matéria rarefeita mobiliza, igualmente, trilhões de unidades unicelulares de nossa esfera de ação, que abandonam o corpo físico saturadas da vitalidade que lhes é peculiar. Daí os sofrimentos e angústias de determinadas criaturas, além do decesso. Os suicidas costumam sentir, durante longo tempo, a aflição das células violentamente aniquiladas, enquanto os viciados experimentam inquietação pelo desejo insatisfeito."

Jacira e Ivan aproximaram-se de André. Este, devido ao tratamento recebido através de passes nos quais a energia recuperadora envolvia seu corpo perispiritual, dormia profundamente. O ambiente harmonioso do quarto era o cenário do bem e da paz de Cristo.

Jacira ia formular uma pergunta a Ivan quando Jacob adentrou o recinto e lhe disse, antes mesmo de ela se expressar:

— Sim, Jacira, existem meios para os pais lutarem contra as drogas. É necessário apenas enxergar e participar atentamente do cotidiano dos seus filhos, prestando atenção nos pequenos detalhes que contribuem para descobertas inesperadas. Educá-los à luz do Evangelho; dar a liberdade com limites e as orientações com responsabilidade; ensinar a disciplina moral; demonstrar o amor e ter consciência de que nem sempre o mal vem de fora da própria casa: pode estar sendo gerado bem próximo. Não desprezar a assistência de profissionais competentes e cautelosos; enfim, não medir esforços para auxiliar o filho em perigo.

— Por que, Jacob, acontece tanta tragédia, sofrimento e flagelos na humanidade?

— Porque a humanidade está invertendo os valores, Jacira; trocando os valores reais de amor, verdade e fraternidade mútua pelos comportamentos desastrosos da frivolidade e da ambição. Esqueceram-se do que realmente possui valor e entregam-se à corrida desenfreada do poder, do adquirir para satisfazer desejos inúteis, que nada acrescentam na evolução espiritual; ao contrário, impedem a caminhada evolutiva do ser, à procura da perfeição, jogando-o no caos espiritual. E o que se vê são jovens descrentes que se atiram nos comportamentos cruéis para eles próprios e para o próximo; perdem a juventude, a oportunidade de construir um futuro promissor e a própria vida, desesperando-se e levando lágrimas aos olhos dos pais. A humanidade está precisando de homens que falem de Deus, do bem e do amor ao próximo, e não de pregadores de palavras vazias onde o amor de Deus não se faz presente.

Jacira e Ivan estavam impressionados com as palavras de Jacob, tão cheias de verdade.

— Tem razão, Jacob — disse Ivan. — Não se conquista a paz nem a felicidade sem a presença de Deus no coração.

— Mas percebo — continuou Jacira — que em alguns casos a desgraça poderia ter sido evitada se os envolvidos tivessem mais coragem e humildade para procurar ajuda. O que você pensa sobre isso, Jacob?

— Perfeita a sua colocação, Jacira. Sem dúvida que é uma grande verdade. Muitos não querem se expor, sentem vergonha ou mesmo julgam erroneamente ser humilhante ir em busca de auxílio, desnudar para os outros o seu drama. É esse orgulho que os levará para as lágrimas finais.

— E os jovens, Jacob? Não se dão conta do mal que programam para o futuro de sua existência quando se entregam aos desvarios dos sonhos irreais?

— Jacira, os jovens no período da adolescência concentram-se em demasia em seu próprio umbigo, na própria satisfação. O outro... O resto... O processo de individuação e aperfeiçoamento enquanto seres portadores de um espírito em evolução, que necessitam de retoques, deixam para não sei quando. E esse depois, será que chega um dia? Será que a atual pressa de viver não está aniquilando ainda mais depressa? Essa questão precisa ser pensada com carinho e responsabilidade. Os jovens necessitam de mais atenção, Jacira; como já disse, precisam de orientação adequada e segura.

Jacob deu por encerrada as considerações e voltou sua atenção para André. Tanto Jacira quanto Ivan não ousaram formular mais nenhuma pergunta, respeitando e entendendo que o momento era de auxílio àquele espírito que ainda sofria as conseqüências de seus enganos.

— Quais são as suas orientações, Jacob, em relação a esse irmãozinho?

— Tudo foi cuidadosamente preparado para que ele durma mais alguns dias. Receberá fluidos benéficos ao seu equilíbrio através de passes ministrados todos os dias, seguidos de preces ao nosso Mestre Jesus solicitando misericórdia para esse espírito em desajuste. Essa será a tarefa de ambos. Alguma dúvida?

Jacira e Ivan olharam-se e responderam quase simultaneamente.

— Não, Jacob, nenhuma dúvida. Compreendemos nossa tarefa e a executaremos com alegria e certeza do auxílio divino. Somos agradecidos por podermos colaborar com o equilíbrio desse irmão. Sabemos ser ainda aprendizes, mas o amor que direcionamos para nosso irmão é gigantesco.

— Muito bem, Jacira. Gostaríamos que ele permanecesse adormecido por mais trinta dias. Ao fim desse tempo, acreditamos que ele despertará mais equilibrado e apto a receber e compreender a ajuda que se faz necessária.

Ao sair do aposento, dirigiu-se aos pupilos e lhes disse:

— Que Jesus os abençoe.

Ivan e Jacira permaneceram breves instantes em silêncio, preparando-se para a tarefa importante de levar energia salutar e recuperadora a André, que, alheio a tudo, entregava-se ao sono reparador. Depois de cumprida a missão, deixaram o quarto, confiantes e felizes por haverem realizado a contento sua tarefa.

— Ivan — comentou Jacira —, quantos sofrimentos, dores e lágrimas seriam evitados se o homem preservasse mais sua integridade física e moral! Não se deve aniquilar o corpo físico destruindo-o por conta dos vícios; mais tarde, sofre-se na espiritualidade o efeito das ações impensadas.

— Tem razão, Jacira. Pena que muitos homens ainda não descobriram a importância das atitudes sensatas, do bem e do amor, na evolução do ser. Não se conseguem equilíbrio e harmonia senão através da prudência com a qual se vive; não se adquirem saúde física, moral e espiritual senão através do ajuste com as leis divinas do amor, da caridade e da dignidade como criatura de Deus.

Prosseguiram em suas reflexões.

Ao sentirem o chamado de Jacob, seguiram com presteza ao encontro do querido amigo e orientador.

— Aqui estamos, Jacob!

— Ao anoitecer, iremos até o orbe terrestre participar de uma reunião espiritual na casa de caridade de uma querida amiga e colaboradora da espiritualidade. Penso em levá-los porque se trata de uma reunião séria e dentro dos padrões do Evangelho de Cristo. Acredito que lhes trará grande benefício, por meio do conhecimento que irão adquirir.

Com entusiasmo, Jacira e Ivan aceitaram, agradecidos, o oferecimento.

No momento programado, juntaram-se à equipe presidida por Jacob e desceram até o plano físico. A casa em questão era uma moradia simples que fora transformada com grande esforço em uma casa de Cristo, com a finalidade de acolher aqueles que iam em busca de conforto e esclarecimento da palavra de Jesus. Tudo muito simples e gracioso. As paredes eram enfeitadas com a energia das boas obras exercitadas pelos seus freqüentadores, que acreditavam, antes de qualquer coisa, que somente o amor demonstrado em forma de caridade pode transformar o homem.

Nenhum aparato desnecessário existia naquele ambiente onde o bem se fazia presente em tempo integral. Uma mesa com toalha alva recebia em seu centro um lindo vaso de flores brancas que impregnavam o recinto com a doçura do seu perfume. Na parede central podia-se ver um quadro com o rosto de Jesus e, mais abaixo, o escrito com letras fortes e bem-feitas: "Para ouvir a voz de Cristo é preciso calar a nossa. O silêncio é uma prece."

As cadeiras, arrumadas com cuidado, esperavam a chegada dos participantes da reunião. Tudo se ajustava dentro do conceito da doutrina espírita, de que o importante é viver a simplicidade do amor verdadeiro. Reunidos nas laterais da sala, os espíritos desencarnados esperavam o momento tão importante para eles. Os mais fracos e doentes eram trazidos em macas, enquanto outros com melhor equilíbrio aguardavam com ansiedade o instante em que poderiam enviar algumas palavras aos entes queridos da Terra.

Acontecia ali, naquela sala simples, o encontro entre os dois mundos, encontro esse permitido pelo Mais Alto para que houvesse de ambos os lados o entendimento que traria equilíbrio e esperança para os encarnados e desencarnados.

Jacira, acreditando ser um momento propício, aproximou-se de Jacob e disse-lhe:

— Jacob, não vejo nada nas paredes além do quadro que retrata o rosto do Mestre, e as flores sobre a mesa.

— Jacira, coloque sua atenção onde realmente interessa, ou seja, no nosso mundo, e perceberá em abundância o que de fato é importante em uma reunião cujo objetivo é praticar a caridade plena aproximando-se de Jesus.

Jacira agiu como lhe sugerira Jacob. Aos poucos se sentiu integrar na magnitude do amor existente no local. Conseguiu perceber as paredes — que aos olhos humanos eram simplesmente paredes, sem nada que pudesse chamar atenção — impregnadas por uma substância brilhante e transparente, de onde saíam pequenos flocos azulados que caíam sobre as cabeças dos presentes, propiciando-lhes paz e harmonia. O perfume exalado pelas pequenas flores transformava-se em energia salutar que fortalecia aqueles que se entregavam ao doce encontro com Jesus de Nazaré através da prece sentida e sincera.

— Jacob — exclamou extasiada —, que momento mágico!

— O amor e a caridade, Jacira, são dois sentimentos mágicos, que enobrecem o coração que os sente. Esses irmãos aqui presentes vieram em busca de força, esperança e equilíbrio, que somente o Mestre proporciona aos corações em aflição. Essa união de sentimentos envolve nossos irmãos em desequilíbrio após o desencarne, propiciando-lhes conforto e esclarecimento para enxergarem a luz divina que os espera para o aconchego.

— Mas nem todas as reuniões espirituais acontecem dessa maneira, não é verdade?

— Sim, Jacira, infelizmente é verdade. O principal motivo é que muitos comparecem a uma reunião espiritual com o único intuito de conseguir benefício para si próprios, na maioria aquisições materiais. Querem aproveitar a presença dos espíritos para conseguirem vantagens, acreditando ser dever dos espíritos endireitar sua vida na Terra. É um tolo engano, Jacira. Os tarefeiros de Cristo interessam-se por aqueles que em suas aflições solicitam da espiritualidade coragem e paciência para suportar a dor. Aqueles que apesar do sofrimento conseguem esquecer de si e percebem que outros irmãos encontram-se mergulhados em aflições maiores. Esses são os que merecem auxílio espiritual e suporte para vencerem suas dificuldades.

Jacob silenciou por alguns instantes.

— Jacira — voltou a dizer —, olhe bem para a dirigente dessa reunião.

Jacira fixou mais sua atenção para a senhora que se sentava à cabeceira da mesa e que, com pensamento firme voltado para Jesus, dirigia com sabedoria a reunião da noite. Encantou-se com a luz azulada que envolvia todo o seu corpo, propiciando equilíbrio tanto no físico como no espiritual. Jacira identificou naquela mulher uma verdadeira tarefeira de Cristo na Terra. Entregava-se à espiritualidade com serenidade e confiança. Nada pedia para si, mas orava com fervor, implorando auxílio para aqueles que passavam pelo tormento da dor. Pedia luz para os desencarnados e fé para os encarnados que se afundavam na dor sem nenhuma esperança no coração.

— Que espírito forte!

— Sim, Jacira — concordou Jacob. — Forte e corajoso. Esquece-se dos próprios problemas, que são muitos. E luta para solucionar as questões mais difíceis e as dúvidas do semelhante.

— Ela vive em situação difícil, Jacob?

— Sim, Jacira. Seu companheiro abandonou-a há algum tempo, deixando-a sozinha para criar quatro filhos, dois deles com deficiência física, necessitando de cuidados especiais. Luta com muita dificuldade, mas em tempo algum desanimou de sua crença e da confiança no Criador. Jamais se ausenta de uma reunião, não se lamenta da sorte nem culpa Deus por suas aflições; em conseqüência desse seu desprendimento, desse sentimento fraternal que sustenta seu coração, conquistou amigos espirituais que aliviam seu coração nos momentos de maior escuridão. Pessoas como ela, Jacira, que possuem dignidade cristã, não lamentam e jamais culpam o Criador por seus padecimentos, e, em razão de sua conduta alinhada com as leis divinas, adquirem merecimento e tornam-se alvo do respeito e do carinho dos bons espíritos.

A reunião prosseguia, e Jacira, assim como Ivan, encantava-se com a maneira equilibrada como tudo acontecia. O bem que proporcionavam aos espíritos desencarnados, que recebiam o socorro amoroso do esclarecimento, o alívio para suas dores e aflições. Amparados pelo amor que recebiam, conseguiam perceber a inutilidade de persistir longe da luz divina. Acalmavam-se com as sábias palavras do orador, que, com simplicidade e sem preocupação de proferir apenas belas palavras, explanava o Evangelho de Jesus em toda a sua pureza. Tanto os encarnados como os desencarnados deliciavam-se com aquele momento de luz e harmonia.

Em dado momento, Jacira percebeu que uma pequena fila se formava entre os irmãozinhos que já não possuíam mais o corpo de carne, mas traziam em seu espírito o desejo incontido de se comunicarem com os entes queridos deixados na Terra. Sofriam ainda a dor da separação, e essa dor encontrava respaldo no coração dos encarnados inconformados com o rompimento da vida física dos seres que amavam; alguns de maneira inesperada, outros violentamente.

— Jacob, aqueles irmãos que se colocam próximo aos trabalhadores mediúnicos... fazem isso para que ocorra a comunicação entre os dois mundos?

— Sim, Jacira. Os que obtêm permissão podem dirigir algumas palavras aos encarnados, porque os superiores julgaram ser proveitoso para ambos: os que ficaram e os que partiram.

— Tudo é feito para que traga benefício, não é mesmo, Jacob?

— Sim. Nada se faz na espiritualidade apenas para satisfazer curiosidades. Tudo precisa ser guiado pela prudência, ter um significado maior, como, por exemplo, acalentar o coração daqueles que sofrem a perda de um ente amado, ou ajudar aqueles que chegam à espiritualidade a entender que é inútil e muito prejudicial para a evolução lutar contra a lei.

Jacira voltou novamente a atenção para a orientadora. Esta, com delicadeza, chamou uma senhora que, sentada em um canto da sala, chorava copiosamente.

— Aproxime-se, minha irmã.

A senhora timidamente levantou-se e, a passos lentos, dirigiu-se à mesa onde os médiuns cientes da importância de uma reunião espiritual oravam com fervor.

— Sente-se ao meu lado, e diga-me por que chora de modo tão convulsivo.

Entre lágrimas e soluços, a senhora respondeu:

— Perdi minha única filha e sinto-me morrer. Meu coração se fechou e não posso mais enxergar nenhuma possibilidade de continuar vivendo sem ter ao meu lado minha filha amada, receber seu carinho, ver seu sorriso e sentir seu perfume.

Inspirada, a orientadora continuou.

— É preciso confiar em Deus, lembrar que nada é injusto nem inútil no universo do Criador, porque Ele é só bondade e justiça. Não podemos duvidar do amor de Deus por suas criaturas, e este amor cresce ainda mais quando a dor entra em nosso ser, levando-nos a viver horas de angústia e tristeza; nesses momentos, julgamos não ter forças para suportar e nos esquecemos de nos aconchegar no único lugar onde encontraremos a qualquer hora o bálsamo para nossas aflições: na bondade de Deus.

— A senhora pode me ajudar?

— Claro! Vamos orar ao nosso Pai — respondeu a orientadora.

Jacira percebeu que o espírito de uma jovem fora colocado próximo a uma médium, que, confiante no amparo divino, deixava-se envolver pela emoção do próprio espírito.

Com toda a bondade que trazia em seu coração, a querida orientadora iniciou:

"— Senhor,

Como crianças que somos perante Vós

Acomodamos nosso espírito no vosso amor

E respeitamos vossos desígnios.

A separação se fez e a sabemos necessária.

Aquecei, senhor, o coração de quem fica e recebei em vosso reino quem partiu.

Dai a um e a outro a capacidade de amar

Sem ter medo de sofrer

E sofrer... Sem nunca deixar de amar!

Que o amor desses dois espíritos se entrelace no vosso amor para que tenham força para prosseguirem, cada um, o seu caminho de evolução.

Assim seja!"

Imediatamente após o término da oração, o espírito, usando as cordas vocais daquela tarefeira de Cristo, comunicou-se.

"— Mãe, somos alvos nesse instante da misericórdia de Deus, e amparada pelos benfeitores dessa casa posso dirigir-me à senhora. Não chore com tanto desespero, é preciso confiar em Jesus e na vida futura, prosseguir com coragem e fé a caminhada terrena. O amor verdadeiro não termina com a distância: continua existindo mesmo que os olhos não possam enxergar. Há de chegar o dia em que nos encontraremos novamente; até lá, é preciso cumprir a trilha da nossa evolução sem permitir que Jesus se ausente de nós. Dedique-se ao bem e passe a ver-me em cada um que se aproximar pedindo auxílio. As separações acontecem porque elas são necessárias, é da lei divina; que assim seja. Sempre serei sua filha do coração, e para mim jamais deixará de ser a mãe querida que me recebeu e me amou."

Todos se comoveram até as lágrimas. Era o encontro dos dois mundos de Deus. Era a misericórdia divina fazendo-se presente mais uma vez para aquecer o coração daquela mãe que se perdia no sofrimento. Todos os presentes escutavam os tímidos soluços que saíam do íntimo de Dona Aguida. Sua voz fraca se fez ouvir.

— Minha filha do coração! Quanta saudade. Quanta falta você faz em meu tristonho lar. Sinto-me sozinha e sem ânimo para continuar vivendo. Meu coração cansado não encontra justificativa para essa separação inesperada e sofrida. Ajude-me, filha, para que eu não me curve diante de tanta tristeza.

Mais uma vez ouviu-se o espírito.

— Jesus deve estar sempre à frente dos nossos sofrimentos, mãe, para que se possa suportá-los com coragem e sem jamais perder a fé e a confiança no Criador. A separação se fez necessária para nosso aprendizado e é importante conscientizar que, como nós, milhares de mães choram a perda de seus filhos, assim como milhares de filhos sofrem a separação de seus pais. É o ciclo da vida, o caminho da evolução.

— Filha, queria poder abraçá-la, e apertá-la junto ao meu peito saudoso, sentir você unida a mim!

Mais uma vez a resposta se fez presente.

— Mãe querida, cultiva tanta dor em seu coração que não consegue perceber a bênção de Jesus atuando mais uma vez. Estamos tão perto, pode ouvir-me; no entanto, o seu lamento a impede de sentir-me. Viva esse momento precioso, momento esse possível porque Jesus o permitiu, e também porque esta irmã que me empresta a voz o faz com o coração harmonioso, cheio de desejo de fazer o bem, aliviando o sofrimento de seu coração em desequilíbrio.

Diante do silêncio de Aguida, o espírito continuou.

— Aproxime-se de Jesus e agradeça, mãe querida, o contato que tivemos; Jesus mostrou-lhe que sua filha vive, não morreu como pensa. Vive e continua amando-a como sempre. Não amaldiçoe nossa separação prematura, pois tudo segue a lei divina, e a lei existe para que a evolução se faça. Estou saudosa, sim, mas feliz porque sei que o nosso Criador é todo justiça para com suas criaturas e conosco não poderia ser diferente. Preciso ir. Fique em paz, mãe, e que o nosso querido Mestre Jesus a ilumine sempre.

A médium se calou. O espírito se afastara, depositando nas faces de Aguida um beijo de amor e saudade.

Mais alguns minutos e a reunião se encerrava. Ao apagarem as luzes e se fecharem as portas daquela casa onde a caridade plena era exercitada continuamente, o recinto continuara iluminado através da energia salutar dos bons espíritos que ainda oravam em agradecimento ao Criador.

"Regozijai-vos ao invés de vos lamentar, quando apraz a Deus retirar um de seus filhos desse vale de misérias. Não há egoísmo em desejar que ele aí permanecesse para sofrer convosco? Ah! Essa dor se concebe naquele que não tem fé, e que vê na morte uma separação eterna; mas vós, espíritas, sabeis que a alma vive melhor desembaraçada de seu envoltório corporal; mães, sabeis que vossos filhos bem-amados estão pertos de vós; sim, bem perto; seus corpos fluídicos vos cercam, seus pensamentos vos protegem, vossa lembrança os embriaga de alegria; mas também vossas dores desarrazoadas os afligem, porque elas denotam falta de fé e são uma revolta contra a vontade de Deus." (*O Evangelho Segundo o Espiritismo* – cap. V – item 21 – parágrafo 5)

Capítulo X

Revelação surpreendente

Jacira entregava-se aos seus pensamentos. Rememorava as diversas situações pelas quais passara. Quantas lágrimas presenciara nas faces de vários irmãos que chegavam ao mundo espiritual trazendo as conseqüências de suas leviandades e enganos... Mas também de quantas alegrias fora testemunha quando regressavam irmãos que viveram em afinidade com as leis divinas!

Guardava ainda a impressão que sentira ao presenciar a integração dos dois mundos de Deus. Experimentava satisfação por saber que fazia parte da criação divina e que deixara para trás sua inquietação em obter suas respostas, respostas que iriam justificar seu próprio sofrimento quando encarnada.

— Se Deus é justo — dizia —, as causas são justas também.

— Os encarnados sofrem tanto quando acontece a separação de seus entes queridos; revoltam-se muitas vezes com o Criador e sequer imaginam quão perto eles podem estar quando a misericórdia divina permite! Quantas vezes são abraçados por aqueles que julgam estar “mortos”.

Continuava com seus pensamentos, quando notou a presença de Jacob.

— Meu amigo — disse, sorrindo —, parece que sempre quando me encontro em reflexão, com minhas indagações, você aparece para orientar-me.

— Então, diga-me o que a intriga tanto! — pediu Jacob.

— Na verdade, Jacob, não é uma questão que me intriga; ao contrário, é uma questão que provoca deslumbramento, admiração, porque sinto que em todos os momentos Deus se faz presente para socorrer suas criaturas, e o faz de diversas maneiras, mas o homem nem sempre reconhece e se julga sozinho em suas aflições.

— Já sei a que se refere, Jacira, e lhe digo que tem razão, porque realmente Deus não abandona um só de seus filhos, e Jesus, seu filho dileto, caminha sempre no meio de todos, mas nem todos O sentem.

— Imagino que sim. Refiro-me à comunicação dos espíritos desencarnados com os irmãos encarnados. É uma possibilidade abençoada, Jacob, pois alivia as dores, a ansiedade e a angústia dos que se encontram na aflição da separação.

— É bom lembrar também, Jacira, as orientações, o esclarecimento que direcionam os homens para o caminho mais seguro que os leva até o Criador.

— Mas nem todos acreditam ou valorizam os amigos espirituais! — exclamou Jacira.

— Tem razão. Mas não esqueçamos o livre-arbítrio que todos os seres possuem, que é sua livre escolha. Em vista disso, não se pode julgar ou criticar nenhum semelhante que não comungue da doutrina dos espíritos. O importante é que dentro dos conceitos religiosos que se afinam, ou seja, dentro de sua crença, sejam honestos, dignos, e de bom coração. Que sejam fraternos, sensíveis à necessidade alheia, aceitando o seu próximo como um irmão em Cristo, sem preconceito de raça, cor ou credo religioso.

— E os que se dizem espíritas?

— Muitos dos que afirmam ser espíritas não agem como espíritas; esquecem-se do que aprenderam no instante em que deixam o centro espírita. Deixam para trás as explanações edificantes dos bons espíritos e se esquecem de praticar o Evangelho de Jesus; infelizmente nem todos compreendem a importância de se praticar o bem ajudando na luta contra o mal. Vemos com tristeza muitos deles se julgarem doutores em espiritualidade pelo fato de conhecerem a doutrina; mas veja, Jacira, o que é o conhecimento sem obras, o que é a teoria sem a prática? A Deus importa o coração abrigando o oprimido, as mãos laboriosas entregando o alimento para os que passam fome, o ombro amigo permitindo que o sofredor tenha onde encostar a cabeça quando as lágrimas pesarem sobre o seu rosto. Não se deve esquecer que quem apenas conhece nem sempre sabe. O que Jesus demonstrou aos homens: a caridade germinada no amor ao próximo. Como disse nosso Mestre: a cada um segundo suas obras.

— É, Jacob, tanto nós, desencarnados, quanto os encarnados temos muito que aprender. Feliz daquele que compreender isso.

— Completando, eu lhe digo, Jacira: feliz do espírita que entender realmente a razão das comunicações espirituais com os homens e não procurar espírito para resolver os problemas que lhes pertencem.

— E quanto aos irmãos que se servem de intermediários entre os dois mundos, através de sua mediunidade? Qual deve ser o seu comportamento?

— Quanto aos médiuns, Jacira, digo o mesmo: feliz do médium que compreender que é apenas o veículo, a ponte entre os espíritos encarnados e desencarnados, e usar com prudência a sua mediunidade, praticando somente o bem, consolando os que choram, confortando os aflitos, e não obtendo vantagem financeira com o dom que recebeu de graça.

— Entretanto, existem muitos médiuns vaidosos que se julgam melhores que os demais irmãos por considerar-se acima de qualquer suspeita.

— Exatamente. Os vaidosos, orgulhosos e prepotentes esquecem-se que mediunidade, na maioria dos casos, é uma prova e uma situação que pode ser retirada no momento que Deus achar necessário. Os médiuns sérios, mansos, humildes e caridosos, personagens de uma vida digna, cujo caráter é evidente, atrairão sempre a presença e o amparo dos bons espíritos que através deles orientarão os encarnados, mostrando-lhes o caminho do bem, e do amor universal. Mas os espíritas devem prestar muita atenção nas comunicações, analisando seu conteúdo, e se estão afins com as leis divinas. Não se deve aceitar tudo sem o prévio raciocínio, para não se deixar enganar. Para aqueles que conhecem o Evangelho de Jesus torna-se fácil a avaliação.

— Mas existem espíritos que fazem revelações de certos mistérios, enfim, declarações da vida espiritual sem nenhum critério ou permissão para tanto.

— Por esta razão, deve-se tomar cuidado, como já disse. Nem todos os espíritos podem penetrar certos mistérios; o saber de cada espírito é proporcional a sua depuração, a sua elevação. E aqueles que sabem muito, mesmo autorizados, usam de critério e prudência em suas comunicações, pois respeitam a capacidade de compreensão de cada ser e as limitações impostas ao homem.

"A única garantia séria do ensinamento dos espíritos está na concordância que existe entre as revelações feitas espontaneamente, por intermédio de um grande número de médiuns, estranhos uns aos outros e em diversos lugares." (*Evangelho Segundo o Espiritismo* – item 2 – parágrafo 10)

Jacob e Jacira continuavam em suas reflexões quando Ivan aproximou-se.

— Jacob, sua presença se faz necessária junto a André!

— Como ele está, Ivan?

— Agitado, muito agitado.

— Vamos, então.

— Posso acompanhá-los? — perguntou Jacira.

— Claro!

Seguiram juntos e em silêncio até o quarto de André.

Assim que entraram, depararam com uma cena chocante. André debatia-se com movimentos sucessivos e violentos. Diante da expressão de angústia e de interrogação de Jacira, Jacob lhe disse:

— Jacira, os suicidas costumam sentir durante um tempo prolongado a aflição das células que são violentamente destruídas, e os viciados sofrem grande inquietação pelo desejo insatisfeito. O que André sofre hoje é o desejo frustrado de querer usar a droga que o lançou nesse sofrimento.

"Dentre os vícios sociais e as graves ocorrências do momento de dor planetária, avulta-se a toxicomania, que está dizimando verdadeiras multidões, que tombam na infeliz urdidura, enlouquecidas hoje, em marcha para o suicídio amanhã... A dependência de drogas alucinógenas é das mais graves injunções a que a criatura se entrega, normalmente numa iniciação inocente, que se agrava num compromisso sem libertação." (*Luz Viva* – 10:63, 66 – Joanna de Angelis/Divaldo P. Franco)

Jacira, apreensiva, voltou a perguntar:

— O que posso fazer por ele, Jacob? Quero muito ajudá-lo.

— Em primeiro lugar, acalmar-se. Aquietar seu espírito, harmonizando-se com o amor de Jesus. Em seguida, orar por este irmãozinho enviando-lhe energia salutar para que lentamente ele volte ao equilíbrio. Nesse momento irei ministrar-lhe passes, rogando a Jesus para que o cubra com sua luz e bênção, trazendo de volta sua lucidez.

Assim foi feito.

Enquanto oravam, o recinto foi alvo de tênue luz violeta, que se intensificava como que respondendo às orações sinceras de Jacob e Jacira. O corpo perispiritual de André foi se acalmando e sendo envolvido por aquela manifestação divina. Lentamente André foi se acomodando e voltando ao equilíbrio, até que se entregou ao sono reparador.

— Assim que acordar — disse Jacob a Ivan, que acabara de entrar no quarto —, favoreça-o novamente com passes seguidos de água fluidificada. No momento que o considerar apto, tranqüilo e suficientemente equilibrado, avise-me. Virei ter com ele, ajudá-lo a compreender a situação em que vive, mostrar-lhe a importância de ajudar-se a si mesmo. Apenas ele poderá abrir as portas de sua emancipação espiritual, libertando-se da influência nefasta que o persegue e tornando-se livre para alçar vôo em direção a Jesus. Através dessa libertação, iniciará sua caminhada rumo à evolução.

— Entendi. Assim que verificar uma melhora significativa, pronto para aprender, avisarei, Jacob.

— Muito bem, Ivan.

Dirigiu-se a Jacira.

— Acompanha-me ou tem alguma tarefa a fazer?

— Estou na minha folga. Se puder, gostaria de acompanhá-lo; aprenderei mais, com certeza.

— Vamos, então.

Deixaram o aposento de André e seguiram rumo ao Departamento Reencarnatório. Jacira estranhou o lugar, ainda não tinha visitado o departamento. Ao indagar, Jacob apenas respondeu:

— Acompanhe-me, Jacira, e logo saberá.

Com presteza atravessaram todo o departamento até que adentraram um recinto onde um espírito aguardava o momento de sua encarnação. Junto a ele estava Daniel, um dos orientadores do setor.

— Que alegria recebê-lo, Jacob — disse assim que o viu entrar.

— Sua alegria não é maior que a minha — respondeu Jacob, demonstrando imensa satisfação em encontrar o amigo.

— Mas o que o traz até nosso departamento, algum caso especial?

— Primeiramente apresento-lhe Jacira, uma querida pupila que não mede esforços para aprender cada vez mais, trabalha o quanto pode, incansavelmente, junto aos aflitos e conquista créditos.

— É um prazer muito grande conhecê-la, Jacira. Sinta-se à vontade em nosso departamento, e não se sinta constrangida em fazer perguntas que poderão dirimir suas dúvidas.

— Obrigado, irmão Daniel — respondeu Jacira, feliz por sentir-se acolhida.

— Somente Daniel — corrigiu-a com delicadeza.

— Bem, Daniel — interveio Jacob —, pedi permissão aos superiores para aqui estar por tratar-se especialmente desse espírito, e saber que ele recua sempre que se aproxima a consumação da sua reencarnação.

— É verdade, Jacob. Respeitamos seu livre-arbítrio há algum tempo, mas agora recebemos orientação do Mais Alto de que terminaram suas chances para compreender a necessidade dessa encarnação terrena, da maneira como está planejada, e solicitada por ele mesmo. Realizaremos a reencarnação compulsória devido ao longo tempo que recua motivado pelo orgulho excessivo. Mas imagino que deva ter um motivo importante para ter solicitado sua vinda até aqui para acompanhar o processo.

— Sim, Daniel. Conheci esse espírito em uma época distante, quando nós dois habitávamos o orbe terrestre. Conheço sua história passada que motivou esta reação, e quero pedir-lhe permissão para argumentar com ele na esperança de fazê-lo entender a importância dessa experiência na Terra, porque irá ajudá-lo a limpar seu espírito do sentimento que o condena a cada encarnação, ou seja, seu excessivo orgulho.

— Permissão concedida, Jacob. Que Jesus o oriente para que este irmão consiga entender e aceitar este retorno como uma mola propulsora de sua evolução, dando-lhe chance de progredir expulsando de seu coração os sentimentos menores e, conseqüentemente, avançar para Deus.

— Obrigado, Daniel.

Jacob aproximou-se mais de Justino que parecia alheio ao que acontecia à sua volta.

— Que Jesus o abençoe, Justino. Acredito que você não tenha a menor idéia de quem eu seja, e o porquê do meu interesse.

Justino olhou-o, e pela sua expressão deixou claro que realmente não imaginava de quem se tratava.

— É natural que não se lembre — voltou a dizer Jacob. — Encontramo-nos em um passado distante, há três encarnações.

Justino olhou-o desconfiado, sem nenhuma emoção nem nenhum sinal que o reconhecesse. Sem se importar, Jacob prosseguiu.

— Soube do projeto que irá desenvolver nesta próxima encarnação, projeto esse que você mesmo solicitou para redimir-se dos atos infelizes de outrora. Qual a razão de recuar quando chega o momento, Justino?

— Sei que foi um pedido meu, e quero resgatar, através dessa encarnação, os meus erros, mas não sabia que iria me encerrar em um corpo feminino, negro, pobre e sofrendo humilhações e desprezo por parte das pessoas para as quais irei trabalhar e servir.

Jacob, com toda a sua bondade, disse àquele espírito:

— Justino, há exatamente três encarnações você se perde através do seu excessivo orgulho e preconceito. Os responsáveis pelas reencarnações julgam necessário que você tenha a experiência oposta, ou seja, viva a situação que foi alvo do seu desprezo, para que sinta a dor da humilhação, o chicote do preconceito e lute para conquistar seu espaço, espaço esse tirado de muitos irmãos negros, pela arrogância e prepotência de muitos.

— Como você sabe da minha vida? — perguntou Justino.

— Sei mais do que você pensa, porque fiz parte dela, como já disse, em um passado distante.

— Explique-se melhor. Não me lembro de tê-lo conhecido.

— Não se lembra porque não quer se lembrar, sempre foge quando precisa enfrentar a si mesmo. Mas esse fato não o isenta da reparação dos seus atos pretéritos e enganosos, por mais que estejam distantes. É da lei divina que todos tenham novas oportunidades para realizar, acabar ou quitar suas pendências do passado. Essa é a oportunidade que você está recebendo, é a bênção do Criador fazendo-se presente; e lhe digo, Justino: desprezá-la é negar mais uma vez a chance de evoluir.

— Mas por que tenho de reencarnar mulher e negra?

Jacob olhou para Daniel e, diante do consentimento deste, voltou a falar.

— Faz-se necessário saber toda a verdade, para que você se conscientize da importância que é o seu retorno nestas condições que reluta em aceitar.

— O que quer dizer com isso?

— Justino, há muito tempo encontramo-nos na Terra. Você era um rico e orgulhoso proprietário de uma linda fazenda, tão produtiva que se tornara a única esperança de trabalho para as pessoas da redondeza. Como muitos outros, eu e minha mulher chegamos com nossa única filha e pedimos emprego e abrigo, pois nada tínhamos de nosso. Éramos negros, e em vista disso logo sentimos e fomos alvo de sua altivez e prepotência, que nada fazia para disfarçar. O olhar de desprezo que nos dirigia era como um chicote a cortar a pele de nossas costas. Nada dissemos, pois precisávamos do trabalho e do abrigo. Não dei importância para sua falta de apreço para com minha família e aceitei o serviço, sabendo ser a única possibilidade de ofertar a minha mulher e filha uma vida digna respeitosa.

— O tempo passava lento para nós, que trabalhávamos incansavelmente de sol a sol, sem descanso nem o mínimo de reconhecimento. Você nos desprezava porque odiava a cor da nossa pele, e nos humilhava mais que aos outros empregados, e exigia de nós os afazeres mais penosos. Jamais permitiu que minha filha se aproximasse de um filho seu, como se negro fosse contagioso. Pois bem, o tempo passou e minha filha completou treze anos. Comecei a perceber seus olhos procurando-a e cobiçando-a sem o menor escrúpulo. Por mais que eu e minha esposa a protegêssemos, em uma tarde de outono, quando ela fazia o caminho que a levaria até a escola, você, como um selvagem, esperou-a de tocaia; e assim que ela se aproximou, você, de um salto — sem que ela tivesse a menor chance de defesa —, dominou-a e barbaramente, sem nenhuma piedade, a possuiu de maneira vil.

Após esse ato animalesco, segundo a própria vítima, cuspiu em seu rosto, dizendo-lhe do nojo que sentia por aquela pele escura. Deixou-a caída no meio da estrada, sangrando, chorando e em completo estado de choque.

Nesse ponto, o véu que encobria a memória de Justino se desfez e ele viu toda a cena se desenrolar a sua frente. Levou a mão à garganta e gritou.

— Pare! Pare, pelo amor de Deus. Tudo se faz claro para mim, até a minha culpa, que, agora sei, carrego durante décadas e décadas sem conseguir me redimir dessa atitude brutal e violenta. Perdoe-me, perdoe-me! — pedia a Jacob, segurando-lhe as mãos.

Jacob, emocionado, respondeu:

— Já o perdoei há muitos e muitos anos, Justino. Não guardo nenhuma mágoa, nenhum ódio em meu ser, quero apenas a sua evolução. Se aqui estou é porque sei da importância desta nova reencarnação para apagar para sempre esse orgulho e altivez que o fez sucumbir em outras experiências terrenas. Só aprendemos quando passamos pelas mesmas experiências, sentindo as dores e aflições que fizemos o semelhante sentir por nosso erro. Você irá saber o que é ter a pele negra, e aprender que tudo é apenas uma questão de pigmentação, porque todos são iguais aos olhos de Deus, e a Deus só importa a essência do ser, e não a aparência. O que na verdade interessa ao Criador é o sentimento, o amor e a fraternidade, a amizade, o respeito e o companheirismo com os quais nos relacionamos com o nosso semelhante. A diferença entre um e outro não está na cor da pele, mas sim no sentimento que habita o coração, no bem que anula o mal e que proporciona o bem-estar alheio.

— Por que só agora, nessa encarnação, tenho que resgatar esse meu procedimento que, reconheço, foi desastroso?

— Porque nas outras você novamente falhou. O Mais Alto acredita que somente vivenciando o que infringiu aos outros irá se conscientizar de verdade do erro cometido e se livrará desse orgulho absurdo.

Diante do silêncio de Justino, Jacob voltou a dizer:

— Pode dividir comigo o seu pensamento?

— Claro! Penso que se eu pudesse encontrar-me com aquela que tanto fiz sofrer, iria pedir-lhe perdão de joelhos, mas imagino ser impossível, pois já se passaram tantos anos que já deve estar esquecido na eternidade.

— Engano seu, Justino, nada fica esquecido na eternidade porque todas as questões necessitam ser solucionadas. Todos os envolvidos se reencontram até que se restabeleça o equilíbrio de todos. Deus beneficia todas as suas criaturas, não apenas algumas.

— Mas não tenho a menor suspeita de onde ela esteja, e acredito não ter mais tempo para procurá-la.

— Olhe a sua volta, Justino — disse Daniel, aproximando-se de Jacira; quem sabe ela não está por aqui, bem perto de você.

Daniel e Jacob começaram a orar, solicitando a Jesus o auxílio que beneficiaria aquele espírito que tinha pela frente uma longa caminhada para sanar, com muita coragem, suas imperfeições no orbe terrestre.

O recinto em pouco tempo se inundou de tênue luz brilhante, que pouco a pouco ia se intensificando. Jacira, mantendo-se em prece, sem se dar conta, foi se transformando e tomando a forma de uma pequena garota negra de treze anos de idade. Justino, assustado, reconheceu sua vítima do passado. Em um gesto movido pelo arrependimento sincero, segurou-lhe as mãos; emocionado, pediu-lhe perdão.

— Perdoe-me, pelo amor de Jesus, perdoe-me! Não terei paz em encarnação nenhuma se não tirar este peso que está somatizado em meu espírito.

— Não guardo nenhum ressentimento de ódio ou mágoa — respondeu-lhe o espírito. — Estou em paz, e é nessa paz que quero prosseguir. Nem tenho mais essa forma perispiritual: meus sofrimentos passados, deixei-os no passado. Hoje possuo a forma de minha última encarnação, e me chamo Jacira. Quero vê-lo também em paz, e para que isso aconteça é necessário cumprir na Terra sua prova, que o libertará. Agradeça a Jesus essa nova oportunidade e não a perca, pois é a bênção de Deus chegando mais uma vez a você. Fortaleça-se para que sua próxima encarnação seja sua redenção, e volte vitorioso.

Novamente Jacira foi voltando a sua aparência atual.

Olhou para Jacob, esperando que ele dissesse alguma coisa que a tirasse da expectativa de saber ter sido filha do mestre que amava.

Jacob, entendendo, disse-lhe carinhosamente:

— Sim, Jacira, você foi minha filha nesta encarnação a qual me referi, e agradeço a Jesus tê-la agora como minha pupila e companheira de trabalho.

— Por que nunca soube disso, por que não me disse? Qual a razão de não ter desvendado esse véu que encobria minha história? — perguntou Jacira, demonstrando impaciência.

— Porque tudo tem sua hora, Jacira. Para todos os propósitos existe o tempo necessário, para que tudo aconteça em paz e sem desequilíbrio. Este foi o momento que Jesus achou adequado; agora, você terá todas as respostas a questões que tanto a atormentaram desde a sua chegada da Terra. Agora você está apta a tomar conhecimento de tudo.

— Por favor, Jacob, diga-me então!

— Assim que desencarnou, como minha filha, nós nos encontramos após certo tempo, por conta do pedido que fiz aos superiores. Queria ajudá-la a se equilibrar, superando a dor e a revolta que sentia. Participou de palestras educativas, recebeu esclarecimentos, enfim, foi alvo de toda a atenção por parte dos orientadores. Mas sua revolta era tão grande que nada lhe trazia paz. Passado mais algum tempo, os orientadores acharam por bem beneficiá-la com nova encarnação. E assim foi feito. Teve uma encarnação normal, mas não conseguia esquecer. Seu espírito, trazendo forte a somatização do sofrimento passado, procedeu de maneira mal resolvida, cheia de dúvidas e medos; não se aproximava de nenhum homem, tinha crises agudas; enfim, não se livrava da angústia e do medo. Retornou em pouco tempo. Preparou-se para uma nova experiência terrestre. Quando concluíram que você estava fortalecida o suficiente, firme em seus propósitos, reencarnou como Jacira, com a finalidade de se unir ao seu malfeitor de outrora para desenvolver o perdão, livrando-se de tanta indignação junto àquele que tanto a fizera sofrer.

Nesse instante, tanto Jacira quanto Justino olharam-se, e ambos, surpresos e atônitos, relutavam em aceitar a verdade.

— Você, como meu pai, onde esteve todos esses anos?

— Protegendo-a. Fortalecendo seu espírito, inspirando-a para que não se perdesse de novo e sim ressurgisse das cinzas do desespero, construindo a sua felicidade futura, felicidade essa que desfruta hoje.

— Mas como pode isso ser verdade? Não estou vendo como e quando ela poderia ter-se unido a mim! — exclamou Justino.

— Concordo com ele, Jacob. Meu companheiro terreno chamava-se Josué. Quando desencarnei, ele estava encarnado, e eu nunca soube nada dele. Aliás, você bem sabe o quanto procurei minhas respostas, e estranhei não saber nada sobre o que acontecera com Josué. Nunca mais tive nenhuma notícia dele. E agora me vejo diante de alguém cujo nome terreno era Justino, e eu não tenho a menor recordação dessa fisionomia. Como pode ser?

— Quatro meses após seu retorno, Josué também retornou à Pátria espiritual. Chegou em situação lastimável e por algum tempo habitou as zonas infelizes. Não cumprira seu projeto de vida, que era reparar o mal que lhe havia feito, casando-se com você e tratando-a com cortesia para recompensá-la pelo sofrimento de outrora. Falhou novamente. Você, ao contrário, suportou com paciência os sofrimentos impostos por ele, que não foram poucos. Chegou vitoriosa e, enquanto se preparava para chegar onde está, ou seja, fazendo um lindo trabalho de amor junto aos aflitos desencarnados, Josué, passado um determinado tempo, voltou à Terra como Justino, para tentar extirpar o orgulho e o instinto violento que o tem feito cair sucessivas vezes. Foi uma experiência que durou apenas vinte anos; entretanto, mais uma vez retornou trazendo as marcas e as conseqüências de seu orgulho e sua violência com o sexo feminino. Assim, acreditamos, poderá desenvolver o respeito pelo seu semelhante, porque saberá exatamente como se sente a mulher humilhada ou atormentada pelo próprio companheiro.

— Esta experiência está programada para durar quantos anos?

— Trinta e sete anos; e, ao retornar por meio de um ataque do coração, se vitorioso, estaremos no portal para recebê-lo e levá-lo com a bênção de Jesus para o hospital de Maria, para seu fortalecimento. Veja, Justino, a importância de aceitar sua encarnação como está programada, é para sua própria evolução. Só se dá valor à luz, Justino, quando se conhece a escuridão.

— E quando voltar ficarei para sempre na espiritualidade?

— Não, Justino. Deus quer que suas criaturas evoluam, e a evolução se faz através das sucessivas reencarnações. Durante o tempo que estiver na erraticidade irá se preparar, estudar, aprender, enfim, crescer e fortalecer seu espírito para, no momento que Jesus achar propício, retornar novamente.

— E terei mais uma chance de voltar à Terra, ou ficarei na espiritualidade?

— Justino, nós somos espíritos em evolução e o Criador nos beneficiará com a reencarnação quantas vezes forem necessárias para aprendermos, transformarmos nossos sentimentos, tomarmos consciência do que é importante; ou seja, amar a Deus sobre todas as coisas e ao nosso próximo como a nós mesmos. Nesses dois mandamentos está encerrado todo o ensinamento de Jesus, e é exatamente o que mais a criatura necessita aprender.

— Quer dizer que minha ligação com Jacira já foi cortada!

— Não se precipite, Justino. Não se colocam suposições como verdades. Cada coisa no seu devido lugar e tempo, e agora o tempo é de se preparar para se reencarnar, agradecido por mais esta oportunidade.

— Jacob, só uma coisa não ficou clara para mim.

— Pode dizer, Jacira.

— Por que meu pai apoiou tão firmemente minha união com Josué, a ponto de não considerar minha vontade?

— Seu pai era o servo preferido de Justino, na encarnação passada, quando era fazendeiro. Encobria todas as atitudes insanas praticadas pelo seu senhor, inclusive a de que você foi o alvo, pois foi ele quem o avisou do seu caminho. Arrependido, pediu para voltar como seu pai, pois queria recompensá-la do mal praticado e ajudar Justino. Sua tarefa era de aproximar vocês dois e colaborar na harmonia do casal, mas o que ele fez foi uma arbitrariedade, que não estava prevista, apoiando as agressões de Justino, sem dar a você nenhum apoio. Entretanto, assim como vocês, ele também está em processo de quitação com a lei.

— Esta foi então a razão pela qual nunca consegui obter respostas para o sofrimento tão grande que passei quando encarnada? Mas por que ele me separou dos meus filhos, qual a relação com tanta crueldade?

— Tudo na espiritualidade é feito com o objetivo de trazer benefício. Hoje você tem condições de saber a verdade, pois seu coração está isento de rancor. Não corre mais risco de se desequilibrar, alimentando revolta. Hoje você se dedica ao trabalho amoroso aos aflitos; enfim, sempre lhe disse que suas respostas chegariam no momento certo e adequado, e não no momento que você escolhesse. Na espiritualidade nada se faz para simplesmente satisfazer curiosidade, mas sim para auxiliar o ser em sua evolução. Nessa questão, Jacira, você sofreu a reação de uma ação feita no pretérito, ou seja, o descaso com o qual tratou seus filhos, culminando com o abandono de quatro crianças em um mercado da cidade. Sentiu a mesma dor que impôs às crianças inocentes, dor essa que gerou o ódio em uma delas.

Emocionada, Jacira compreendeu que Josué era a criança abandonada. Fora ela quem provocara seu rancor, e tudo o que acontecera entre eles teria sido o acerto de contas, a quitação de ambos com a lei. Humilde, rendeu-se a sua culpa e disse a Josué com delicadeza:

— Josué, aceite esta encarnação da maneira como foi programada, pois será o início da sua evolução. Você e eu temos questões a resolver e, pelo que eu sinto, será necessário resolvermos juntos. Estarei esperando o seu retorno no momento que Jesus o chamar. Nós temos a eternidade pela frente; acredito que um dia retornaremos juntos para a Terra e nos esforçaremos para apagar todo e qualquer resquício de orgulho ou revolta que possa ainda existir em nosso coração. Até este momento chegar, estarei aqui ao lado de Jacob, trabalhando, aprendendo e vibrando para que tudo dê certo para você. Confie em Jesus, tudo acontecerá dentro da justiça e do amor de Deus.

Ainda apresentando uma agitação, causada pela surpresa, Justino falou a Jacira.

— Perdoe-me! Só quero que me perdoe pelo sofrimento que a fiz passar em duas encarnações. Estou envergonhado. Aceito a encarnação que me propõem, agora sei que é necessária para o meu próprio aprendizado e libertação. Conhecerei o que sentem aqueles que se encerram em uma pele negra, pobre e sem alternativas. Conhecerei o preconceito com que vivem, mas andarei seguro pelos caminhos terrenos, e com a proteção divina retornarei vitorioso. Perdoe-me também, Jacob, por tudo que o fiz sofrer tempos atrás.

— Isso mesmo, Justino, a fé irá sustentá-lo quando pisar nos espinhos. Não me peça perdão, pois nem me lembro mais daqueles dias difíceis. Tudo para mim está superado. Hoje para mim você é um irmão querido que começa a engatinhar os primeiros passos em direção a Deus, e tenha certeza que o Criador o aguarda.

— Despeçam-se — disse Daniel. — Justino será transferido para a ala própria, onde aguardará o instante, que se aproxima, de se ligar ao útero materno. Não tenha medo, meu amigo, a reencarnação é uma bênção que Deus concede a suas criaturas para que possam se depurar e dar um passo à frente no caminho da evolução.

Após se despedirem de Justino, desejando-lhe boa sorte, Jacob e Jacira tomaram o rumo do hospital.

— Está calada, Jacira. O que a preocupa?

— Penso em tudo o que aconteceu. Sabe, Jacob, imaginava que ao obter as respostas sobre o meu passado fosse sentir-me diferente, mas vejo que não estou abalada nem perdi o meu equilíbrio, como temia que acontecesse, apesar de toda a minha culpa. Não é estranho?

— Não, Jacira. Não há nada de estranho. Há longos anos você vem se preparando, aprendendo, estudando as leis divinas e as palavras de Jesus. Chegou o momento, e você estava apta para obter suas respostas. Você não se preocupava mais em saber, em satisfazer sua curiosidade; libertou-se ao se entregar ao amor de Jesus e se dedicar aos irmãozinhos em aflição. Exercitou o amor ao próximo, aprendeu a perdoar e praticou a caridade; e o amor, Jacira, quando é verdadeiro, transforma o homem.

— Será que algum dia retornarei ao lado de Josué? Gostaria de recompensá-lo dando-lhe o amor que um dia neguei.

— Não posso lhe dizer, Jacira, pois não tenho autorização e nem sou responsável pelo setor de reencarnações. Mas agora o momento é de estudo, trabalho e amor, para você e Justino, ou Josué, como preferir.

— Quero muito que ele saia vencedor, Jacob, que aprenda a caminhar sem deixar pedras por onde passar. Um dia, com a permissão de Jesus, estaremos juntos novamente e aprenderemos a nos amar.

Sorrindo, disse a Jacob:

— Obrigada, "papai".

— Por nada, "filha" — respondeu Jacob, feliz.

Três anos após esse acontecimento, Jacob e Jacira assistiam ao nascimento de Josué no mundo físico. Entrava para o mundo terreno, em um pobre casebre situado em importante cidade brasileira. Era o início do processo reencarnatório de um espírito que trazia latente em sua essência o desejo de cumprir com valentia os propósitos de Deus, extirpando de sua alma todos os sentimentos mesquinhos de outrora.

Capítulo XI

O amparo dos bons espíritos

— Como está André, Ivan?

— Sinto-o bem mais calmo. Foi iniciado o tratamento de passes, de acordo com sua orientação, o que o deixa mais tranqüilo. Ele aceita de verdade o tratamento, pois percebemos seu pensamento em busca de Jesus assim que se inicia a doação de energia.

— Alegro-me em saber; isso é muito bom. Acredito que nosso querido irmão irá aos poucos se equilibrando até atingir a disposição necessária para prosseguirmos em seu tratamento.

Ivan reparou que Jacira mantinha-se um pouco afastada, e até alheia ao que expunham. Dirigiu-se a ela, perguntando:

— Algum problema, Jacira? Sinto-a tão distante.

— Não é nada, Ivan. Por favor, não se preocupe comigo.

Jacob interferiu.

— Jacira, quando alguma coisa nos incomoda a ponto de fixar-se em nosso pensamento e interferir em nosso bem-estar, o mais prudente é falar sobre o assunto e tentar compreender melhor o que se passa, e colocá-lo no lugar que deveria estar.

— Obrigada, Jacob, vou tentar... Por favor, desculpem-me.

— Por Jesus — exclamou Ivan —, o que está acontecendo?

Jacob endereçou a Jacira um olhar de amizade e sustentação, e perguntou-lhe:

— Gostaria de falar sobre isso?

Após segundos, ela respondeu com uma pergunta.

— Posso?

— Evidente que sim.

— Vou deixá-los mais à vontade — disse Ivan, afastando-se.

— Não, Ivan, gostaria que ficasse. Não é nem quero fazer disso um segredo — pediu Jacira.

Afastaram-se de André, que adormecera, e dirigiram-se ao banco de florido jardim. Assim que se acomodaram, Jacob a incentivou.

— Confie em Jesus, Jacira, e em nosso desejo de ajudá-la.

Em seguida, Jacira colocou Ivan ciente de tudo que descobrira; seu passado que viera à tona; suas respostas que chegaram no momento em que não as esperava. Enfim, abriu-se de maneira sincera.

— Mas qual é o ponto que a aflige? — foi a pergunta feita por Jacob.

— É que sempre pensei que o tempo entre as reencarnações fosse longo, e percebi que com Josué ou Justino, não sei bem com qual nome me refiro a ele, não foram tão longos assim.

— Jacira, o intervalo das reencarnações está relacionado à necessidade do espírito reencarnante. As reencarnações são sucessivas e numerosas porque o progresso espiritual é, vamos dizer, infinito. É comum acontecer ao espírito recolhido das zonas infelizes entrar em total desequilíbrio, envergonhado pelos desatinos cometidos; não consegue esquecer, percebe que sua existência na Terra foi mal empregada, e passa a desejar o retorno ao orbe terrestre para tentar novamente. Querem nova oportunidade de empregar melhor a bênção da reencarnação. Cada situação é uma, mas em todas elas é levado em conta o benefício para o solicitante, e passado pela avaliação do Mais Alto. Você sabe que tudo na espiritualidade passa pelo crivo do amor universal, visando sempre o bem e a evolução do espírito.

— Agradeço realmente a Jesus por ter permitido que eu tomasse conhecimento dessa história de dor, e entender o porquê dos sofrimentos vividos ao lado de Josué. Saber que tive você como pai em uma de minhas existências só me alegra. Tudo farei para tirar do meu ser qualquer resquício de sentimentos menores, e estar pronta para retornar no momento oportuno. Para ser sincera, Jacob, gostaria imensamente de ter nova oportunidade ao lado de Josué; poderíamos ajudar um ao outro para que nós dois pudéssemos retornar com o coração livre para amar, sem fronteiras.

— Existe, sim, essa possibilidade, mas não se esqueça de que Josué iniciou seu novo caminho na Terra agora e, segundo Daniel, estão previstos trinta e dois anos de permanência no orbe terrestre. Como pode ver, é um tempo longo até que possam voltar juntos novamente.

— Tenho consciência disso, Jacob, mas enquanto espero aprendo e me fortaleço, porque sei que um dia isso poderá acontecer.

— Muito bem, Jacira, gostei do que ouvi. — Sorrindo, completou: — Vamos voltar e cuidar de André, que é nossa tarefa de hoje.

— Vamos, sim! — exclamaram Jacira e Ivan.

Passou-se o tempo. Jacira esquecera-se de si mesma. Era útil o quanto podia. Soubera através de Jacob que a vida de Josué, agora Carminha, transcorria com sucesso, apesar de passar situações de extrema pobreza ao lado de seus pais. Alimentava-se mal e via seus pais trabalharem muito de sol a sol para conseguirem trazer um pouco de alimento para casa. Carminha iria ter em abundância tudo o que desprezara no pretérito por conta de sua arrogância e orgulho. Aprenderia a ser humilde e a aceitar o infortúnio como o remédio para curar-lhe a alma. Deus conhece a necessidade de todas as suas criaturas e as dispõe de acordo com a justiça que rege suas leis.

O homem não se contenta com o que possui e sempre quer mais sem se importar com as marcas e as lágrimas que deixa atrás de si, no coração e no sentimento dos que cruzam seu caminho. Sua única preocupação é a satisfação dos seus desejos. As pessoas se esquecem que um dia as conseqüências sempre chegam, e nesse momento Deus permite que sofram as reações de seus atos impensados e desastrosos, a fim de que isso lhes sirva de lição para o futuro. Para Carminha, era o início da colheita de sementes estéreis e doentes que plantara no pretérito.

Na espiritualidade, no caminho da evolução, tudo necessita ser transformado em amor verdadeiro, lutando contra o mal e beneficiando a todos com o brilho fulgurante do bem.

Feliz o homem que se transforma em tarefeiro de Cristo; valente guerreiro a combater o mal que envolve a humanidade, usando as armas do bem e do amor.

Jacira empenhava-se cada vez mais no atendimento aos irmãos que chegavam da Terra em perturbação, com dificuldade em aceitar o desenlace e querendo retornar ao antigo lar terreno acreditando-se vivo. Era sem dúvida a tarefa com a qual mais se afinava, embalar aqueles irmãos e orientá-los até que se sentissem equilibrados. Todos se entregavam às suas palavras mansas, que chegavam até eles como água de um riacho doce. Jacob mais e mais se impressionava com o progresso espiritual de Jacira que, desde a revelação de sua vida pretérita, conquistava dia após dia.

Em uma linda tarde de outono, Jacira fora chamada para receber uma irmã que iria chegar da Terra e que, por conta de sua tarefa assistencial entre os oprimidos, acumulara créditos no grande livro da vida. Em instantes apresentou-se para o cumprimento de sua tarefa.

— Vamos buscá-la — disse-lhe Gilberto, o orientador da equipe.

— Espero-a aqui, irmão, ou desço com a equipe até o orbe terrestre?

— Gostaria que fosse conosco!

— Com o maior gosto — respondeu Jacira.

Uniu-se à equipe e em poucos segundos adentravam uma casa modesta, mas que mostrava a todos, através da simplicidade de sua arrumação e das flores que enfeitavam o pequeno jardim, a singeleza de sua dona. Era uma casa cuidada com esmero.

Entraram.

Avistaram Vanda deitada em sua cama e coberta com alvos lençóis. Em um pequeno criado-mudo bem ao lado de sua cabeceira, avistaram o livro *O Evangelho Segundo o Espiritismo*, com suas páginas amassadas, dando mostra de ter sido lidas e relidas, com toda a certeza, por Vanda. Irmão Antônio aproximou-se da equipe e cumprimentou-os, dizendo:

— Sou o mentor espiritual do centro espírita Amor e Luz, que nossa irmã freqüenta com assiduidade. Agradeço a vinda de vocês em um momento delicado como esse.

— Como ela está? — perguntou Gilberto.

— O fim se aproxima. Veja, os irmãos responsáveis pelo desenlace já iniciaram o processo, mas o que preocupa é o forte desejo dessa irmã de que sua vontade seja cumprida por seus familiares. Isso está atrapalhando seu desencarne, pois ela se nega a deixar o corpo enquanto não buscarem seu orientador espiritual para fazer uma prece junto a ela, as preces que costumam fazer em suas reuniões. Ela freqüenta a doutrina espírita e deseja seus irmãos de fé próximos a ela nessa hora da partida.

— Qual a causa de não realizarem seu desejo?

— Sua família não aceita o espiritismo, nem aprova o trabalho de caridade que Vanda realizava no centro. Nunca concordaram com sua crença. São evangélicos e decidiram trazer o pastor de sua igreja, acompanhado de alguns freqüentadores, para orar por ela, com a finalidade de levá-la a aceitar Jesus.

— Mas... se ela não aceitasse o Mestre, não viveria de acordo com o Evangelho de Cristo!

— Certo, Jacira. Eu sei disso e você também, mas esses irmãos que aqui estão, sua família, acreditam que aceitar e praticar a doutrina espírita é ir contra a Bíblia que eles estudam diariamente, embora poucos a compreendam ou vivam em acordo com os ensinamentos de Jesus, na sua pureza. Se assim não fosse, não existiriam tantos missionários de Cristo pregando sua palavra de acordo com os seus desejos de crescimento material.

— Então é por isso que seu espírito luta para não deixar o corpo, esperando receber o auxílio que lhe dará sustentação?

— Sim. Mas nós vamos auxiliar essa irmãzinha querida de todos nós. Ela possui muitos créditos em virtude de todo o bem que realizou, apesar de lutar sempre contra a vontade de sua família.

Gilberto aproximou-se mais de Vanda. Iniciou uma singela prece solicitando auxílio de Jesus, quando sentiu a intensa luz azulada inundando o quarto de energia salutar, que começou a se irradiar sobre o corpo de Vanda; energia de amor, que ultrapassava seu corpo físico e chegava até seu espírito. Atraído por aquela energia que o puxava, o espírito de Vanda levantou-se e postou-se em pé rente ao corpo físico debilitado.

Paternalmente, Gilberto dirigiu-se a ela.

— Vanda, não lute contra o seu desligamento, que já se iniciou; isso só lhe traria sofrimento. Confie em Jesus porque agora é o momento de acreditar em tudo o que você sempre afirmou acreditar, ou seja, em nosso Criador e na vida futura. Estamos aqui para recebê-la e lhe dar as boas-vindas. Se entregue ao amor de Jesus.

Debilmente Vanda respondeu:

— Não tenho medo. Confio no meu Mestre, que sempre norteou a minha vida para o caminho do bem. Queria apenas receber nesse momento importante a prece que acalma o meu espírito, feita por meus irmãos de fé que durante muitos anos estiveram ao meu lado. Não quero outra religião que não seja a minha, não quero pastor, não quero palavras vazias que pouco ou nada vão acrescentar nesse momento em que parto. Eu já aceitei Jesus na minha vida desde sempre.

— Fique tranqüila, irmã. Irá desencarnar embalada pela prece do mentor espiritual da casa onde trabalhava.

— Irmão Antônio! — exclamou com alegria o espírito de Vanda.

— Sim. Veja!

Irmão Antônio foi-se aproximando de Vanda, e, com o carinho que lhe era peculiar, segurou suas mãos etéreas. Apenas com o olhar convidou-a a orar. Entregando-se docilmente àquele que por anos a fio orientara o grupo espírita do qual fizera parte, o querido mentor e orientador que tantos conselhos e esclarecimentos ministrara aos irmãos deixou que seu pensamento acompanhasse a prece.

"— Senhor, nesse momento em que a vossa paz nos envolve e nos domina, sentimos o vosso amor chamando por esta irmã, abrindo-lhe este caminho tão lindo que ela irá percorrer com fé, pois sempre O teve dentro de seu coração e de sua vida, senhor, através de todo o bem praticado. Que seja forte sua esperança e sua certeza de que irá encontrá-Lo, sentir que o senhor a espera, que possa, Mestre Jesus, dormir em paz e acordar feliz no vosso reino. Que nossa querida irmãzinha possa encontrar a força que a impulsiona para o infinito, porque no infinito o senhor está. Assim Seja, Pai de bondade e misericórdia."

Enquanto oravam, os espíritos responsáveis desligavam Vanda de seu corpo físico, sem que ela, entregue totalmente a Jesus, pudesse perceber.

— Preciso voltar para meu corpo — disse Vanda assim que terminou a oração.

— Vanda — respondeu Antônio —, olhe para seu corpo físico!

Seguindo a orientação de Antônio, Vanda dirigiu seus olhos até o corpo que jazia no leito.

— Por que está assim com uma aparência de morte, Irmão Antônio? Preciso voltar logo, antes que ele morra mesmo!

— Não, irmã, seu corpo não a aceitará mais.

— Por quê?

— Porque você não pertence mais ao mundo dos encarnados, e sim ao mundo da espiritualidade. Deixou seu corpo doente e fraco, e irá recomeçar sua vida espiritual interrompida cinqüenta e oito anos, os quais viveu na Terra. Não pertence mais ao mundo terreno; irá sentir a felicidade de retornar à casa do Pai, e sua felicidade estará ligada à prática do bem ao qual se entregou todo o tempo que esteve encarnada.

Vanda, como geralmente acontece, sentiu-se atordoada. Os espíritos operantes em seu desencarne colocaram-na em uma maca, adormeceram-na e entregaram-na a Gilberto, que, acompanhado de Jacob e Jacira, levou-na para o hospital de Maria.

Os familiares, assim que perceberam sua morte, entregaram-se ao pranto convulsivo.

— Ela morreu sem aceitar Jesus — diziam. — Pobre mamãe, irá sofrer muito por ter-se entregado a uma crença contrária à Bíblia.

— É verdade — dizia outro —, não adianta nem orar por ela. Pagará muito caro por ter negado Jesus, não ter seguido sua palavra nem ter ouvido o pastor.

— Enfim, foi o que ela quis para si própria!

Enquanto na Terra, junto ao corpo inerte que pertencera a Vanda, seus familiares choravam, na espiritualidade Vanda era levada com carinho para o hospital de refazimento, onde receberia todos os cuidados necessários nesse início de sua volta ao mundo dos espíritos.

— Que desencarne sereno! — exclamou Jacira.

— O desencarne das pessoas de bem. Das pessoas que amaram Jesus acima delas mesmas, e viveram de acordo com seus ensinamentos de amor e caridade. Vanda possui créditos porque direcionou sua vida a auxiliar o semelhante. Foi justa, caridosa e benevolente; amou Jesus através do seu semelhante, e é isso que conta no livro da espiritualidade. Jesus está presente nos lugares onde há o sentimento maior: o amor.

— Nem todo desencarne é assim tranqüilo, não?

— Evidente que não, a cada um segundo suas obras.

"A perturbação que se segue à separação da alma e do corpo depende da evolução de cada ser. Aquele que já está depurado se reconhece quase imediatamente, porque se desprendeu da matéria durante a vida corpórea, enquanto o homem carnal, cuja consciência não é pura, conserva por muito mais tempo a impressão da matéria.

A duração da perturbação pós-morte é muito variável: pode ser de algumas horas, como de muitos meses e mesmo de muitos anos. É menos longa no caso daqueles que se identificaram durante a vida com o seu estado futuro, porque então compreendem imediatamente sua posição.

A perturbação que se segue à morte nada tem de penosa para o homem de bem: é calma e em tudo semelhante à perturbação que acompanha um despertar tranqüilo.

Para aqueles cuja consciência não está pura, é cheia de ansiedade e angústias." (*Livro dos Espíritos*)

Após deixarem Vanda acomodada no quarto limpo e perfumado do hospital, entregue aos responsáveis do setor, Jacob e Jacira foram em busca de seus afazeres.

Jacob seguiu para cumprir suas obrigações junto aos seus pupilos, como orientador que era. Jacira, aproveitando um curto período de descanso, dirigiu-se ao lago azul, lugar preferido por ela, onde se entregava às meditações e ao amor de Jesus.

Seu espírito sempre em busca de aperfeiçoamento espiritual entregou-se a Jesus, suplicando auxílio para cada vez mais entender e entregar-se sem reservas ao cumprimento das leis divinas.

Jacira não pôde precisar quanto tempo se passou, tão absorta estava em sua meditação.

— Jacira, ouviu o chamamento de Ivan, venha até o hospital. André necessita de auxílio.

Olhou ao seu redor e, sem ver a figura do amigo, percebeu de imediato que ele a chamava através da telepatia. Rapidamente encaminhou-se ao hospital. Assim que entrou no quarto de André, assustou-se com seu comportamento. Debatia-se febrilmente, como se estivesse em delírio.

— Ivan, por que ele age assim? Pensei que estivesse mais equilibrado.

— Ele ainda está em fase de desintoxicação do seu perispírito, Jacira. — Era Jacob que entrava apreensivo no quarto de André.

— Mas por que está demorando tanto a se equilibrar?

— Porque sua pressa de viver, de gozar a vida da maneira imprudente, como os jovens gostam, essa pressa aniquila-os mais depressa ainda. André entrou no furacão das drogas, lesou seu perispírito, e essa é a conseqüência da sua leviandade, e de todos que se entregam imprudentemente às drogas. O brilho e a facilidade atraem os jovens, e é para esse brilho quase sempre que os jovens de dirigem. Não conseguem distinguir entre o brilho real e o ilusório, e infalivelmente sofrem as conseqüências. Se o homem preservasse mais sua integridade física e moral, quanto sofrimento, quantas dores e lágrimas seriam evitadas! A dívida é alta, Jacira, para aqueles que se perdem nas drogas, nas bebidas alcoólicas, no fumo e no sexo sem limite. É preciso ter mais cuidado com o que fazem da própria vida.

— Como é triste a vida e o retorno daqueles imprudentes que se jogam na ilusão das drogas!

— Jacira, a droga é o carrasco da humanidade. Vai ceifando um a um, destruindo lares, matando jovens, gerando lágrimas nas faces dos pais e provocando desencarnes prematuros. É um caminho sem volta. Aniquila os sonhos, a esperança e a felicidade de quem se torna usuário, porque passa a desconhecer o amor. As pessoas se esquecem de que, quando se fala de amor, o sonho se realiza, a esperança se renova e se fortifica e a felicidade se faz presente. Mas, infelizmente, preferem a felicidade efêmera, mistificadora, que engana e confunde os distraídos, levianos e imprudentes.

— Vejam — interveio Ivan —, André está abrindo os olhos.

Aproximaram-se mais daquele jovem que fazia a colheita do plantio enganoso. Jacob, colocando as mãos em sua testa, disse-lhe:

— Como está, André?

— Um pouco melhor... — respondeu ele, trêmulo.

— Com a bênção de Jesus irá melhorar cada vez mais. Confie e aguarde, André. Mas não deixe de fazer a sua parte, ou seja, entregar-se confiante ao amor de Jesus, acreditar no próprio equilíbrio, porque pelo pior você já passou; e se foi recolhido e trazido para este hospital é porque o Mestre o julgou merecedor. Rogue a Jesus amparo, e agradeça a bênção recebida; ore, mas que sejam preces saídas do coração, e não simplesmente dos lábios.

— Estou agradecido e confiante — disse André ainda trêmulo —, só não entendo por que essa demora em me sentir bem. Faz algum tempo que estou nesse hospital, recebendo tratamento. Sinto-me ainda confuso, sofrendo, sentindo necessidades absurdas... Enfim, pensei que quando a gente morresse tudo ficasse para trás; imaginava que a morte nos libertasse de tudo. Entretanto, comigo está acontecendo o contrário.

— Calma, André. Como lhe disse, agora é preciso aguardar o tempo necessário para que seu corpo perispiritual se liberte dos tóxicos recebidos e vá aos poucos se recompondo. É um processo lento, André.

— Por favor, "senhor" Jacob, explique-me melhor essa questão.

— Pois bem. Ouça, André, tudo o que ingerimos, seja bebida alcoólica, fumo, droga ou comida em excesso vai prejudicando o corpo físico e conseqüentemente lesando o perispírito. Ao desencarnar, leva-se exatamente o que durante anos e anos tornou-se um hábito nocivo à saúde. A morte do corpo físico, André, não anula o mal que fazemos a nós mesmos; ao contrário, carregam-se junto todos os atos, vícios, hábitos, enfim, toda a história escrita por nós mesmos, e então passamos a sofrer as conseqüências da imprudência com a qual norteamos nossa vida na Terra.

— E agora, o que faço?

— Escute, André, muitos são os males que invadem nossa vida. E lá vamos nós culpar Deus e a vida por esta invasão, esquecendo que fomos nós os causadores, com os nossos atos, dessa infelicidade. Mas é preciso lembrar que a vida é como uma flor: morre a cada tempo, mas se a haste estiver intacta e a seiva revigorada, nascerá uma nova flor, mais bela e exuberante. Pense nisso, André. Todos os espíritos possuem a seiva divina que se revigora, e sempre dá a cada um de nós nova oportunidade de renascer e acertar.

— Isso também acontecerá comigo? — indagou André.

— Com você e com todas as criaturas de Deus, porque o Criador não beneficia um em detrimento de outro; a oportunidade de se elevar é igual para todos, e depende de cada um aproveitar a chance recebida e construir uma vida sensata, onde o bem possa reinar soberano. Esse é o caminho.

Inesperadamente, André começou a chorar.

— Por que chora, André? — perguntou Jacira comovida.

— Porque fui um tolo! Entregando-me às drogas que me atiraram no lamaçal da dor, destruí minha vida, a de meus pais e das pessoas ligadas a mim e que me queriam bem. Após tanto tempo do meu desencarne, ainda sofro as conseqüências por ter sido tão imprudente.

— Mas, como já lhe disse, André, nada está perdido. Pode demorar um tempo mais ou menos longo, dependendo de você, mas com certeza um dia terminará, pois nenhum sofrimento é eterno. Chegará o momento de você trabalhar na seara de Jesus, inspirando e protegendo os jovens desavisados, como você foi um dia. As pessoas sempre podem melhorar, desde que acreditem no bem e se entreguem a Jesus.

— Por que não se pode mudar o mundo retirando tudo o que prejudica o homem e deixando somente o bem?

— Para reformar o mundo, André, é necessário primeiro reformar o homem, mas a maioria prefere permanecer na ilusão que destrói. Apenas a humanidade poderá anular esse mundo mau e construir o mundo bom através da sua mudança de sentimentos. Lutar contra as imperfeições faz parte da evolução, e todos os homens participam dessa mesma batalha; vencê-las é subir um degrau na escada do progresso. Se o Criador retirasse do universo todo o mal que o próprio homem gerou, impediria a evolução de todas as criaturas. Qual o mérito que o homem teria se ganhasse a felicidade de presente, sem que nada tivesse feito para recebê-la? A felicidade se alcança por meio das conquistas espirituais, pois somente essas conquistas modificam o homem verdadeiramente. O Criador espera e quer ver todas as suas criaturas usufruindo a paz que elas mesmas produziram com o bem realizado.

— E o que é na realidade a paz?

— Diferente do que muitos pensam, paz não é a ausência da guerra, mas sim presença de Deus no coração do homem. Quem abriga Deus em seu coração não promove guerras, nem discórdias; não ilude nem engana o semelhante; ao contrário, entende que a grande casa de Deus pertence a todos e não a poucos.

André demonstrou cansaço. Jacob orientou-o para que descansasse mais um pouco, dizendo-lhe que no momento era importante para ele o sono reparador. Sugeriu a Ivan que lhe ministrasse o passe reparador, pois a energia emitida o reconfortaria.

Assim foi feito.

André logo adormeceu. Os três espíritos saíram do quarto, levando cada um a alegria de saber que aquele irmão havia melhorado, e estava um pouco mais calmo.

— Jacob — disse Jacira —, por que é tão difícil abandonar o vício, seja ele qual for?

— Porque, além de prejudicar sensivelmente o corpo, suas funções físicas, morais ou emocionais, o vício atrai companhias perniciosas, espíritos obsessores que se comprazem em ver o viciado cair, tiram proveito para si mesmos, dominam a vontade do viciado, impedindo sua recuperação para não perderem o próprio prazer. Por isso Jesus orientou: "Orai e vigiai".

"Viciado: trata-se do espírito encarnado ou desencarnado que se entrega de forma desregrada a certos hábitos prejudiciais tanto à saúde física quanto à saúde moral. De tal forma se aprisiona a determinado hábito que se lhe torna difícil a libertação. Assim o sexólatra, o alcoólatra, o fumante, o toxicômano, que, incapazes de acionar a vontade no intuito de romper as amarras que os aprisionam ao vício, antes do desencarne, provocam, nos tecidos da alma, profundas dilacerações, que acarretam intensos sofrimentos aos espíritos." (*Obreiros da Vida Eterna* – Esp. André Luiz – psicografia de Chico Xavier)

— Veja, Jacira, a importância de nossas atitudes ao longo da nossa vida na Terra. Quando nos entregamos a práticas nocivas à saúde do corpo e da alma, as conseqüências são graves e trazem intenso sofrimento, seja no mundo físico, seja no espiritual.

— Mas André irá se recuperar, não é verdade?

— Claro que sim. Ele já está iniciando o novo caminho! Agora é esperar, porque para todos os propósitos existe um tempo.

— Mas vamos continuar auxiliando-o!

— Vamos, Jacira, vamos sim. Nosso trabalho é esse, auxiliar os irmãos a encontrar novamente o equilíbrio e a paz.

Dizendo isso, Jacob afastou-se, deixando Jacira a olhá-lo, pensativa.

— Obrigada, meu Deus, por um dia ter sido filha de espírito tão nobre!

Capítulo XII

O vale dos suicidas

"Se a Doutrina Espírita fosse uma concepção puramente humana, ela não teria por garantia senão as luzes daquele que a tivesse concebido; ora, ninguém nesse mundo teria a pretensão fundada de possuir só para si a verdade absoluta. Se os espíritos que a revelaram tivessem se manifestado a um único homem, nada lhe garantiria a origem, porque seria preciso crer sobre a palavra em quem dissesse ter recebido seus ensinamentos. Admitindo uma perfeita sinceridade de sua parte, quando muito, poderia convencer as pessoas do seu meio; poderia ter seus seguidores, mas não chegaria jamais a reunir a todos.

Deus quis que a nova revelação chegasse aos homens por uma via mais rápida e mais autêntica; por isso encarregou os espíritos de irem levá-la de um pólo ao outro, manifestando-se por toda a parte sem dar a ninguém o privilégio exclusivo de ouvir sua palavra. Um homem pode ser enganado, pode enganar-se a si mesmo, mas isso não ocorrerá quando milhões vêem e ouvem a mesma coisa: é uma garantia para cada um e para todos." (*O Evangelho Segundo o Espiritismo* – Introd. item 2)

Jacira refletia sobre a possibilidade real de se comunicar com o mundo físico. Achava extraordinário o intercâmbio que tanto consolo levava aos aflitos e saudosos, além de levantar o véu sobre a veracidade da vida futura, mostrando aos encarnados que a morte é na realidade uma ilusão, pois a vida continua em sua origem. Nada morre, tudo sofre uma transformação, inclusive — e principalmente — o homem: e é aí que está a nossa esperança.

Sentiu um desejo enorme de passar por esta experiência.

— Deve ser maravilhoso — pensava ela. — Consolar os encarnados dizendo-lhes para não se desesperarem quando Deus achar por bem levar um de seus afetos. O reencontro se dará em algum momento da eternidade, e poderão sentir novamente a alegria de estarem juntos.

Dirigiu ao Criador uma prece em agradecimento e reconhecimento por todo o amparo que recebia, e por toda a felicidade que sentia em poder trabalhar junto aos irmãozinhos ainda em desajuste; e o fez com emoção sincera. Ao voltar a si, sentiu ao seu lado a presença de Ivan.

— Ivan! Não senti sua chegada. Por que não me chamou?

— Não quis interromper suas reflexões, era um momento só seu.

— Precisa de mim no hospital?

— Sim, Jacira. Vim ao seu encontro atendendo a um pedido de Jacob.

— O que ele deseja?

— Pede que vá comigo até o hospital, iremos com ele em importante missão.

— Vamos, então.

Em curto espaço de tempo, os dois amigos encontravam-se junto a Jacob.

— Esperava-os — disse-lhes.

— Aqui estamos, prontos para cumprir o desejo de Jesus e felizes em poder ser úteis de alguma forma ao nosso semelhante.

— Não esperava outra resposta de vocês, sabia que ficariam felizes.

— Aonde iremos? — perguntou Jacira, sempre mais impaciente que Ivan.

— É uma tarefa que exige muita dedicação e concentração. Necessário se faz manter o pensamento sempre voltado para Jesus, para, através da proteção do Mestre, evitarmos um possível desequilíbrio.

— Diga-nos, Jacob, aonde iremos.

— Até as zonas umbralinas mais densas. Vamos até o vale dos suicidas.

— Sozinhos?

— Não, Ivan. Acompanharemos a equipe socorrista. Eles possuem preparo para realizar esta tarefa, e para vocês será um grande aprendizado.

— É uma tarefa de resgate?

— Sim. Iremos resgatar um irmão cujo desencarne se deu através de um suicídio. Sofre há muitos anos, sempre blasfemando contra Deus, acreditando ter sido o Criador responsável pela situação de extrema angústia que viveu e que o levou a cometer o desatino de tirar a própria vida.

— E agora ele será resgatado!

— Sim. Após todos esses anos de sofrimento e desequilíbrio, cansado de tanta dor, lembrou-se do Pai, e arrependido suplicou com sinceridade auxílio divino. Clamou por misericórdia, cansou das angústias morais que torturam os espíritos, pois são mais dolorosas que os sofrimentos físicos. O suicídio é uma agressão às leis divinas e acarreta desequilíbrios profundos nos tecidos perispirituais. É um ato que provoca destruição, e está relacionado à revolta pelas aflições vividas; ociosidade, orgulho e completa falta de fé e descrença Naquele que o criou. A vida do espírito no mundo físico foi criada e estabelecida por Deus, e cabe unicamente ao Criador ceifá-la no momento que Lhe aprouver. Mas mesmo esses irmãos tresloucados não ficam abandonados, esquecidos de Deus e jogados à própria sorte. São herdeiros de si mesmos, e é preciso que se esgote o fluido vital programado para determinado tempo de vida e rompido pelo ato insano do próprio espírito ao finalizar por vontade própria sua permanência na Terra.

— A partir do momento em que se reconhecem causadores da própria dor e cansados clamam por misericórdia; com o sentimento verdadeiro, o auxílio é enviado, e o espírito, resgatado e levado para o hospital, onde uma longa temporada o aguarda para que novamente se restabeleça o equilíbrio.

— Mas a lesão ao perispírito fica, não é verdade, Jacob?

— Sim. O que foi lesado necessitará de nova encarnação para ir se recompondo através da superação do próprio espírito; ou seja, vencer suas provas ou expiações com coragem e fé, suportando as enfermidades provenientes das lesões perispirituais e lutando para vencer as más tendências.

— Muitas doenças podem ter sua origem nesses distúrbios, Jacob?

— Sim, Jacira. Poderão ter predisposição para paralisia dos ossos, dos músculos, nervos, assim como a coluna dorsal; doenças como câncer, lepra e tuberculose, desvios dos sistemas digestivos... enfim, nossos males são conseqüências de atos imprudentes e levianos do passado. Bem, é melhor nos unirmos à equipe.

Foi o que fizeram. Após as instruções de Elídio, o responsável pela missão, partiram. Pela primeira vez Jacira e Ivan participavam de uma missão daquele porte. Em silêncio e com o pensamento voltado para o Mestre, atravessaram zonas de sofrimento onde os gemidos ecoavam como lamentos de dor. O ar tornava-se cada vez mais denso e pesado; fumaça negra envolvia os espíritos, que gritavam e pediam socorro. Impressionada, Jacira perguntou:

— Por que não podemos também resgatar esses espíritos que gritam por socorro, Elídio?

— Porque são falsos. Seus pedidos de clemência nada têm de verdadeiro; não querem a luz do Senhor, querem apenas sair daqui, e, assim que se encontrarem libertos desse inferno, irão cometer atrocidades, desrespeitando as leis do Criador e interferindo grosseiramente na vida dos encarnados. Muitos esperam por vingança. Só podemos levar aqueles cujo arrependimento é verdadeiro, desejam de fato o perdão de Deus através da chance de melhorarem. Aqueles que acordaram para a luz divina.

Chegando ao vale, este causou impressão a Jacira e Ivan, que receberam a orientação de Elídio para se manterem em prece, com o pensamento em Jesus.

— Não deixem que nada os distraia — disse-lhes Elídio —, para que possam manter o equilíbrio.

Achegaram-se a um espírito que se contorcia, rastejando, com seu corpo perispiritual disforme, mas clamava misericórdia para seu sofrimento. Elídio disse aos companheiros:

— Este é Armando, o beneficiado pela misericórdia de Deus.

Notando a dúvida dos dois aprendizes, completou:

— Reparem bem quando Armando suplica compaixão ao Criador, e perceberão logo o que é um pedido sincero, uma vontade real.

— Senhor... Senhor — clamava Armando —, tenha compaixão de mim, que não passo de um farrapo a rastejar na imundície dos meus erros, cometidos pela minha fraqueza. Não ouso implorar nada mais do que um pouco de alívio dessas dores morais, cruéis, que me perfuram a cada minuto. Perdão, perdão, senhor!

Em meio à escuridão fumacenta criada pelas mentes em desequilíbrio por conta dos atos escabrosos cometidos, desceu um facho de luz azulada que envolveu Armando, deixando-o adormecido, como se estivesse anestesiado. Elídio, com o auxílio de Jacob, ministrou-lhe um passe de energia salutar e fraternalmente colocou-o na maca que traziam, cobrindo-o com alvo lençol. Era a demonstração do amor fraternal por aquele pobre espírito em desajuste. Jacira e Ivan agradeciam a Jesus por aquele instante de luz.

Afastaram-se do local, percebendo as lágrimas e ouvindo ainda os gritos que deixavam o ar ainda mais denso. Todos se mantinham em prece. Ao chegarem ao hospital de refazimento, acomodaram Armando, e Elídio, dirigindo-se a todos, recomendou:

— Está entregue. Cuidem dele com carinho e dedicação; é o filho que retorna à casa do Pai.

Armando, após ser cuidadosamente limpo e preparado, foi colocado no quarto, onde uma cama com lençóis macios e cheirosos o aguardava. Jacira e Ivan, olhando aquele irmão com tantas deformações em seu corpo astral, pensaram: "Se o encarnado pudesse avaliar o que o espera quando transgride de maneira brutal as leis divinas, seria mais prudente e sensato consigo mesmo".

Passou-se o tempo.

Apesar de estar em melhores condições para entender e se comunicar, Armando trazia ainda em seu corpo astral as marcas de seu ato impensado. Sempre orientados por Jacob, Jacira e Ivan não descuidavam um só instante de Armando, ministrando-lhe passes energéticos seguidos de água fluidificada. O quarto permanecia sempre limpo e perfumado, mostrando-lhe diariamente o outro lado da vida: o lado discreto, fraterno e elevado do amor.

Certa manhã, em sua visita diária a todos os que estavam em tratamento, Jacira entrou no quarto de Armando, que logo a interrogou.

— Estou aqui há vários meses e não sei ainda o que aconteceu. Como vim parar neste lugar de bênção, poderia me explicar?

— Claro! — exclamou Jacira, contente pelo interesse de Armando. — Em meio ao turbilhão do sofrimento, você conseguiu enxergar a luz do Criador e suplicou com sinceridade a misericórdia de Deus. Foi atendido em suas súplicas; Jesus enviou uma equipe para resgatá-lo da zona de sofrimento na qual se encontrava. Trouxeram-no para este hospital para se recuperar e está em tratamento desde então, para adquirir novamente o seu equilíbrio, o que, graças a Jesus, já está acontecendo. Quanto maior for o seu empenho, entregando-se a Jesus, enviando-Lhe preces de agradecimento e solicitando forças para se recuperar, transformando-se de novo na digna criatura de Deus, mais e mais irá evoluir.

— Poderia falar sobre o que fiz, desabafar, retirar esse peso da minha alma? Gostaria muito de expor a situação que me atirou no vale do sofrimento por tantos anos.

— Aconselho-o a esperar a vinda de Jacob e com ele conversar. É o espírito indicado para sanar suas dúvidas, amenizar suas angústias e aconselhar sobre o melhor a fazer.

— Quando ele virá ver-me?

— Tranqüilize-se, poderá vê-lo hoje mesmo.

— Obrigado, Jacira, você é uma irmã!

— Somos irmãos mesmo, Armando; afinal, todos pertencemos à criação de Deus.

Jacira saiu e Armando, sozinho, dedicou-se a olhar o rosto de Jesus estampado em um lindo quadro que ornava a parede. Ele pensou:

— Que tolice a minha, Senhor! Julguei-me dono do meu destino e passei por cima da vossa vontade. Quanto me arrependo do meu erro, do grande engano no qual me envolvi. Fui o construtor do meu sofrimento, caí na autocompaixão e esqueci que acima da minha dor estava o meu Criador.

"Se um dia, já homem feito e respeitado, sentires que a Terra cede a teus pés, que tuas obras se desmoronam, que não há ninguém à tua volta para te estender a mão, esquece a tua maturidade, passa pela tua mocidade, volta à tua infância e balbucia, entre lágrimas e esperanças, as últimas palavras que sempre te restarão na alma: 'Meu Deus'." (Autor desconhecido)

Como Jacira havia previsto, minutos antes de soarem as dezoitos horas Jacob entrava no aposento de Armando. Encontrou-o quieto, mas ansioso, a sua espera.

— Sente-se melhor, Armando?

— Bem melhor do que quando aqui cheguei, mas ansioso para falar sobre o problema que me lançou no sofrimento e na dor.

— Acalme-se, Armando. Ansiedade não irá com certeza lhe fazer bem. É preciso ir com calma, tem a eternidade pela frente.

— Pelo amor de Deus, deixe-me desabafar, tirar essa sensação que sinto e me atormenta ainda. Tenho a impressão de que a qualquer momento posso voltar àquele vale de dor... Tenho medo disso!

— Não, Armando, não irá voltar, a não ser que você queira.

— Não. Por Deus, quero limpar-me de toda e qualquer impressão que possa agir sobre os meus sentidos; por esta razão queria muito lhe falar a respeito do assunto. Jacira aconselhou-me a falar com o irmão.

— Pois bem, Armando, estou aqui para ajudá-lo.

Lentamente Armando iniciou sua narrativa.

— Irmão Jacob, tive na Terra uma vida regrada, julgava-me feliz e estava satisfeito com tudo que havia conquistado.

Não ambicionava mais nenhuma aquisição material. Tinha o bastante. Possuía um lar harmonioso com Marlene, minha esposa, e nossa filhinha, Clara. Acreditava que, como eu, Marlene também era feliz. Nessa crença, tudo fazia para que nada faltasse às duas pessoas que mais amava no mundo: minha esposa e minha filha. Trabalhava como auxiliar de enfermagem em um hospital da cidade. Duas noites por semana dava plantão até as sete horas da manhã, e algumas vezes, por um motivo ou outro, cobria as faltas de meus colegas, visando ganhar mais para alegrar minha família. Certo dia, um colega pediu-me para substituí-lo no plantão, pois precisava buscar sua sogra em uma cidade próxima, e temia não chegar a tempo. Aceitei de bom grado, pois me lembrei de que ganharia um pouco mais e isso significaria poder proporcionar um agrado a Marlene e a minha pequena Clara. Avisei em casa e continuei no hospital. Tudo corria dentro da normalidade, quando de repente fui surpreendido por uma terrível dor de cabeça, aliada a um desconforto no estômago. Percebendo meu estado, o chefe do setor chamou-me, e após medicar-me aconselhou que fosse para minha casa, pois precisaria descansar, o que acatei de imediato. Passava um pouco das duas horas da manhã quando, para não acordar minha esposa, abri a porta silenciosamente e entrei. Devido ao meu estado, que se agravava, fui direto para nosso quarto, ansioso para deitar-me e descansar. Assim que entrei, percebi dois corpos dormindo em nossa cama.

— Clarinha está dormindo com a mãe — pensei. — Vou dormir em seu quarto para não acordá-la. — Assim o fiz. Acendi a luz, e qual não foi o meu espanto ao ver Clara dormindo como um anjo em sua própria cama. Minha cabeça rodopiou quando suspeitei o que poderia estar se passando. Voltei como um louco para o meu quarto e acendi a luz, com gesto nervoso. Antes tivesse morrido com um enfarto fulminante naquele instante. Marlene dormia abraçada com um homem que eu nunca tinha visto até aquele momento. Os dois acordaram sobressaltados ao ouvirem meu grito de horror. Marlene sentou-se na cama e disse-me, aos gritos:

— Não tenho nada para explicar, pois é exatamente o que você está vendo! Este é Milton, meu verdadeiro amor, e foi muito bom que acontecesse hoje o que já deveria ter acontecido, pois não agüentava mais fazer o papel de esposa feliz. Não precisa nem me dizer por que você voltou, não me interessa o motivo. Seja o que for, agradeço a Deus, porque assim definimos uma situação que se arrasta há anos!

— Há anos... — consegui repetir.

— Sim, há anos!

— Não consegui dizer mais nada — explicava Armando —, fiquei completamente paralisado, sem ter nenhuma ação. Passados alguns minutos, quando recuperei a fala, perguntei:

— Por que, Marlene? Faltou-lhe alguma coisa? Deixei que você e Clarinha passassem necessidade? Responda-me, pelo amor de Deus!

— Não, Armando, você sempre me deu tudo de material, mas o meu coração ansiava por algo mais... Viver um amor forte, intenso! E isso você não pode me dar. Não se preocupe que hoje mesmo Clarinha e eu iremos embora daqui. Aliás, nós já estávamos planejando isso há algum tempo, não é, Milton?

— Mais uma vez minha cabeça rodopiou fortemente, a ponto de jogar-me em uma cadeira. O homem que a acompanhava nada dizia, permanecendo em silêncio o tempo todo.

Inesperadamente, uma raiva de proporção gigantesca tomou conta de mim, e aos gritos disse-lhes:

— Podem ir embora agora, vão viver juntos porque vocês se merecem! Mas minha filha ninguém tira de mim. Ela fica.

Pela primeira vez Milton abriu a boca.

— O que disse? Sua filha! — exclamou, soltando uma sonora gargalhada.

— Sim — repeti —, minha filha. Qualquer juiz dará a guarda para mim quando souber que a mãe dela é uma vagabunda.

Milton levantou-se de um salto, agarrou-me pelo colarinho de minha camisa e disse, alterado:

— Escute aqui, se lhe interessa saber, Marlene não é uma vagabunda, e Clara não é sua filha: é minha filha, minha e de Marlene.

— Não é verdade!

— Sim, é verdade — repetiu. — Clara é minha filha, e vou levá-la comigo, assim como Marlene, que é a mulher que eu amo.

Não agüentei tamanha dor. Gritei, blasfemei contra Deus. Culpei-O por aquele terrível momento que vivia, em que meu coração parecia dilacerado, como se tivesse sido arrancado aos pedaços.

— De que me valeu ser bom? — gritava alucinadamente. — Eu não merecia tamanho sofrimento. Por que meu Deus permitiu que isso acontecesse comigo, deveria saber que eu não merecia passar por esta desgraça! Estava doido, enlouquecera de vez; agredia com palavras Aquele que me criou, me deu vida; justo eu, que sempre me orgulhara de ser religioso, um homem temente a Deus, agora desacreditava até de Sua existência.

— É tudo uma grande mentira! — eu exclamava quase demente, enquanto Marlene arrumava algumas poucas roupas. Em seguida, pegaram Clarinha no colo, e o mais depressa que puderam saíram de casa, deixando-me entregue à minha própria dor. Encontrando-me sozinho, abandonado como um ser imprestável, não pude suportar o peso do sofrimento que sentia: em um gesto tresloucado, fui até o meu quarto, peguei uma arma que tinha guardada e disparei dois tiros, um em meu peito e outro em minha cabeça, morrendo no mesmo instante.

— O que me aconteceu após este gesto escabroso vocês já sabem. Fui sugado para um local feio, malcheiroso, fétido mesmo. Sentia o sangue jorrar da minha cabeça e do meu peito.

— Armando, não fale mais no passado; ao contrário, esqueça o que viveu e pense na bênção recebida, na misericórdia de Deus que o trouxe até este hospital. Cada vez que você lembrar o sofrimento vivido irá se desequilibrar e sentir novamente a dor do desencarne. Agora é hora de orar e agradecer; refletir sobre a beleza do amor de Deus! Enfim, é necessário se acalmar para que o tratamento empregado produza o efeito desejado.

— Tem razão. Agora sei muito bem disso — concordou Armando. — Meu Deus, quanto arrependimento pelo grande erro cometido. Imagino que me vejam como um ser inútil.

— Armando, não se pode ver no próximo um ser inútil, mas enxergá-lo como um ser que necessita de auxílio e ajudá-lo quanto possível. Você se arrependeu de verdade, e esse arrependimento, partindo da sua essência com sinceridade, proporcionou-lhe o salvamento; o seu recolhimento a este hospital. Se Jesus o recebeu, quem somos nós para julgá-lo?

— Obrigado por cuidarem de mim!

— Assim que estiver devidamente equilibrado, capacitado, irá freqüentar os cursos e as palestras que irão ajudá-lo no fortalecimento de sua fé. Aprenderá que nos momentos mais sofridos da nossa existência sempre teremos o amparo divino intenso a nos embalar; mas o homem duvida desse amor e se entrega ao desespero e à blasfêmia contra Deus, que é a maior expressão do amor.

— Quanta vergonha!

— Coloque nesse sentimento a esperança que lhe mostrará que a transformação é possível e está ao seu alcance. Necessário se faz querer, Armando. O Senhor conhece nossas dúvidas e medos, sabe o quanto somos imperfeitos e mesmo assim ama a cada um de nós. Nem sempre temos forças para lutar; foi o que aconteceu com você. Se procurasse o amor de Deus quando o sofrimento chicoteou seu coração, teria se tornado gigante para vencer a dor que o maltratava, e iria com certeza em busca da sua paz. Mas agora são suas atitudes daqui para frente que realmente importam, os seus sentimentos e a sua fé que o levarão a caminhar com Jesus.

— Muitas vezes obrigado — exclamou Armando, com uma sombra de tristeza no olhar.

Jacob, acompanhado de Jacira e Ivan, afastou-se, deixando Armando só com as suas indagações.

— Vocês têm alguma tarefa para agora?

— Para esse instante não, Jacob — responderam os dois amigos.

— Convido-os a assistirem a palestra que será realizada no auditório por um espírito querido de todos nós, cujas palavras só nos trazem esclarecimentos e desejo de cada vez mais nos aperfeiçoarmos.

— Claro que aceitamos o convite, Jacob.

— Vamos, então.

Seguiram para o auditório, onde vários espíritos já se encontravam acomodados, aguardando com alegria o momento de receberem os esclarecimentos de tão nobre espírito. No recinto, tudo era calmo e sereno. Uma tênue luz prateada iluminava o ambiente, transmitindo a todos os presentes equilíbrio e paz, junto com suave música.

Passados alguns instantes, envolta em intensa luz azulada que constituía a beleza de sua aura, entrou a querida Madre Teresa. Suas energias de amor, aliadas à sua natural alegria, contagiavam o ambiente e a todos os espíritos. Após dirigir aos ouvintes o seu sorriso característico e proferir singela prece ao Criador, iniciou sua palestra.

"— Meus queridos irmãos, gostaria inicialmente de dizer àqueles espíritos que têm a oportunidade de se comunicar com os encarnados que incentivem o culto do Evangelho no lar. Esclareça-os da importância de adquirir o hábito de orar; parar uns minutos e meditar, de se encontrar com Aquele que nos ama acima de tudo e nos deseja próximos a Ele. Não importa o número de pessoas, o importante é o coração, a vibração de amor. Mostrem o quanto fazem bem esses momentos de reflexão, que atingem as crianças, mostrando-lhes o mundo maravilhoso da espiritualidade e dando-lhes suporte para enfrentarem os obstáculos diários que fazem parte da vida física. É prudente cultivar no lar esse hábito nobre e elevado, criar a hora da reflexão e da verdade, a hora do encontro com Deus. Com certeza este lar será mais feliz, mais fortalecido e mais cristão.

Mas e nós, espíritos desencarnados, estamos isentos desse hábito salutar?

Não, meus irmãos, mil vezes não. Necessitamos também cultivar nossos momentos de oração; momentos nos quais possamos sentir o amor de Jesus nos envolvendo e nos equilibrando na paz e harmonia. Tanto quanto os encarnados, temos necessidade de nos encontrar com o Mestre; e quanto mais nos entregamos aos costumes divinos do trabalho, do estudo e, acima de tudo, do amor, mais equilibramos nosso corpo astral e mais ficamos aptos para as realizações espirituais. Dentro desse conceito de amor e respeito, passamos a compreender que ajudar alguém é auxiliá-lo a encontrar as coisas dentro de si mesmo, respeitar o livre-arbítrio de cada um e não pretender devassar sua alma. Visto que não conhecemos nem a nós mesmos, não devemos exigir que as pessoas sejam como nós achamos que devam ser.

Concluímos, meus irmãos, que auxiliar os encarnados não é, definitivamente, solucionar os problemas que lhes compete resolver. Podemos, sim, inspirá-los para que consigam perceber a diferença entre o ilusório e o real, orientá-los quanto à importância da oração, das atitudes sensatas; e, sobretudo, auxiliá-los na retirada do véu que os impede de enxergar e identificar o bem, conscientizando-os de que somente o bem pode lutar contra o mal. Nós, espíritos em evolução, não podemos nos intimidar em falar de amor para quantos quiserem ouvir, despertar este sentimento maravilhoso, mas muitas vezes esquecido no coração dos encarnados para que possam redescobrir o mundo bom, o mundo onde não existam fronteiras que possam separá-los de Deus."

A certa altura, Madre Teresa abriu um espaço para perguntas. Quase instantaneamente uma luz iluminou o painel indicando o número da poltrona onde se encontrava o solicitante.

— Diga o que gostaria que fosse esclarecido, meu irmão.

O espírito de uma jovem aparentando vinte e dois anos levantou-se e perguntou:

— Querida Madre, gostaria que me explicasse por que a separação acontece com jovens de tenra idade, assim como aconteceu comigo. Nem tive tempo de viver e chamaram-me de volta!

Madre Teresa enterneceu-se com a meiguice com a qual aquela jovem se pronunciava.

— Qual era a sua idade terrena quando aconteceu o seu desencarne, irmãzinha?

— Quinze anos!

— De fato, uma criança ainda. Vou responder-lhe citando uma passagem do *Evangelho Segundo o Espiritismo* (cap. V – item 21), passagem esta que, por mais que se diga, que se esclareça, que se repita em livros, os encarnados teimam em não aceitar; mas nós, desencarnados, sabemos que é a bênção de Deus se fazendo presente na evolução do ser que parte:

"— Quando a morte vem ceifar nas vossas famílias, levando sem moderação pessoas jovens em vez das velhas, dizeis freqüentemente: Deus não é justo, uma vez que sacrifica esse que é forte e pleno de futuro, para conservar aqueles que viveram longos anos plenos de decepções; uma vez que leva aqueles que são úteis e deixa aqueles que não servem mais para nada; uma vez que parte o coração de uma mãe privando-a da inocente criatura que fazia toda a sua alegria.

Crede-me, a morte é preferível, para a encarnação de vinte anos, a esses desregramentos vergonhosos que desolam as famílias honradas, partem o coração de uma mãe e fazem, antes do tempo, branquear os cabelos dos pais. A morte prematura freqüentemente é um grande benefício que Deus concede àquele que se vai, e que se encontra, assim, preservado das misérias da vida, ou das seduções que teriam podido arrastá-lo à sua perdição. Aquele que morre na flor da idade não é vítima da fatalidade, mas Deus julga que lhe é útil não permanecer por mais tempo na Terra."

— Satisfeita, minha irmã?

— Sim! Só não compreendo o que estaria eu fazendo para ser retirada da minha existência terrena de maneira tão inesperada.

— Agora e aqui não posso lhe responder, mas posso orientá-la a procurar o departamento cujos técnicos cuidam das existências pretéritas dos espíritos que retornam da Terra. Qual o seu nome?

— Selma.

— Que Jesus a abençoe, Selma. Se for da vontade do Mestre, terá permissão para retirar o véu que encobre seu passado; e, ao consegui-la, agradeça ao Mestre o benefício recebido.

— Obrigada — respondeu Selma.

Após mais quatro ou cinco questionamentos, Madre Teresa encerrou sua participação agradecendo a Jesus, mais uma vez, a oportunidade recebida.

As luzes se apagaram, e todos, ao se retirarem, levaram consigo paz e esperança no coração.

Capítulo XIII

Triunfando sobre o vício

Como de costume, Jacira dirigiu-se ao seu refúgio com a intenção de acalmar-se através de suas reflexões. Ao chegar, notou a presença de Selma, sentada perto de um lindo canteiro de flores coloridas e perfumadas. Mantinha uma expressão contemplativa.

— Incomodo? — perguntou Jacira.

Selma olhou-a com o semblante interrogativo.

— Não se lembra de mim, imagino. Na realidade, nunca nos encontramos aqui na Colônia, mas vi-a na palestra de Madre Teresa e por conta de sua exposição tomei conhecimento de sua dúvida quanto à sua desencarnação prematura.

— Pode me ajudar?

— Acredito que sim, e o farei com muito gosto.

— Então, faça-me entender o motivo pelo qual fui arrancada da minha existência terrena quando apenas começava a viver!

— Calma, Selma, não sou eu quem lhe dará respostas. Não possuo conhecimento nem permissão para tanto, mas posso levá-la até o meu orientador; creio mesmo que ele a ajudará. Gostaria de ir comigo?

— Evidente que sim, é o que procuro. Vamos.

Levantaram-se e juntas percorreram as alamedas bem cuidadas e floridas do parque.

— Como tudo aqui é lindo! — comentou Jacira.

— Tem razão — concordou Selma. — A grama verde sempre bem aparada; flores viçosas exalando perfume pelo ar e pássaros cantando, saudando o grande universo do Criador. Tudo perfeito.

— É, Selma... Jesus, quando esteve na Terra, orientou os homens, falou sobre a vida futura na espiritualidade, vida essa para a qual todas as criaturas retornam, pois é a verdadeira, a vida de origem dos seres; entretanto, quantos dele se esquecem, outros tantos se negam a acreditar nessa verdade e a maioria deturpa os ensinamentos do Mestre para satisfazerem a própria vaidade com afirmações ruins e falsas sobre o que é na verdade a vida espiritual.

— Aprendi desde que cheguei da Terra que cada um colhe o que semeia. Quando encarnada, jamais entendi o significado real dessa máxima e também não procurei respostas ou elucidações sobre isso. Preocupei-me mais que tudo em aproveitar minha adolescência e a companhia dos meus amigos. Infelizmente, dois dias após completar quinze anos, em uma linda festa feita pelos meus pais, desencarnei de uma maneira tão boba e inusitada que até hoje não posso compreender.

— Importa-se de me dizer como?

— De maneira nenhuma. Ganhei de presente de meus pais uma bicicleta linda, como eu sempre sonhara possuir. Como lhe disse, dois dias depois estava andando feliz na rua de minha casa quando perdi o equilíbrio e caí, batendo minha cabeça pesadamente em uma grande pedra. Ninguém podia acreditar, mas tive morte instantânea. Meus pais e meus irmãos choravam em desespero, e eu, recolhida ao hospital Maria de Nazaré, sentia o choro convulsivo de minha família; então me desestruturei, entrando em completa angústia e aflição.

— Bem, o tempo passou e tudo foi aos poucos voltando aos seus devidos lugares. Minha família, com exceção de minha mãe, foi se conformando e conseqüentemente eu também fui me equilibrando, até ficar, graças a Jesus, como estou hoje.

— É, Selma, os encarnados não sabem como podem sofrer os entes queridos que partem, quando eles entram em desespero, no choro desarrazoado e na inconformação. Essas atitudes demonstram falta de fé em Deus e na sua Justiça.

— Sei que isso é verdade porque vivi o tormento da inconformação de meus pais. O choro desesperado atingia-me como um ciclone, desequilibrando-me a ponto de querer retornar ao meu lar terreno. Eram momentos difíceis, mas, graças ao auxílio dos espíritos amigos que doavam energia salutar, e as palestras a que comecei a assistir, fui voltando ao meu equilíbrio, reconhecendo e aceitando minha nova condição de vida e isolando-me principalmente dos lamentos de minha mãe.

— Que bom, Selma, noto-a bem tranqüila. Há quanto tempo fez o seu retorno?

— Cinco anos. O que me espanta é sentir que minha mãe chora até hoje, pensa mais em mim do que em meus irmãos, que tanto necessitam dela, do seu carinho e da sua atenção.

— E seu pai?

— Meu pai é um homem de fé, aceitou melhor nossa separação. Sofre, eu sei, mas um sofrimento equilibrado. Não perde a confiança em Deus e confia que tudo acontece para a evolução do espírito. Ele tem o que falta a minha mãe, ou seja, fé e confiança em Deus.

— Realmente, Selma, sinto-a muito tranqüila, equilibrada; vive como deve-se viver na espiritualidade. Alegra-me muito.

— Já me adaptei ao meu novo modo de viver, ou seja, tenho consciência de que devo me preparar, aprender e fortalecer para um dia, no tempo adequado e permitido, retornar à vida física.

Selma silenciou por rápidos instantes, e novamente dirigiu-se a Jacira.

— Você já deve ter percebido que apenas um detalhe ainda me confunde; a razão do meu desencarne tão prematuro.

— Creio que logo irá entender. Estamos chegando.

Entraram no departamento onde se encontrava Jacob que, ao vê-las, se alegrou.

— Causa-me enorme contentamento recebê-las. Em que posso ajudá-las?

— Jacob, esta é Selma. Estava presente na palestra de Madre Teresa. Trouxe-a até você porque possui uma dúvida quanto a sua desencarnação, que considera precoce.

— Fale-me a respeito, Selma.

— Desencarnei aos quinze anos, na flor de minha juventude, mas o que me intriga foi a maneira inusitada como tudo aconteceu. Diga-me, Irmão Jacob, por que teve de ser assim? Foi obra do acaso?

— Selma, vamos partir do princípio de que nada acontece por acaso; não se deve dar ao acaso uma inteligência que ele não tem. O que você pensa ter sido um mal, uma coisa ruim para você, pode e parece ter sido um grande benefício, ou seja, Deus achou útil que a retirasse antes que caísse em um abismo. Creio ter sido um mérito seu ser retirada da matéria antes que comprometesse sua encarnação com algum desregramento que, com certeza, prejudicaria sua evolução, comprometendo seu futuro.

— Não entendo o que quer dizer, pode explicar melhor?

— Claro. Vamos por partes. Primeiro, elevemos ao Pai uma prece solicitando permissão para que voltemos ao seu passado.

Assim o fizeram.

— Agora, fale-me da sua vida na Terra; suas atitudes em relação a seus pais, seu comportamento ao lado daqueles que se diziam seus amigos; enfim, fale-me da Selma encarnada.

— Tudo mesmo? — perguntou Selma, um pouco embaraçada.

— Sim, tudo — confirmou Jacob.

Como um filme, a vida de Selma apareceu em sua mente. Recordou o que realmente acontecera na sua vida e que ela tentara esquecer, apagar da sua consciência.

— Fale, Selma. Exponha a verdade sem nada esconder, sempre existirá o momento da transparência.

— Eu era uma adolescente feliz. Vivia com meus pais e irmãos em uma casa confortável, sem luxo, mas com o necessário para vivermos sem preocupação. Estudava, passeava com minhas amigas, tudo normal. Alguns meses antes de completar meus quinze anos, a casa ao lado da nossa foi alugada para uma família que tinha, entre outros, um garoto de dezesseis anos que se chamava Lúcio. Em pouquíssimo tempo namorávamos. Meus pais não gostavam dele, e em vista disso proibiram o namoro.

— Qual a razão de não gostarem dele?

— Ele não estudava, não trabalhava e vivia pelas ruas e bares em companhia de amigos pouco confiáveis.

— Continue.

— Sem dar crédito aos meus pais, prossegui no namoro, pois estava apaixonada por aquele rapaz bonito e charmoso. Acreditava que com o tempo e o meu amor ele mudaria. Para não brigar com meus pais, menti que havíamos terminado o namoro; entretanto, continuei me encontrando com ele às escondidas. Certo dia, ele chegou ao nosso encontro mais alegre do que de costume, o que me causou estranheza. Questionei sua conduta, dizendo mesmo que estava assustada com o seu modo de agir. Ele sorriu, afirmando que me faria feliz também. Abraçou-me e, sem que eu sequer percebesse ou tivesse alguma reação, colocou algo em minha boca. Perguntei-lhe o que era, ao que ele respondeu ser apenas uma balinha, um doce, não sei ao certo, mas algo que iria deixar-me tão feliz quanto ele.

— E o que aconteceu depois? — perguntou Jacira.

— Lembro-me de ter ficado ligeiramente atordoada. Ele colocou em minha boca outra bala, e senti-me excessivamente alegre; na terceira, caí pesadamente e adormeci. Quando acordei, encontrava-me deitada ao seu lado em um quarto sujo e feio. Levantei-me depressa, bastante zonza e apavorada. Comecei a chorar e, desesperada, perguntei-lhe o que havia acontecido. Ele me agarrou grosseiramente e disse:

— Calma, Selminha, agora é tarde para lamentações... você me pertence! E, se quer saber, curtiu muito!

— Não lhe pertenço, não sei como isso aconteceu, não me lembro de nada! — gritava, aos prantos.

— Se você se lembra ou não, isso não me interessa, o que importa é que você foi minha, ou melhor, é minha... E acho muito bom fazer o que quero. Não brinca comigo porque não sou de brincadeira, e é melhor não me desafiar.

— Mas o que está dizendo?

— Que você usou droga, ficou bem doida e não ficou só comigo... Aliás, eu fui o último, e agora, querida, não tem como reverter. Você é uma das nossas, e é melhor que esteja aqui todas as tardes para cumprir o seu papel.

— Ao ouvir isso, desmaiei. Acordei em minha casa, com meus pais ao meu lado e com os olhos vermelhos de tanto chorar.

— Pai, mãe — chamei-os com voz trêmula.

— O medo tomou conta de mim. Não sabia como tinha chegado em casa, quem me levara e o que eles sabiam. Comecei a chorar descontroladamente.

— Calma, filha — dizia minha mãe. — Graças a Deus não aconteceu nada de mais sério.

— Quem me trouxe aqui? — perguntei, temendo ouvir a resposta.

— Foi o carro de polícia.

— Polícia?!

— Sim. Encontraram-na caída, desmaiada, próxima à escadaria de trás da Matriz. As pessoas que a viram chamaram o pároco, que por sua vez chamou a polícia.

— E como souberam quem eu era, onde morava?

— Disseram que em meio à multidão que se formou havia um rapaz que disse conhecê-la de vista e saber onde morava.

Foi ele quem revelou seu nome e indicou nossa casa. Ainda bem, minha filha, que este rapaz apareceu e pudemos ser informados do ocorrido.

— Que infame — pensei. — Só pode ter sido ele.

— Durante mais ou menos um mês tive que obedecer Lúcio, pois ameaçava contar para meus pais ou fazer coisa pior com eles. Sofria, chorava e pedia a Deus que me amparasse, que me retirasse daquela vida infeliz, que eu odiava e nunca quis para mim, vida que me humilhava e anulava minha dignidade. Nunca tinha feito nada de errado até então; queria apenas viver o amor que desabrochara em meu coração, queria ser feliz no auge dos meus quinze anos. Eu temia o sofrimento dos meus pais caso soubessem a verdade, achava que eles não mereciam tanta dor! Só que não sabia como dar fim àquela história sórdida, que acabara com os meus sonhos de felicidade, que violentava minha integridade moral. Meu coração só sabia clamar por misericórdia ao único Ser que poderia me ajudar: Deus. Confiava que Ele me daria nova oportunidade de recomeçar, com mais prudência e sensatez, a minha juventude.

— Selma, você mesma respondeu a sua pergunta, dissipou sua dúvida.

— Eu! Como assim?

— Você implorou auxílio, rogou ao Criador que a ajudasse a sair daquele meio sórdido, mas em nenhum momento pediu a morte. Deus a retirou da maneira que julgou ser mais útil para sua evolução. Evitou que caísse mais baixo ainda. Você possuía, com certeza, mérito para ser beneficiada, e Deus julgou que o melhor seria trazê-la de volta, por não ver utilidade em sua permanência na Terra. Seu pedido foi atendido pelo Criador, não da maneira que você esperava, mas de acordo com a vontade e o julgamento divino. Como você, tantos outros jovens ainda retornam cumprindo a vontade de Deus, que sempre tem uma finalidade justa e é o único que pode decidir o retorno, porque sabe o que é melhor e mais útil para suas criaturas.

— Deus sabe o quanto sofri nas mãos daqueles jovens desvairados pelas drogas.

— Selma, você reconhece que tendo desobedecido aos seus pais, que já haviam alertado quanto a este rapaz, você abriu brecha para que o mal entrasse? Nem todos têm força para lutar contra a corrente da iniqüidade e caem pesadamente no abismo da dor. Tem consciência de que foi imprudente, minha irmã?

— Eu sei, Irmão Jacob, eu sei! Já me arrependi muito dessa minha atitude, e hoje eu sei que tive minha parcela de culpa. Não carrego ódio nem rancor; trago em meu espírito apenas o reconhecimento da bênção recebida.

— A morte não veio para ceifar seus projetos; ao contrário, veio para salvá-la da perdição. Deu-lhe oportunidade de escapar de sua própria imprevidência, protegendo-a dos caminhos escabrosos que a sua invigilância levaria. Aí está a bondade de Deus; o que para todos pareceu um grande mal foi na realidade um bem, a sua salvação.

— Obrigada, Irmão Jacob! Sou-lhe muito grata, e a você também, Jacira! Ajudaram-me a compreender e parar de questionar os desígnios de Deus.

— Fico feliz, Selma, por ter podido de alguma forma auxiliá-la. Mais alguma dúvida?

— Não. Estou tranqüila. Foi muito bom lembrar-me de tudo, e poder ouvir suas explicações, Irmão Jacob. Agora o meu desejo é aprender a controlar a mim mesma; ir aos poucos sanando minhas imperfeições e ajudar o mais que puder aqueles que ainda necessitam. Minha mãe aprenderá com o tempo a aceitar a vontade de Deus, e não questionar seus desígnios. Tenho fé que chegará o dia em que ela deixará de se lamentar tanto, deixará de ser vítima e voltará a sorrir diante da vida, sendo feliz com os meus irmãos.

— Gostei do que ouvi, Selma, alegra-me vê-la confiante. Jesus irá abençoá-la em seus propósitos.

Os três espíritos despediram-se. Cada um foi em busca de seus afazeres, com a alegria daqueles que acreditam na trilogia da evolução: trabalho, amor e conhecimento.

Deus é justo em todas as questões relacionadas às suas criaturas e ao próprio universo, e misericordioso para aqueles que imploram auxílio com pureza de coração. A morte é apenas o veículo que transporta o espírito de volta à sua verdadeira pátria. É a libertação do espírito até então preso no corpo físico, ou seja, é a sua verdadeira liberdade, pois enquanto encarnados estamos em cativeiro.

O homem precisa ser mais atento com suas atitudes, e saber que um dia, mais cedo ou mais tarde, sofrerá as conseqüências da própria imprudência, seja na Terra ou na espiritualidade.

Jacira tomou o rumo do hospital, e com felicidade entrou no quarto de André.

— Como está esse irmão querido? — perguntou.

André, calmo, respondeu:

— Feliz, irmã. Feliz e confiante no meu futuro.

— Que bom, André.

— Descobri que não adianta querer além do que podemos, pois Jesus sabe exatamente do que necessitamos. Envergonho-me da minha leviandade enquanto encarnado, fui tolo e pretensioso. Coloquei-me acima da realidade de ser um homem comum, com limitações e muitas imperfeições. Considerava-me forte o suficiente para driblar qualquer coisa que pudesse prejudicar-me, até mesmo as drogas. Quanta ilusão, Jacira! Quantos erros, quanta imprudência! Afastei-me de Deus, pois me julgava o meu próprio senhor. Caí no sofrimento, perdi a esperança, e, o que é pior, perdi minha vida.

— O importante, André, é que você compreendeu tudo isso. Entregou-se ao amor de Jesus e avançou para Deus. Em conseqüência dessa atitude feliz, avançou para o Criador e usufrui a harmonia e a paz que só o amor e fé proporcionam.

— Tem razão. Bendita misericórdia divina que me salvou.

— Você fez por merecer, através do seu arrependimento sincero e do forte desejo de se redimir.

— Quantos jovens agem levianamente como eu agi... Quantas lágrimas provocam nos olhos de seus pais, como eu provoquei! Hoje tenho a consciência de que, a partir da ida de Jesus à Terra, a descrença, o medo, a revolta, o desamor entre os homens e toda a angústia gerada nos atos levianos deveriam zerar, porque o mundo passou a ser o antes e o depois de Cristo. E nesse depois deveria existir apenas o amar a Deus sobre todas as coisas e ao próximo como a nós mesmos; mas há séculos isso não acontece, Jacira, porque poucos compreendem e aceitam a palavra de Jesus na sua profundidade; e eu, para tristeza minha, fui um deles.

Jacira estava impressionada com a transformação de André. Agradecia a Jesus poder estar em frente a um espírito que tempos atrás delirava freneticamente sob a influência de sua própria imprudência. André percebeu a sensação de Jacira em relação a ele.

— Imagino o que deve estar pensando, Jacira, mas creio que nem você ou Ivan, e principalmente Irmão Jacob, possam ter a medida certa da importância do que fizeram por mim. O auxílio, as orientações e o amor que me dedicaram.

Jacira fez menção de responder, mas André interferiu.

— Não diga nada, apreciaria apenas que me acompanhasse na prece que gostaria de fazer.

— Claro, André. Posso chamar Ivan?

— Evidente que sim.

— Eu também — ouviu-se Jacob, que acabara de entrar no recinto.

Os quatro espíritos uniram-se ao mesmo pensamento de se ligarem ao Criador em agradecimento às bênçãos recebidas. No silêncio que se fez, a prece de André chegava até o Mais Alto unindo o pensamento daqueles espíritos que antes de tudo amavam o Criador.

"— Grande Pai, senhor absoluto do amor e da harmonia. Ao sentir em mim os doces acordes da alegria, muitas vezes esqueci-me de Ti porque me perdi nas ondas da felicidade que julguei não ter fim.

Engano meu!

As mesmas ondas mansas e serenas transformaram-se em vendavais gigantes que me machucaram e sangraram-me a alma. Após tanto sofrimento, corri e me aconcheguei em Teu colo. Aprendi que para todas as aflições e dores é necessário buscar o remédio em teus braços, na tua palavra e no teu amor. Minha cabeça tombou e meu coração se aquietou; ao serenar e me entregar sem reserva, o Senhor surgiu em mim com a força maior do amor. Adormeci, Senhor, e acordei mais tarde revestido de esperança."

Ao terminar, sentiram o perfume impregnando o ar. Não ousaram quebrar o encanto daquele momento, mas tiveram certeza que acontecia o renascimento de André, o início de sua caminhada rumo a Jesus.

"Quantos pais são infelizes com seus filhos, porque não combateram suas más tendências no princípio. Por fraqueza ou indiferença, deixaram se desenvolver neles os germes do orgulho, do egoísmo e da tola vaidade que secam o coração; depois, mais tarde, recolhendo o que semearam, se espantam e se afligem da sua falta de respeito e ingratidão.

Que todos aqueles que são atingidos no coração pelas vicissitudes e decepções da vida interroguem friamente sua consciência; que remontem progressivamente à fonte dos males que os afligem, e verão se, o mais freqüentemente, não podem dizer: Se eu tivesse, ou não tivesse, feito tal coisa não estaria em tal situação.

A quem, pois, culpar de todas as suas aflições senão a si mesmo? O homem é, assim, num grande número de casos, o artífice dos seus próprios infortúnios; mas, em vez de o reconhecer, ele acha mais simples, menos humilhante para sua vaidade, acusar a sorte, a Providência, a chance desfavorável, sua má estrela, enquanto sua má estrela está na sua incúria.

Os males dessa natureza formam, seguramente, um notável contingente nas vicissitudes da vida; o homem os evitará quando trabalhar para seu aprimoramento moral, tanto quanto para o seu aprimoramento intelectual." (*Evangelho Segundo o Espiritismo* – cap.V – item 4)

Capítulo XIV

O bálsamo do perdão

"O coração do homem é sua bússola, ele o leva para o bem ou para o mal, depende do amor que balsamiza a alma. O coração benfeitor limpo de ranços e maldades continuará assim, independente do lugar onde possa estar, favelas ou não; e é também verdade que o coração que abriga a maldade e a cobiça criará situações de violência e desajuste, sem se importar onde vive, se na riqueza ou na pobreza, porque a ele só interessa o seu desejo satisfeito." (*Doce Lar Favela* – Irmão Ivo)

Naquela tarde quente de verão, Joaquim retornava ao lar trazendo nos ombros arqueados a enxada e o machado, seus instrumentos de trabalho na fazenda do senhor Francisco, seu patrão há dez anos. Trazia o rosto molhado pelo suor, conseqüência do sol escaldante. Seus sessenta anos de idade e o árduo trabalho executado anos a fio não lhe permitiam mais destreza no andar. A agilidade de outrora estava comprometida pela intensa dor que maltratava sua coluna, maior vítima da difícil vida que levava.

Morava só, em um pequeno barraco situado dentro da propriedade de seu Francisco. Ao chegar em casa, banhava-se em uma bacia de água fria e esquentava as sobras da comida feita nas primeiras horas da manhã; então, agradecendo a Jesus o alimento e o trabalho que não lhe faltavam, alimentava-se com satisfação. Seu único prazer era deitar-se na rede e ficar por longo tempo olhando o céu estrelado e lua brilhando no firmamento.

— Vivo em uma interminável solidão — dizia para si mesmo. — Nunca encontrei alguém que quisesse dividir sua vida comigo, que eu pudesse amparar e que me amparasse. É difícil entender por que sempre tive uma vida tão difícil e triste — exclamava, admirando o firmamento.

Moisés, espírito que o protegia nos momentos mais penosos, aproximou-se e lhe disse:

"— Joaquim, não se esqueça que Deus se preocupa com todos os seres que criou, e todos recebem Sua bondade, inclusive você. As vicissitudes da vida são provas impostas por Deus ou situações escolhidas pelo próprio interessado quando no estado de erraticidade, precedente à reencarnação em questão, para expiar as faltas cometidas em uma outra existência. Nenhuma infração das leis de Deus, sobretudo a lei de justiça, fica impune; e se a punição não é feita nesta vida, será necessariamente em outra.

Por isso, meu amigo, não se considere vítima do destino: ao contrário, aproveite esta oportunidade sendo útil, fazendo todo o bem que puder para que seu retorno seja de vitória, através das contas ajustadas com a lei."

Joaquim não pôde ouvir o que Moisés lhe falava, mas registrou a energia salutar que recebia do espírito amigo. Sentiu a esperança renascer em seu coração, trazendo-lhe a coragem e a fé dos que acreditam que se deve lutar sem nunca perder a confiança no Criador.

— Meu Deus, já estou eu a lamentar! Tudo na vossa criação está no lugar certo, e eu também estou no meu devido lugar. Se esse lugar está ruim, cabe a mim torná-lo melhor; de qualquer forma, é o que eu mereço. Se estou sempre sozinho alguma razão há de existir, porque Deus não comete injustiças, pois Ele é a própria justiça. Perdoe-me, meu Deus, e ajude-me.

Percebeu o adiantado da hora e recolheu-se para dormir. Não demorou muito e o cansaço levou-o a adormecer. Seu espírito semiliberto pelo sono reparador afastou-se do corpo adormecido e foi ao encontro de Moisés, atendendo ao chamado do espírito amigo, embora não o conhecesse.

— Joaquim, que Jesus o abençoe.

— Quem é você? Por que me chamou, e como sabe o meu nome?

— Calma, Joaquim. Sou seu amigo, seu espírito protetor. Sei muita coisa da sua vida porque minha tarefa é auxiliá-lo, ampará-lo no seu momento de aflição.

— Espírito?! Eu morri?

— Não, Joaquim, você não morreu. Enquanto seu corpo descansa, seu espírito momentaneamente liberto encontra-se com espíritos que lhe querem bem para apaziguar seu coração, dar-lhe coragem para enfrentar sua caminhada terrena, enfim, aconselhá-lo a seguir com alegria as leis divinas.

— Eu estou fazendo alguma coisa errada?

— Não, Joaquim. Graças a Jesus você está seguindo seu propósito cuidadosamente organizado para esta encarnação. Mas hoje venho lembrar-lhe que se aproxima a hora de se cumprir a lei, ou seja, sofrer a reação das ações desastrosas do pretérito. Todos os espíritos, Joaquim, estão subordinados à lei de causa e efeito durante sua jornada de evolução, e nenhuma criatura fica isenta.

Joanna de Angelis, no livro *Plenitude* – Divaldo Franco –, elucida:

"Os sofrimentos humanos de natureza cármica podem apresentar-se sob dois aspectos que se complementam: provação e expiação. Ambos objetivam educar ou reeducar, predispondo as criaturas ao inevitável crescimento íntimo, na busca da plenitude que as aguarda."

— Mas o que é essa causa e efeito? O que foi que eu fiz?

— Joaquim, causa e efeito é uma lei de Deus que rege tudo e todos que compõem o universo. É através dessa lei que acontece a evolução universal, que tem como causa primeira Deus, o Criador. Quanto ao que você fez, saberá no momento em que o Plano Maior julgar necessário para seu equilíbrio e seu crescimento.

— Mas quando irá acontecer?

— Quando você retornar à sua origem.

— Você quer dizer que está próxima a minha morte, é isso?

— Joaquim, se aqui estou é porque o Mestre Jesus assim o permitiu e o fez, para que pudesse dar-lhe coragem, fortalecesse sua fé para que não desacreditasse de Deus em nenhum momento, e tudo suportasse com humildade, para seu próprio benefício. Você está muito bem Joaquim. É um homem de bem e de fé, será recebido com alegria no seu retorno. Estarei ao seu lado.

— Quando eu acordar, irei lembrar-me de tudo o que me disse?

— Não, Joaquim, não se lembrará de nada.

— De que adianta então ter me falado tudo isso?

— Não se lembrará, mas ficará em seu coração a impressão de estar amparado, a sensação de paz e a aceitação, porque irá fortalecer a crença de que tudo acontece por vontade divina, que é soberana, justa e misericordiosa. Despertará fortalecido e entrará no reino de Deus como vitorioso.

Joaquim caiu de joelhos e exclamou:

— Obrigado, meu amigo, não me abandone! Ajude-me a resgatar o mal que eu possa ter feito a quem quer que seja.

— Levante-se, Joaquim. Só Jesus é digno desse ato de humildade. Sou como você, um espírito imperfeito que se esforça para corrigir suas imperfeições. Agora, retorne ao seu corpo físico, porque já amanhece. Jesus o abençoe.

Ao primeiro raio de sol entrando pela fresta de madeira de seu pequeno barraco, Joaquim despertou. Levantou-se, abriu a porta rústica e frágil, olhou os numerosos pés de café pertencentes ao seu patrão e pensou:

— Que bênção poder ver essa exuberante plantação de café! Que sensação de paz, Senhor... Que eu tenha um dia útil para o meu patrão.

Tomou sua caneca de café, comeu um pedaço de pão e partiu para o seu trabalho.

Vinte dias se passaram. Joaquim, como de costume, seguia a passos lentos para a roça da qual ele era o responsável. Como de hábito, cortou o caminho pelo cafezal, quando deparou com uma cena que o paralisou de horror. Caído no chão em uma poça de sangue, ferido mortalmente com golpes de machado, estava Genaro, capataz da fazenda e homem de confiança de seu patrão. Desesperado, Joaquim jogou sua enxada e seu machado próximo ao corpo, que ainda se esvaía em sangue. Acreditando que pudesse ter ainda um sopro de vida, tirou sua camisa e tentava estancar o sangue; pensava, em sua simplicidade, que poderia ainda salvá-lo. Assim estava quando foi surpreendido por três empregados da fazenda, que, aproximando-se, começaram a gritar horrorizados.

— Assassino, você matou Genaro! Assassino!

Por mais que Joaquim tentasse explicar, não conseguia se fazer ouvir. Os homens agarraram-no e, arrastando-o, levaram-no até o patrão. Fingindo grande nervosismo, disseram:

— Patrão, ele matou Genaro! Ele está caído no cafezal, morto a golpes de machado.

Seu Francisco mal podia acreditar no que ouvia.

— O que estão me dizendo, que Joaquim matou Genaro? Por quê? Como sabem que foi ele?

— Encontramos Genaro caído, morto, e Joaquim ao lado dele, com a camisa nas mãos sujas de sangue... e seu machado encostado ao corpo, também todo ensangüentado... Não temos dúvida de que foi ele! A cena foi horrível; e tudo aconteceu exatamente no caminho que somente Joaquim percorre todos os dias para cortar caminho até a roça. Só ele passa por ali.

Seu Francisco dirigiu-se a Joaquim:

— Por que fez esta barbaridade, Joaquim?

— Não fui eu, patrão! Encontrei-o caído, e, acreditando que ele pudesse ainda estar vivo, tentei ajudá-lo; nesse exato momento eles apareceram. Não podem afirmar uma coisa que não viram. Eu não o matei.

— Ele está mentindo, seu Francisco, foi ele! Somos testemunhas.

— Por que eles não dizem o que faziam lá naquele momento, se, como disseram, ninguém passa por ali? — tentou ainda Joaquim.

— Expliquem-se! O que faziam no cafezal?

Os três homens se olharam. O mais velho, e considerado entre eles o mais esperto, respondeu, sem se embaraçar:

— Estávamos à procura de um garrote que havia fugido. Não conseguimos achá-lo em lugar algum; tentamos então o cafezal.

— E acharam?

— Não, senhor. Desculpe-nos, mas quando deparamos com cena tão chocante, esquecemos até do que procurávamos.

Por mais que Joaquim se defendesse, jurando inocência, Francisco não acreditou. Tomado de uma súbita ira incontrolável, gritou:

— Você matou meu melhor empregado... Meu amigo, homem de minha total confiança, pai de quatro filhos pequenos! Ah, vai pagar caro por isso!

— Pelo amor de Deus, seu Francisco, eu não o matei! — insistia Joaquim, aos prantos. — Não sou um assassino, sou um homem de bem!

— Você conhece a lei do olho por olho, dente por dente, Joaquim? Pois vou aplicá-la em você para que nunca mais faça mal a ninguém.

Joaquim, sentindo em seu íntimo uma sensação de amparo e segurança, abaixou a cabeça e em pensamento disse a Jesus:

— O Senhor sofreu infinitamente mais do que eu. Aceito os desígnios de Deus e confio na misericórdia divina. Que o senhor me abençoe.

Francisco dirigiu-se aos homens que o acusaram e ordenou-lhes:

— Leve-o para o mesmo lugar onde está o corpo de Genaro, mate-o com o mesmo machado que usou para tirar a vida de um homem de bem, enterre-o em uma vala qualquer, depois traga o corpo de Genaro para que tenha um enterro digno.

— Não é melhor chamar o delegado? — perguntou um dos homens, demonstrando aflição. — Talvez não seja o caso de matá-lo.

— Façam o que mando, obedeçam minhas ordens sem questionar. Com o delegado eu me entendo.

As ordens de Francisco foram cumpridas. A golpes de machado, o pobre Joaquim retornou ao plano espiritual.

— Jacob, tenho visto Joaquim regularmente. Acho-o bem tranqüilo. Passa a maior parte de seu tempo com o pensamento voltado para Jesus, orando. Aceita a sua desencarnação como justa e merecida. Não questiona nem lamenta a morte violenta que os encarnados não aceitam, perguntando-se por que Deus permite que alguém sofra tanta injustiça.

— Você disse bem, Jacira, o homem não entende porque só conhece o hoje da vida das pessoas; não pode imaginar o que foi o ontem na eternidade. Os sofrimentos sempre são o resultado da infração da lei divina em algum momento do passado. A reação de Joaquim vem do seu desenvolvimento espiritual, ou seja, da sua compreensão de que Deus não pune nenhuma de suas criaturas. Aquele que sofre em algum instante violou as leis de Deus.

— Mesmo quando o espírito se arrepende sinceramente é necessário que se cumpra a lei de causa e efeito?

— Evidente que sim, Jacira. O arrependimento ajuda o espírito a melhorar, mas o passado deve ser expiado; tudo está subordinado à lei de ação e reação. É necessário anular o mal que se fez a outrem para que se possa gozar de paz na consciência. Ninguém avança na escala evolutiva deixando marcas de dor atrás de si. Bem, vou visitar Joaquim. Acompanha-me?

— Com alegria, Jacob.

Encontraram Joaquim em prece. Sentia-se fraco pela desencarnação ainda recente, mas em nenhum momento questionava sobre o que sofrera. Trazia ainda algumas marcas em seu perispírito, mantidas por sua lembrança da dor e do sofrimento que sentiu no instante em que recebera os golpes do machado que lhe tirara a vida. Sua fé e confiança em Jesus eram maiores que tudo o que sofrera. Fora recolhido na espiritualidade por amigos e familiares do passado, inclusive Moisés, que o levara de imediato, adormecido, para o hospital de refazimento.

— Só tenho o que agradecer — pensava. — Aliviaram-me as dores e beneficiaram-me ao não permitir que eu visse a mutilação do meu corpo.

Jacob e Jacira, ao entrarem, interromperam suas reflexões.

— Que Jesus o abençoe, Joaquim.

— Jesus está me amparando, e sou grato ao Mestre — respondeu aquele que, apesar do suplício que vivera, respeitava e amava Aquele que sempre norteara sua vida terrena.

— Você fez por merecer o que recebe hoje, Joaquim. Viveu na Terra como um homem de bem, cumpriu seu propósito de vida e desatou o laço que o prendia ao passado. Hoje colhe o que você mesmo semeou.

— O que quer dizer com isso?

— Que todos inicialmente estão ligados às ações pretéritas, Joaquim, e apenas os espíritos puros já não sofrem mais as conseqüências nefastas do passado. Nada acontece ao acaso, nada acontece sem que sejamos parte ativa na ação imprudente feita em algum momento de nossa existência, e é essa a causa de nossas aflições.

— Então é certo que, em algum lugar, meu comportamento gerou este desfecho tão infeliz?

— Sim, Joaquim, em algum lugar está a causa desse efeito. Mas não é hora ainda de falarmos sobre isso. Agora é hora de descansar bastante, permanecer com o pensamento voltado para Jesus e se entregar à energia salutar e à água fluidificada que recebe. Necessário se faz fortalecer-se para posteriormente adentrar seu passado. Tudo no momento certo, Joaquim. Para todos os propósitos existe um tempo, e o seu agora é se equilibrar e limpar do seu corpo astral as marcas da dor.

— Desculpe se fui precipitado em querer saber tudo de uma vez! — comentou, humilde.

— Não se faz necessário se desculpar. Você apenas inicia sua nova vida e irá aprender com o tempo que tudo se desvenda quando se está preparado para a descoberta; quando este conhecimento não comprometer o equilíbrio. Compreende?

— Compreendo.

— Jacira e eu vamos deixá-lo na paz de Cristo — disse Jacob, afastando-se, seguido por Jacira.

— Jacob, se os encarnados tomassem consciência da importância de se fazer o bem; se soubessem que tudo, todas as ações ficam registradas no livro da eternidade, agiriam com mais prudência e sabedoria. A humanidade esquece que o coração também pode pensar, e quando ele entra em ação o bem aparece.

— Tem razão, Jacira, mas os homens estão tão ocupados em conquistar lugar de destaque no mundo terreno que não se importam com o preço a ser pago por tanta imprudência, invigilância, falta de respeito e amor ao próximo.

— Muitos pensam que da mesma maneira que enganam os homens podem também enganar a Deus.

— Pobres homens!

O tempo passou na espiritualidade na mesma proporção que passou na Terra. Dois anos desde a desencarnação de Joaquim. Este freqüentava assiduamente palestras e cursos, e trabalhava ao lado de Moisés, aprendendo a socorrer e inspirar o bem para os encarnados.

Esta é a trajetória do homem de bem: na hora da morte, sente alívio e se entrega sem medo, porque não receia nenhum olhar indagador. Apesar de sua morte violenta, Joaquim, auxiliado por Moisés e merecedor desse auxílio por conta da pureza de sua consciência e a prática do bem, demorou apenas alguns dias para se reconhecer em sua nova posição. A partir daí seu desejo de evolução, sua entrega total aos ensinamentos de Jesus e sua compreensão sobre o que lhe acontecera deram-lhe oportunidade para seu crescimento.

Moisés dirigiu-se a Joaquim.

— Joaquim, hoje iremos acompanhar Jacob até o orbe terrestre. Sente-se preparado? Gostaria de voltar à fazenda onde aconteceu seu infortúnio?

— Gostaria sim, Moisés.

— Sente-se forte o suficiente e preparado para tanto?

— Acredito que possa ir até a fazenda onde vivi sem que isso perturbe meu equilíbrio. Se for permitido, gostaria muito de acompanhá-los.

— Vamos, então, nos encontrar com Jacob.

Assim fizeram.

Jacob, Jacira, Ivan, Moisés e Joaquim compunham a equipe que desceu até a Terra indo em direção à fazenda. Joaquim até então se mostrava seguro, mas ao ver-se em frente ao casebre que o abrigou por longos anos, fechado desde a sua morte e coberto pelo mato, viu-se um pouco abalado. Jacob notou sua emoção e recomendou:

— Joaquim, não se entregue às lembranças; permaneça sintonizado com o plano Superior, a fim de não perder seu equilíbrio. Prefere voltar?

— Não, irmão; se puder, prefiro continuar. Tomarei mais cuidado.

Dirigiram-se até a sede da fazenda, onde encontraram os três empregados que o acusaram injustamente, sentados, proseando e fumando um cigarro de palha. Permaneceram junto a eles e ouviam o que diziam.

— É o que sempre digo — falou o mais novo —, cometemos um crime, fizemos toda aquela encenação para você, Tobias, ocupar o lugar de capataz que pertencia a Genaro... Não esperávamos que seu Francisco fosse mandar matar o pobre do Joaquim. Aconteceu, e hoje parece que a alma penada daquele pobre homem nos persegue, acusando-nos da calúnia.

— É verdade — concordou Tião —, Dinho tem razão. Apesar de ter passado tanto tempo, todo mundo sabe que a alma de Joaquim anda por aqui clamando por justiça, e fez a nossa vida virar de cabeça para baixo. Desde sua morte só aconteceu confusão.

— Deixa de bobagem... Você e Dinho são uns frouxos. Nosso plano deu certo, hoje sou o capataz e vocês, meus homens de confiança. Seu Francisco há muito vive mais na cidade do que aqui, deu-me carta branca para dirigir a fazenda. Do que é que estão se queixando? Desde quando morto volta? E se voltar não pode fazer nada, está morto mesmo... Agora não adianta reclamar, nem se arrepender, é só aproveitar o que a vida nos oferece.

Joaquim tornou-se pálido. Moisés achegou-se mais a ele, dando-lhe coragem e força.

— Quer voltar, Joaquim? — perguntou-lhe Jacob.

— Não, quero ir até o fim. Quer dizer que foram eles que eliminaram o pobre do Genaro, e me condenaram à morte!

— Sim, Joaquim. Ouça!

Tobias continuou.

— Viram como ninguém até hoje levantou a menor dúvida quanto à autoria do crime? Foi um plano perfeito. Todo mundo sabia que apenas Joaquim transitava por aquele caminho nas primeiras horas do dia, e ninguém questionou.

— E depois, seu Francisco foi muito esperto em relação ao delegado.

— Esperto coisa nenhuma, Dinho! Não existe nada que faça o ambicioso questionar quando se trata de receber dinheiro, aliás, muito dinheiro.

— Mas não sei por que estamos falando nesse assunto, já se passou tanto tempo. Por que mexer nessa história? Vamos mudar o rumo da nossa prosa.

Todos concordaram.

— Por favor — disse Joaquim —, esclareçam-me. Por que eles acham que eu sou uma alma penada que anda pelo mato, prejudicando suas vidas?

— Porque não sabem nada do reino de Deus e não conhecem a vida futura. Vivem presos em si mesmos. O remorso, fere a consciência daquele que tem culpa. Carregam a culpa de dois crimes cujas vítimas eram pessoas inocentes, e é esse ato praticado contra a lei e a moral; esse delito infame os corrói por dentro, e os faz imaginar ser você que os ameaça. Sentem medo da própria culpa. Foi gerado aí o início de um carma que terão de resgatar um dia.

— E eu ainda estarei ligado a eles nesse carma?

— Joaquim, você os perdoou, e diante do perdão sincero encerrou sua participação nessa história.

— Então, por que fui alvo inocente?

— Você não foi vítima inocente. Também resgatou seu erro do passado.

— Quitando uma questão pendente em sua história, conseguiu se desligar de um desafeto seu; quanto a esses que o caluniaram, você se afastou deles através do perdão. Iniciará agora uma nova etapa, na qual eles não terão nenhuma participação.

— E quanto a eles?

— Daqui a um tempo, anos ou séculos, não sei, estarão provavelmente de volta à vida física, e de alguma forma estabelecida pelos superiores resgatarão o mal cometido, sofrerão a conseqüência dessa ação tenebrosa executada por conta da mesquinhez de seus corações. Volto a dizer, Joaquim, você cortou sua ligação cármica porque soube perdoar. Como disse Jesus, todos deverão pagar até o último ceitil suas agressões às leis de Deus.

Os espíritos afastaram-se do local e dirigiram-se a uma enorme paineira, onde sentaram para o descanso. Após longo silêncio, Joaquim perguntou:

— Irmão Jacob, poderia eu tomar conhecimento de minhas atitudes do pretérito que originaram essa desencarnação tão violenta?

— Acreditamos que sim — responderam Jacob e Moisés.
— Vamos juntos orar a Jesus.

Unidos na mesma fé, elevaram seus pensamentos até o Mestre Jesus e oraram.

"— Senhor, esta paz infinita que nos envolve e nos domina é a certeza de vossa presença entre nós. Com humildade rogamos a vós permissão para retirar o véu que encobre o passado de nosso irmão que anseia em conhecer a verdade da própria existência. Se houver fundamento, se trouxer benefício para esse irmão, que nosso pedido seja aceito; caso contrário, aceitaremos vossa decisão, pois sabemos ser sábia e justa. Obrigado, senhor."

Ao terminar a prece, tanto Jacob quanto Moisés sentiram a energia salutar atraindo-os para a espiritualidade. Experientes, seguraram as mãos de Jacira, Ivan e Joaquim, e em poucos segundos encontravam-se no Departamento de

Vidas Passadas. Para Joaquim foi uma experiência nova, pois ele não sabia que o espírito podia se transportar com tanta rapidez.

Jacob, após conversar com o responsável pelo departamento, chamou seus amigos, e entraram em uma sala onde havia uma grande tela.

— Joaquim, você verá desfilar nesta tela sua existência anterior como se fosse um filme. É necessário manter a calma e o pensamento em Jesus, para que não aconteça nenhum imprevisto. Se achar conveniente, é só apertar este botão e nosso irmão interromperá imediatamente a projeção. Não queira ir além do que pode suportar.

— Está bem. Sinto-me preparado.

— Posso começar? — perguntou o responsável.

— Pode — respondeu Jacob.

Joaquim ajeitou-se na poltrona e, dominando a ansiedade, preparou-se para ver a si mesmo.

"Ano de 1884.

Alamedas floridas abriam caminho até a casa-grande de importante fazenda. Bela propriedade que ostentava toda a riqueza do senhor Barão, como era conhecido o proprietário de toda aquela fortuna. Homem austero, de poucas palavras, mas pulso forte, tão rígido que ninguém ousava desobedecer nem questionar nenhuma ordem, nem mesmo uma simples opinião. Sua palavra era sempre uma ordem sua, para quantos viviam em sua fazenda, empregados ou familiares.

Gostava de viver rodeado de pessoas, e para que isso acontecesse organizava saraus que iam até altas horas da noite, continuando no dia seguinte. Era costume que todos dormissem em sua fazenda, distribuídos entre os dez quartos de hóspedes e preparados para recebê-los.

Tudo para o senhor barão era festa, desde que cumprissem suas ordens e não saíssem dos limites por ele estabelecidos, ordens e limites nem sempre confessáveis.

Joaquim começou a se incomodar em sua cadeira. Reconhecia ser ele aquele homem orgulhoso e prepotente que abusava do seu poder financeiro para oprimir os que, por algum motivo, discordavam dele."

Imediatamente o filme se apagou, e Jacob perguntou a Joaquim:

— Não é melhor pararmos?

— Por favor, continue. Quero ir até o fim, quero entender quem eu fui ou sou de verdade.

— Então, acalme-se — aconselhou Jacob.

— Pode continuar!

Novamente a tela se iluminou, e as imagens começaram a aparecer.

"A fazenda estava enfeitada para a comemoração do aniversário do senhor barão. Flores espalhadas perfumavam o ambiente; longas mesas com toalhas brancas recebiam as guloseimas feitas nos tachos de cobre pelas mucamas, enquanto outras se guarneciam de comidas fartas e carnes preparadas em enormes fogões de lenha. Bebidas à vontade e muita alegria. Era dia de festa. O senhor barão desfilava por entre os convidados, acompanhado de quatro mulheres que lhe satisfaziam os desejos carnais, embora fossem tratadas com desprezo. Obedeciam-no por temerem sua ira.

Em determinado momento, aconteceu uma discórdia entre dois senhores. Ciente do que acontecia, o barão colocou-se na condição de juiz.

— Expliquem-me o porquê dessa briga em minha propriedade — falou, autoritário.

— Senhor barão, este senhor estava incomodando minha senhora, faltando com o respeito à minha pessoa e à sua casa.

— Ele está enganado, não fui eu! — defendeu-se o mais jovem. — Nem sei quem é a senhora dele! Estou acompanhado de minha pretendente.

— É mentira. Vi quando saiu de trás das baias dos cavalos abotoando o casaco. Estava de costas, mas consegui identificá-lo. Tenho certeza do que falo.

— Este senhor está faltando com a verdade. Afirmo que não fui eu! — replicou em desespero o acusado.

Sem apurar a verdade dos fatos e sem querer ouvir mais nada, o senhor barão sentenciou:

— Sou a lei deste lugar. É melhor calar-se.

Virando-se para o acusador, disse:

— Aqui, eu sou a lei! O senhor foi ofendido em sua honra; por isso, autorizo-o a matá-lo em nome de sua dignidade, já que foi ultrajado em sua posição de marido.

— Por Deus! — gritava o homem inocente —, não fui eu... Não fui...

Antes que terminasse a última frase, seu peito foi transpassado por uma espada afiada. O sangue jorrou, e o pobre homem caiu morto em uma poça de sangue."

A tela se apagou e as luzes se acenderam.

Joaquim mal podia expressar seu sentimento. Envergonhava-se do que fizera. Pouco a pouco foi se desequilibrando e entrando em angústia. Jacob e Moisés acudiram-no, aplicando-lhe passes enquanto Jacira e Ivan oravam a Jesus, clamando misericórdia.

Passados alguns minutos, Joaquim voltava ao equilíbrio e, trêmulo, dizia:

— Perdoem-me, meus amigos, perdoem-me!

— Não nos peça perdão, Joaquim, Jesus já o perdoou; você saldou essa dívida em sua última encarnação, suportando suas aflições e sua solidão em seu casebre. Tornou-se um homem de bem e temente a Deus. Viveu e foi fiel às leis divinas, perdoou seus ofensores. Não tem mais por que se envergonhar nem o que temer por esse episódio. Está quite com a lei.

— Mas o irmão que ordenei que fosse morto... Como encontrá-lo para pedir perdão?

— Ele já esqueceu, porque cobrou e você pagou com a mesma moeda. Estão quites um com o outro.

— Não compreendo, como assim?

— Este irmão era o seu Francisco, Joaquim. Você pagou a dívida que ele cobrava, sofreu o que fez sofrer, bebeu do mesmo fel, e o elo entre vocês se quebrou. Ambos aprenderam a não julgar e serem cautelosos ao sentenciarem alguém.

— Tudo faz sentido — disse Joaquim. — Aprendi a ser humilde vivendo de uma maneira miserável; a valorizar as pessoas vivendo na solidão, e principalmente não ser precipitado em emitir minha opinião sobre a vida alheia. Agradeço a Jesus a oportunidade de me aperfeiçoar como uma criatura de Deus.

— O maior de todos os aprendizados, Joaquim, foi perdoar as ofensas e não desejar o mal para os seus ofensores. Foi esse perdão nascido do amor ao próximo que o elevou na espiritualidade.

— Obrigado, meu Deus — repetiu Joaquim.

"Perdão!

Sentimento puro, lindo, manso, misericordioso, próprio das almas nobres e elevadas; almas que se encontram sempre acima do mal que lhe quiseram fazer, almas cheias de caridade e amor ao próximo.

Perdoar é o ato de humildade puro, grande, quando se perdoa de uma maneira verdadeiramente generosa, sem humilhações, nem ostentações, sem impor condições, mas movido apenas pelo sentimento de verdadeira fraternidade.

O perdão puro e sincero exige o esquecimento completo das faltas que foram cometidas contra nós. Até quando devemos perdoar? Até sempre, quantas vezes forem necessárias, a cada ofensa, sem limites.

Jesus nos deu o maior e mais bonito exemplo de perdão quando, crucificado na cruz, sofrendo dores cruciantes por causa da injustiça e da maldade dos homens, disse: 'Pai, perdoai-lhes porque não sabem o que fazem.'

Quem perdoa o próximo está angariando méritos para si mesmo, perdão para seus próprios erros e indulgência para suas faltas." (*Encontro com Deus* – Irmão Ivo)

Capítulo XV

O amor mais puro

Mais uma vez Madre Teresa adentrou a sala de palestras, trazendo, como sempre, a alegria em seu olhar e a esperança da melhora para quantos pudessem ouvi-la.

No auditório, ao lado de Jacob e Jacira, sua leal amiga e pupila, estavam Ivan, André, Joaquim e Moisés, todos abrigando um único desejo: melhorar sempre e se elevar mais. A um canto, com sua graciosidade, estava Selma, que se mantinha concentrada e com o pensamento voltado para o Divino Amigo.

A presença do querido espírito inundava o recinto de suave perfume, como suave era sua explanação, falando de Jesus, de amor, e mostrando através de sua mansuetude a importância dos sentimentos nobres na evolução do ser.

Após singela prece, iniciou.

"— Queridos irmãos, hoje em nosso encontro vamos falar do maior sentimento que o ser pode abrigar; a sua importância na escalada evolutiva, o sentimento em que Jesus, na sua trajetória terrena, demonstrou a cada segundo para que a humanidade o entendesse: o amor.

O único sentimento que transforma o homem porque o liberta, livra-o das argolas que prendem o ser ao egoísmo, impedindo-o de enxergar o semelhante que inúmeras vezes encontra-se tão próximo e ansiando apenas por um único olhar de compaixão. O egoísmo, ao contrário do amor que clareia a alma, cega o coração do homem, prende-o em si mesmo e o afasta de Deus.

O que é falar de amor? Quando se fala de amor, fala-se de caridade e fé; altruísmo, abnegação, subserviência aos desígnios de Deus, tolerância e compreensão das imperfeições alheias; e, acima de tudo, solidariedade humana. Esses sentimentos não existirão na Terra se não existir amor no coração do homem; por esta razão, volto a afirmar que positivamente é o único sentimento que transforma o homem."

Enquanto explanava, o recinto cada vez mais se tornava palco de intensa energia de paz e harmonia; pequenos flocos desciam sobre os presentes, que se mantinham atentos aos grandes ensinamentos de tão nobre espírito.

Madre Teresa prosseguia.

"— Na manifestação de amor, Deus também fala, não com palavras que pertencem aos homens, mas externando sua bondade para que o ser encontre dentro de si mesmo a paz almejada e a certeza de que tudo é possível quando se tem amor no coração.

Mas, meus irmãos, o que fazer quando a tristeza e o desânimo vêm nos visitar, sem se preocupar se somos encarnados ou desencarnados? Porque os sentimentos, as emoções e as sensações acompanham a criatura na Terra ou na espiritualidade. O que é mais prudente fazer nesses momentos de busca e incertezas? Esconder-se na amargura ou buscar o refúgio e a paz na fonte inesgotável de amor que é o nosso Criador?

Nesses momentos, a prudência nos alerta que devemos nos reerguer com fé e ir em busca da água cristalina dessa imensa e infinita cascata que é o Criador.

A cada prece pronunciada com fé e sinceridade; a cada encontro que promovemos com Jesus através de nossa vivência e nossas obras geradas no amor universal, sentimos o amparo e a paz de Cristo preenchendo o coração e dando força para prosseguir.

Devemos, todos nós, criaturas de Deus, possuir a consciência de que Deus nos deu a vida uma vez e nos dará quantas vezes forem necessárias para que tenhamos oportunidade de aprender que a dor é sempre conseqüência da própria leviandade do ser, e poder resgatá-la é sem dúvida a maior bênção. O que realmente importa, meus amados irmãos, é que precisamos aprender a amar e perdoar sempre e não querer ser amados mais do que amar.

Vamos juntos endereçar nossa prece ao Criador, implorando auxílio para vencermos nossas imperfeições.

'— Senhor, amigo dos aflitos encarnados e desencarnados; consolo dos que sofrem... consola-nos. Muitas vezes não conseguimos mais caminhar, nossas angústias e medos levam-nos não raro ao desespero. Inúmeras vezes queremos o que não podemos ter e nos fechamos em nós mesmos, e assim, Senhor, não enxergamos o que a Tua bondade coloca à nossa frente.

Pai, segura nossas mãos e ajuda-nos a caminhar. Desperta-nos cada vez mais para a vida real e feliz, seja na Terra ou no Teu reino; que possamos ouvir as palavras de teu filho Jesus, pois são elas que nos salvam. Ajuda-nos a entender e perceber a vida palpitando ao nosso redor a cada instante. Enfim, Senhor, que saibamos viver como Tuas criaturas com a dignidade maior dos que amam. Assim seja.'"

O silêncio reinante no recinto integrava-se com a intensidade de luzes e cores que desciam do alto, energizando aqueles espíritos em busca do conhecimento que proporciona equilíbrio para quantos o aceitarem. Após um tempo considerável, um a um foi se levantando, e em poucos minutos a sala estava vazia.

— Jacob, você reparou em Joaquim?

— O que quer me dizer, Jacira?

— Achei bonita a sua postura durante toda a palestra de Madre Teresa. Bebia seus ensinamentos como se sorvesse uma água cristalina que sacia a sede de um viajante.

— E o que na realidade somos nós, Jacira? Viajantes que caminham entre as muitas moradas de Deus em busca de elevação moral. Recebemos a rota segura para chegar ao destino de luz, mas incontáveis vezes direcionamos nossos passos para os atalhos, acreditando chegar mais rápido. Pura ilusão. Para a elevação espiritual do ser não existem atalhos, existe o caminho de cada um; e necessário se faz seguir com coragem, responsabilidade e fé este caminho, porque é o adequado para a situação de cada um. Como já dissemos tantas vezes, Deus dá em abundância tudo o que precisamos para promover a nossa evolução.

— Mas nem sempre as criaturas entendem isso.

— Por essa razão naufragam na própria inconformação. A evolução, Jacira, é infinita, como infinito é o amor de Deus, que espera pacientemente que suas criaturas retornem para junto Dele.

— Os espíritos puros, você quer dizer.

— Jacira, os espíritos puros não foram criados puros, passaram por todas as etapas da evolução. Se assim não fosse, Deus estaria favorecendo alguns e se esquecendo de outros. Todos os espíritos foram criados simples e ignorantes, e cada um foi escrevendo sua história ao longo da eternidade. Deus deu a mesma oportunidade para todos, mas é verdade que uns se livram das amarras perniciosas que os prendem à matéria, de qual morada divina for, mais rápido que outros que se comprazem em somente satisfazer a si mesmos. Os espíritos puros atingiram o supremo grau da perfeição.

— A escalada evolutiva é árdua, não, Jacob?

— Evidentemente que sim. Árdua e longa, e inicia sua ascensão apenas através do amor universal, como tão bem demonstrou Madre Teresa. O amor é sem dúvida o princípio da elevação espiritual.

"Os espíritos puros não possuem nenhuma influência da matéria. Superioridade intelectual e moral absoluta, em relação aos espíritos das outras ordens. Percorreram todos os graus da escala e se despojaram de todas as impurezas da matéria. Atingindo a soma da perfeição de que é suscetível a criatura, não têm mais provas nem expiações a sofrer. Não estando mais sujeitos à reencarnação em corpos perecíveis, vivem a vida eterna, que desfrutam no seio de Deus. Mas essa felicidade não é a de uma ociosidade monótona, vivida em contemplação perpétua. São os mensageiros e ministros de Deus, cujas ordens executam, para a manutenção da harmonia universal. São às vezes designados pelos nomes de anjos, arcanjos ou serafins." (*Livro dos Espíritos* – cap. I – Origem e Natureza dos Espíritos – item 112)

— Aproxime-se, Joaquim — convidou Jacob assim que notou a presença do espírito.

— Obrigado. Queria mesmo participar desse diálogo, pois tenho certeza que o benefício é enorme para meu espírito tão pequeno.

— Falávamos de amor, Joaquim — completou Jacira.

— Que bela palestra acabamos de ouvir.

— É verdade. Mas não se pode apenas e simplesmente ver beleza nos ensinamentos, nas palavras ditas com emoção. O mais importante é trazer para nossa essência esta beleza; compreender e exercitar, pois ninguém evolui se não for através do amor, do trabalho e do conhecimento. Deve-se meditar sobre o que se aprende, mas entender que ninguém evolui meditando sentado. Quem ama, trabalha; quem trabalha conhece a importância de ser útil ao semelhante e à própria existência. Para que tudo aconteça na paz almejada é fundamental aprender a exercitar o respeito, a compreensão e o amor fraternal. Não se deve desperdiçar nenhuma oportunidade que nos foi dada pelo Criador para caminharmos em direção à evolução, dando um passo a mais rumo à perfeição.

A chegada de Kátia interrompeu o colóquio entre os amigos.

— Kátia, há tempos não a via — considerou Jacob.

— Trabalho em outra Colônia, Jacob, e raramente venho aqui. Mas hoje é um dia muito especial para mim, estou feliz e ansiosa.

— Qual a razão dessa alegria toda?

— Vou me encontrar com a equipe responsável pelo desencarne. Recebi permissão para acompanhá-los até a Terra e receber alguém muito querido para mim.

— É possível saber quem?

— Evidente que sim, Jacob. Somos amigos há tantos anos... Por que não compartilhar com você a minha alegria? Vou receber minha filha, que retornará para a espiritualidade.

— Quando irá acontecer?

— Hoje mesmo.

— Que Jesus a abençoe.

Jacira e Joaquim surpreenderam-se. Jacob, notando a indagação de ambos, disse-lhes:

— Por que a surpresa?

Meio desconcertada, Jacira respondeu:

— Perdoe-me, mas estranhei a alegria da nossa irmã ao saber do desencarne de sua filha. Imaginei que o espírito sofresse ao testemunhar o desenlace de um ente querido.

Kátia deu seu testemunho:

— Não tenho motivos para sofrer ou estar triste, Jacira. Minha filha sofre de uma doença muito grave há quatro anos. Sente fraqueza, dores intensas por todo o corpo e o descaso dos próprios filhos, meus netos, cujas esposas nunca se ofereceram a cuidar da sogra, alegando não terem tempo suficiente para essa tarefa, por conta dos afazeres domésticos. Seu marido arrumou uma amante, e deixa minha filha sozinha por longas horas. O seu retorno é uma bênção divina. Seu desenlace irá acontecer nas primeiras horas da madrugada, e, quando todos perceberem que partiu, já estará aqui entre nós, protegida pelas bênçãos de Jesus. Sheila é uma mulher de fé, possui na sua ficha espiritual longos relatórios do bem praticado durante sua existência na Terra. Nunca se queixou nem desesperou pelos anos difíceis que passou na sua existência terrena, e hoje tanto ela quanto eu recebemos a bênção do Mestre de podermos estar juntas nas primeiras horas de sua chegada.

— Ela virá para o Hospital de Maria? — indagou Jacob.

— Nos primeiros tempos, sim; posteriormente, como já fui informada, irá residir comigo e com João na nossa Colônia.

— Quem é João?

— Fomos casados na Terra, e hoje estamos unidos pelos laços espirituais do afeto sincero. Conquistamos o direito de possuir nossa casa, e Sheila virá morar conosco, com a bênção de Jesus. Veja, Jacira, não tenho motivo para ficar triste; teria se minha filha voltasse devedora, revoltada e distante de Deus, mas não é isso que acontece. Recebo uma filha que viveu em acordo com as leis divinas e adquiriu méritos suficientes para ser recebida com alegria. É mais uma tarefeira que retorna à casa do Pai.

— Irei visitá-la no hospital. Boa sorte.

— Obrigada, Jacob.

Kátia acompanhou a equipe, que se dirigiu ao lar de Sheila. Às duas horas e dez minutos o espírito de Sheila era recebido por sua mãe e levado adormecido para o hospital de Maria.

Enquanto seus familiares choravam junto ao corpo inerte, mais pelo remorso e pela culpa do que pela dor da separação, Sheila recebia o tratamento no hospital de Maria.

— O sono – explicou Jacob –, que nos transportará para uma outra dimensão, para uma outra vida, a vida verdadeira e eterna, aquela na qual iremos dar conta dos nossos atos, das obras boas ou más, acontecerá para todos nós. É importante se aprofundar nos ensinamentos que Jesus espalhou entre toda a humanidade, porque só vivendo dessa verdade poderemos ter um despertar sereno e tranqüilo.

— A maneira como se vive é de suma importância para o desencarne, porque, após o sono, ao despertar recebe-se de acordo com os merecimentos, porque a vida no mundo dos espíritos será a colheita do que se planta na Terra.

— Os sentimentos mesquinhos corroem o ser, impelindo-o para atitudes egoístas, orgulhosas, vaidosas e muitas outras, que acabam destruindo todo o sentimento nobre que porventura habite a alma. Por isso disse Jesus: "Orai e vigiai". Os sentimentos elevados propiciam um despertar sereno e feliz. O homem que semeou o bem, amou o próximo e defendeu os fracos e oprimidos encontrará amigos e familiares esperando-o no portal da espiritualidade.

— Na luta pela sobrevivência, na busca incansável pela posição social, na correria para alcançar o sucesso que imagina ser sua glória, o homem acaba se esquecendo dos reais valores, verdadeiros e profundos, que levam o homem ao verdadeiro sucesso interior, moral e espiritual.

— Por que não ser bom e caridoso? A felicidade terrena é efêmera, e aquele que não souber se guiar pelos sábios ensinamentos do Evangelho retardará seu progresso espiritual e atrairá para si um despertar sombrio e triste, o despertar próprio dos que puseram a sua felicidade na satisfação do amor-próprio e dos prazeres mundanos.

— Jacob, e aqueles que perdem entes queridos, seres que fazem toda a sua alegria na vida terrena? Como suportar a saudade?

— Jacira, existem momentos na vida dos encarnados em que é preciso acreditar no que a vida inteira dizia acreditar, ou seja, em Deus. Não perder a confiança nem a fé no Pai Maior. Sofrimento com Jesus é sofrimento equilibrado; a saudade irá existir sempre, mas aquele que caminha com Jesus não permitirá que essa saudade transforme a sua fé em descrença, ou a dor em desespero ou revolta; pelo contrário, sente que é nessa hora que se deve mais e mais se aproximar de Deus, lembrar que o Criador não faria nenhuma de suas criaturas padecer tanto se não fosse para o seu melhoramento espiritual. Deus é justo, e sabemos que nossas aflições estão relacionadas a essa justiça.

— Aquele que crer na justiça e na bondade do Criador entende que o sofrimento será provavelmente a vitória de amanhã, porque nosso Pai não permite nenhuma prova que não se mereça ou que não se possa agüentar. É aí, Jacira, que se encontra força para suportar a saudade. Os desencontros acontecerão na vida de todos, e é por isso que se devem pintar com as cores da alegria e da esperança os encontros.

— Acredite, Jacira, no que lhe digo: tudo é possível quando existe amor no coração do homem – disse-lhe Jacob.

Neste capítulo, foi-me orientado transcrever uma carta por mim escrita para meu filho, Ricardo Luiz, desencarnado em um acidente de moto no dia 11 de outubro de 1989, aos vinte e seis anos, na esperança de que ela possa levar um pouco de consolo, esperança e fé a muitas mães que, como eu, sofreram a dor da separação. Esta carta foi escrita no dia 20 de Outubro de 1989, nove dias depois de sua passagem para o plano espiritual. (Nota da autora)

Ricardo Luiz
Endereço: Eternidade.

"Filho querido, que Jesus esteja junto de você através dos amigos espirituais que bondosamente estão lhe assistindo, confortando, energizando o seu espírito, dando-lhe a força necessária para os seus primeiros dias no mundo espiritual.

Permaneça com o seu pensamento e o seu coração voltados para nosso Pai; humilde, resignado, aceitando a vontade de Deus porque Ele assim o quis.

Foi determinado que nós nos separássemos agora, você com apenas vinte e seis anos de idade, com toda a energia própria da juventude, e nós quando ainda esperávamos vê-lo realizar todas as suas aspirações junto de sua esposa e de seus filhos. Mas nós sabemos, porque cremos em Deus, que a separação é apenas física e temporária. Nós estamos mais juntos do que nunca porque meu coração está aí, com você, filho querido, palpitando de amor por você a cada segundo, sentindo a dor mais profunda que um ser humano pode agüentar, mais agradecida a Deus por ter nos dado durante vinte e seis anos o filho maravilhoso que você foi.

Não se preocupe conosco, estamos todos bem, hoje para nós o que importa é a sua felicidade no reino de Deus. Tenha certeza que tudo faremos pelo Bruno e a Camila para que eles se sintam amados e felizes, sua esposa você sabe que a queremos muito bem e daremos todo o nosso apoio.

Seja paciente e se fortaleça, meu filho, para que mais tarde você possa nos ajudar e nos orientar sempre para o caminho do bem, da verdade e da caridade cristã. Agora é hora de você pensar na sua evolução junto a Jesus.

Tenho certeza que nossos amigos espirituais farão chegar até você essas minhas palavras de saudade e de amor, e que elas sejam para você um bálsamo, como estão sendo para mim.

Ricardo, Deus é soberano, é Pai e nos ama profundamente, vamos nos entregar a Ele sem reservas e sem dúvidas, para que possamos um dia nos encontrar e nos abraçar no plano espiritual. Hoje vivemos como duas linhas paralelas que não podem se tocar, mas caminham na mesma direção, e a nossa direção é Deus, um dia o reencontro se dará.

Beijos no seu coração, filho amado. Tenha certeza que você permanecerá vivo e inteiro dentro de nós, seus pais e seus irmãos, e principalmente dos seus filhos, porque nosso amor é grande demais."

Mamãe Sônia.
20 de outubro de 1989.

Capítulo XVI

Generosidade é felicidade

— Jacob, por que os encarnados correm tanto atrás do dinheiro, da riqueza, a ponto de perderem o próprio limite? — indagou Jacira.

— Tem razão, Jacira, perdem o próprio limite, buscam o que menos importa para o coração humano.

— Explique-me: a fortuna é sempre um grande mal?

— Não, Jacira, não é um grande mal, os homens é que transformam os veículos recebidos de Deus, como a fortuna e a inteligência, em um meio de perdição. Deus dá a inteligência para que através dela o homem possa servir o próximo e a si mesmo, como, por exemplo, promover o progresso, descobrir vacinas e meios para curar os enfermos, minimizar suas dores; mostrar de uma maneira sábia como cada um pode contribuir para o bem-estar universal; levar o conhecimento, retirando o véu da ignorância de muitos que sentem dificuldade no aprendizado da vida.

— Os aprendizados, Jacira, todos eles são importantes e necessários, mas o aprendizado do amor é essencial para a evolução do ser.

— E a riqueza?

— A riqueza é uma grande bênção quando é empregada no combate ao mal; quando não serve somente àquele que possui seu usufruto na Terra, mas quando, ao contrário, o seu senhor compreende que possui a arma para diminuir a miséria, o frio e as aflições do seu próximo. Compartilhar é o grande segredo, Jacira, para transformar os dons recebidos de Deus na alavanca para a evolução.

— Quando a fortuna fica trancafiada nas gavetas egoístas do coração do homem, transforma-se no maior meio de perdição da criatura. Tanto a riqueza quanto a inteligência necessitam ajudar o bem na luta contra o mal.

— É por isso que se diz ser a riqueza a maior prova do espírito?

— Jacira, a vontade insaciável de ganhar, ganhar sempre e cada vez mais, conquistar bens materiais e guardar fortunas impede o homem de servir a Deus. Você bem sabe que a vida eterna não consiste na abundância dos bens físicos que podem ser acumulados na Terra, por isso deve-se ter muito cuidado para não se deixar arrastar pela avareza. Ela pode proporcionar meios que levam a esquecer facilmente os valores espirituais, porque é o laço que mais poderosamente liga o homem à Terra. Não se faz necessário se despojar de tudo o que se tem para conquistar a vida eterna; o que importa é não permitir que a riqueza em demasia jogue o homem no poço do orgulho, da vaidade, do egoísmo que o aprisiona nele mesmo; os prazeres sensuais que impedem de enxergar a vida espiritual e conseqüentemente inibem a elevação do ser.

— Quando o homem se torna escravo do dinheiro e dos prazeres menores, irá sofrer os tormentos mais atrozes, queimando na chama do desespero por ele mesmo provocado.

— E se a fortuna vem parar nas mãos do homem, o que fazer?

— Se veio através do trabalho digno, ou por herança, mesmo assim o prudente é transformar essa riqueza em fonte geradora do bem. Fonte que poderá apaziguar muitos corações aflitos. Se chegar por via ilícita, ou seja, por procedimentos que denigrem a alma humana, mancham o caráter e a dignidade do homem tornando-o vil, um ser mesquinho e desprezível, o primeiro ato para recuperar a dignidade cristã e o caráter do homem de bem é devolver àqueles que de uma forma ou de outra foram lesados. Corrigir o erro, Jacira, é sempre o primeiro passo.

— A pobreza é para uns a prova da paciência e da resignação, enquanto a riqueza é para outros a prova da caridade e da abnegação. O que de verdade a criatura possui é somente aquilo que se pode trazer para a espiritualidade, ou seja, suas aquisições espirituais; suas virtudes e seus valores, porque o homem não possui a posse real e sim, como já disse, o usufruto. O que ele traz consigo no retorno, os seus conhecimentos, suas obras, seu amor, ninguém poderá tirar; e é essa riqueza que garantirá a boa posição no mundo dos espíritos.

— Pelo que entendi, o homem precisa aprender a administrar bem sua inteligência e sua fortuna, não é isso?

— Sim, Jacira. Aprender a empregar seus dons de uma maneira útil e caridosa, agradecendo a Deus a oportunidade de poder ajudar os seus irmãos mais sofridos, com mais dificuldade social e intelectual, contribuindo assim para amenizar as necessidades do próximo.

— Jacob, posso fazer uma prece?

— Evidente que sim, Jacira. Faça e eu a acompanho.

Jacira concentrou-se e, com o pensamento direcionado ao Criador, orou.

"— Senhor, abra meus olhos para Tua luz; que eu consiga ver e sentir o Teu amor dentro de mim, para poder propagá-lo aos quatro cantos do universo, através de gestos, palavras e compreensão.

Que ao seguir o meu caminho saiba retirar ou suportar o peso dos empecilhos, porque através deles crescerei em espírito e terei mais oportunidade de me aproximar de Ti.

Deves saber, meu Pai, que bem no fundo do meu ser existe o desejo enorme de estar junto de Ti, porque só assim terei conseguido realmente a vida... A verdadeira maneira de viver aqui ou no mundo terreno."

— Muito sentida a prece, Jacira.

— Obrigada, Jacob, é o que sinto. Fico feliz que tenha orado comigo.

— Bem, vamos aos nossos afazeres.

Afastaram-se.

No trajeto percorrido, encontraram-se com Moisés, que disse a Jacob:

— Jacob, temos uma tarefa na Terra.

— Desencarne?

— Não. Lembra de Tobias, o político, como o chamavam?

— Claro. O que tem ele?

— Jacob, ele está na Terra há vinte e sete anos e ainda não iniciou o projeto programado para sua tarefa na vida física.

— Tobias, o político! — repetiu Jacob. — Será que irá falhar novamente pelo mesmo motivo?

— Parece que sim; está outra vez se infiltrando na política. Não haveria problema nenhum nisso, se não estivesse mais uma vez motivado pela ambição.

— Como assim? — perguntou Jacira.

— Jacira, lembra do que comentávamos ainda há pouco? Este é um espírito que não consegue se desligar da ambição de possuir sem se importar com quem vem atrás de si, ou com as marcas que deixa pelo caminho, contanto que consiga satisfazer sua ganância pelo dinheiro.

— É a terceira vez que retorna à Terra para cortar o laço que o prende ao dinheiro — disse Moisés —, na maioria das vezes ilícito, mas parece que caiu novamente no mesmo erro.

— Vamos até a Terra, ao seu encontro. Vamos ver em que podemos ajudar.

Os três espíritos, em questão de segundos, chegavam a Terra. Foram direto ao lugar onde se encontrava Tobias, que atendia as pessoas que o procuravam como político que era de importante cidade.

— Repare na pose desse pobre espírito que não se livra da vaidade, tola o suficiente para empurrá-lo para cima, provocando depois sua queda vertiginosa em direção às lágrimas e ao arrependimento que encontrará na espiritualidade.

— Tem razão, Jacob. O que os encarnados não fazem para ocupar posição de destaque no mundo dos homens, sem se dar conta que poderão ocupar o último lugar no reino de Deus?

Jacira a tudo prestava atenção. Admirava a sabedoria daqueles orientadores que, embora se vissem em um terreno árido, tudo faziam para inspirar o imprudente a retomar o caminho do bem.

— O mal que corrompe a humanidade é a ambição do poder — continuou Jacob —, e encontraram na política os meios necessários para conseguirem seu intento. Não deveria ser assim. Se foi permitido que tivessem a autoridade para decidir o destino de uma cidade ou de um país, destino esse que reflete em seus habitantes, é necessário que o façam com responsabilidade e propósito firme de melhorar a vida das pessoas, e não sua vida própria.

— Proporcionar educação para os ignorantes; saúde para os enfermos, sem fazê-los passar pelo constrangimento de horas a fio sofrendo o descaso daqueles que possuem a direção em suas mãos — completou Moisés.

— Saúde essa comprometida, não raro, em razão da alimentação precária e da condição lamentável do saneamento, com águas poluídas a céu aberto onde proliferam bactérias que causam as mais diversas enfermidades. O que o ser humano precisa é do mínimo necessário para uma vida digna.

— Mas — finalizou Jacob —, não estamos aqui para julgar a humanidade, pois as conseqüências desses atos de descaso para com os menos favorecidos os governantes sentirão no retorno que se dará. Estamos aqui para tentar reconduzir esse irmão ao caminho traçado e solicitado por ele mesmo.

— Tem razão — concordou Moisés.

Tobias continuava recebendo aqueles que o procuravam. Quase no final da tarde, atendeu um senhor aparentando ter entre setenta e setenta e cinco anos de idade. Rosto enrugado e mãos calejadas pela difícil luta que travava para garantir a sobrevivência de sua família. Humilde, sentou-se em frente a Tobias, e este, como sempre arrogante, perguntou-lhe:

— O que deseja?

— Eu...

— Gostaria que fosse rápido e objetivo, pois não tenho tempo a perder. Pretendo encerrar meu expediente, tive um dia cheio!

— Desculpe, doutor, vim incomodá-lo porque já não sei mais o que fazer para sustentar minha família. Somos em sete pessoas, tenho dois netos órfãos que moram comigo e...

— Poupe-me dos detalhes, senhor...

— Manuel.

— Pois bem, senhor Manuel, vá direto ao assunto.

— Tenho uma barraca de guloseimas em um ponto bem próximo a uma escola da periferia. Por cerca de cinco ou mais vezes já fui multado porque não tenho licença para trabalhar ali, e cada vez que pago a multa todo o meu dinheiro vai embora, e ficamos praticamente sem ter com o que nos alimentar.

— E daí?

— Venho pedir-lhe que consiga uma licença para que eu possa trabalhar em paz. Nada mais almejo na vida a não ser ter o direito de trabalhar e sustentar minha família.

— O senhor está brincando comigo?

— Eu?!

— Sim. Com tantos assuntos e problemas importantes que tenho para resolver, o senhor vem aqui, faz-me perder tempo por uma coisa tão boba? Quando o fiscal passar, pague o que ele pedir e pronto, está resolvido!

Jacob aproximou-se mais de Tobias e começou a falar-lhe, inspirando-o para que reconsiderasse sua decisão, pois era justo o pedido.

"— Tobias, reconsidere. Lembre-se que sua reencarnação foi programada para que se tornasse um defensor dos pobres e oprimidos! Entretanto, você, mais uma vez, ao contrário do que esperamos, está oprimindo quem lhe pede ajuda."

Tobias começou a experimentar uma sensação estranha. Jacob continuou.

"— Lembre-se, meu irmão, que já sofreu muito por conta da sua tola ambição, pela sua incompreensão das aflições alheias, e por usar seu poder sempre em benefício próprio. É hora de mudar, caso contrário retornará mais uma vez devedor e sofrerá novamente o arrependimento dos que se negam a mudar suas atitudes egoístas. Estamos aqui para auxiliá-lo a retomar seu propósito de solidariedade. Por mais uma vez detém o poder nas mãos; é a oportunidade de se renovar como criatura de Deus."

Jacob e Moisés emitiram energia salutar em Tobias que, sem registrar a presença dos espíritos, teve uma leve sensação de que deveria reconsiderar. "Acho que fui muito duro com este pobre velho", pensou.

Dirigindo-se ao seu Manuel, disse-lhe:

— Pensei melhor e acho que vou ajudá-lo. Posso conseguir um alvará para você trabalhar legalmente, mas deve saber que isso tem um custo.

— Quanto? — perguntou Manuel, desanimado.

Tobias escreveu a quantia em um papel e mostrou para Manuel, que, ao ver a soma elevada, com olhos tristes e desilusão no coração, respondeu, levantando-se:

— Pode deixar, doutor. Para ter uma quantia tão alta como essa preciso trabalhar duramente vários meses, e sem tirar um centavo para a alimentação. Passe bem.

Jacob rapidamente dirigiu seu pensamento à mente de Tobias.

"— Tobias, por que explora o seu semelhante? Você não precisa desse dinheiro, que, a bem da verdade, não é lícito. Para que colocar no seu currículo terreno essa atitude de total incompreensão com a aflição desse pobre irmão, que mal tem onde encostar sua cabeça para o merecido descanso, que apenas cumpre sua prova com valentia? O que pede está inserido na sua ambição de cada vez mais possuir sem se importar de quem tira e a quantas pessoas prejudica. Agora é um bom momento para iniciar sua tarefa proposta, principalmente porque ajudará alguém que lhe foi muito caro no passado."

Mais uma vez Tobias teve a sensação de não estar fazendo a coisa certa. Olhou aquele pobre homem, já de pé na sua frente, despedindo-se com humildade e ainda agradecendo a atenção recebida. Sem se dar conta, mas receptivo às sugestões de Jacob, disse-lhe:

— Sente-se, por favor.

Manuel voltou a sentar-se, apertando nervosamente o boné que trazia entre as mãos.

— Resolvi ajudá-lo. Vou lhe dar uma carta de recomendação, que você irá entregar à pessoa responsável pelas licenças. Com certeza terá que pagar uma taxa, mas garanto-lhe que sairá de lá com a licença nas mãos. Poderá trabalhar sem que ninguém o incomode.

Abriu sua carteira, retirou uma certa quantia e entregou a Manuel, dizendo-lhe:

— Esta é a quantia correspondente à taxa que irá pagar.

Os olhos de Manuel deixaram cair duas lágrimas, e ele disse:

— Obrigado por tudo! Que Jesus envie sempre os bons espíritos para ajudá-lo.

— Bons espíritos?!

— Sim, doutor. Sou espírita, e acredito que onde está o bem estão os bons espíritos inspirando o homem. Que o senhor seja alvo da bondade de Jesus. Com sua licença.

Saiu, deixando Tobias impressionado consigo mesmo.

— O que será que me deu? Nunca fui tão fraco assim... Acho que me deixei impressionar por este velho. Devo ter agido como um tolo.

"— Não, Tobias, você agiu como um fiel filho de Deus deve agir, ou seja, com fraternidade e compreensão da dor alheia" — disse Jacob.

— Graças a Jesus conseguimos atingir a alma de Tobias — comentou Moisés — e direcioná-la para o caminho da bondade.

— Hoje à noite iremos à casa dele. Assim que adormecer, chamaremos seu espírito e conversaremos com ele para lembrá-lo do compromisso assumido.

— Posso acompanhá-lo, Jacob?

— Claro, Jacira! Afinal, você não é minha querida aluna?

Os três espíritos sorriram e dirigiram-se à casa de Tobias, aguardando o anoitecer.

"Durante o sono, os liames que unem o espírito ao corpo se afrouxam e o corpo não necessita do espírito. Então ele percorre o espaço e entra em relação mais direta com os outros espíritos." (*Livro dos Espíritos* – cap. VIII)

Enquanto aguardavam o anoitecer, Jacob e Moisés trocavam considerações; Jacira mantinha-se alerta a tudo o que falavam.

— É como lhe digo, Moisés: os homens ainda não se conscientizaram da sua própria importância no ciclo da vida terrena. Queixam-se, lamentam e exigem, mas a realidade é bem outra, ou seja, queixam-se de tudo o que lhes fazem e pelas aflições que passam, considerando-as sempre injustas; lamentam e não se dão conta que nada fazem para modificar situações que poderiam ser transformadas, e exigem receber o que não se preocupam em dar para o outro. Esquecem-se que todos os dias são testados pela vida; se desistirem, nenhum fruto hão de colher; mas se, ao contrário, persistirem na tentativa de construir uma vida melhor para todos que estão à sua volta e para si mesmos, alcançarão êxito. Correm desesperadamente atrás da felicidade com que sonham, e não sabem que a felicidade é subordinada ao que fazemos dela. Somos nós mesmos que a criamos através de atitudes, pensamentos, sentimentos e conscientização de que ser feliz não é positivamente ter tudo, mas desejar menos.

Moisés continuou.

— O espírito que se prepara para reencarnar — disse-me Clemente certa vez — não raro recua por receio da prova que terá que enfrentar, muitas escolhidas por ele próprio. Julga-na forte e sofrida, acredita não poder suportar. Quando a reencarnação se consuma, no decorrer de sua trajetória terrena, perde-se em si mesmo, desprezando a sagrada oportunidade de se renovar e crescer na escala evolutiva.

— É uma verdade — concordou Jacob —, e é nesse momento que caem nos enganos.

Jacira, que até então se mantinha em completo silêncio, mas interessada em aprender, pediu licença aos orientadores e se expressou.

— Em uma das palestras do Irmão Lucas, ele explicou muito bem que é essencial o conhecimento, a dedicação ao aprendizado, porque ele traz a compreensão das muitas questões que surgem na vida física e na espiritual, com o perfeito entendimento das respostas quando elas chegam. Nossa vida aqui ou na Terra — disse ele — está subordinada ao que fazemos dela.

— Está certo, Jacira, tudo nasce na essência do espírito e segue o livre-arbítrio de cada um. O bem e o mal não vêm de fora, mas de dentro do ser. Todos vivem dentro do mesmo conceito de vida; sofrem intempéries, perigos, medos e aflições, mas nem todos se comportam da mesma maneira. Enquanto alguns lamentam, outros nas mesmas condições descobrem as belezas e as oportunidades concedidas por Deus e são felizes. Jacira, superar é o grande obstáculo a ser vencido no caminho do crescimento pessoal.

— Se você me permite, Jacob, gostaria de passar para Jacira um grande ensinamento que aprendi ao longo da minha existência.

— Por favor, Moisés, ofereça à Jacira sua sabedoria.

"— O discípulo perguntou ao Mestre como fica a nossa vida depois que nos iluminamos. A resposta foi a seguinte: Nós nos deitamos, nos levantamos, comemos quando temos fome, choramos quando estamos tristes e rimos quando estamos felizes.

— Mas isso tudo eu faço! — respondeu o discípulo.

— Então continue fazendo — recomendou o Mestre." (Espírito Tomiko – monge budista quando encarnado)

— A diferença não está nas coisas que a gente faz ou deixa de fazer, mas na atenção com que realizamos cada tarefa do dia-a-dia. Por isso não existe diferença entre o que faz uma pessoa iluminada e uma não iluminada, exceto pelo fato de que uma está acordada e a outra dormindo.

— Entendi, Moisés, e agradeço.

Nesse instante a porta do quarto se abriu, e Tobias entrou para se entregar ao sono reparador. Em poucos minutos achava-se adormecido. Jacob, com a energia do pensamento, atraiu o espírito de Tobias para junto de si.

— Reconhece-me, Tobias?

Este, surpreso, fixou-se em Jacob e respondeu:

— Jacob, Moisés?

— Sim, Tobias. Essa é Jacira, uma discípula que se empenha em cada vez mais servir a Jesus através da dedicação ao seu semelhante.

— Por que me atraíram para cá?

— Porque percebemos que mais uma vez se entrega à mesma atitude que lhe causou tanto arrependimento e dor na sua volta à espiritualidade. Anda muito distraído, Tobias, esquecendo seu propósito elaborado e solicitado por você mesmo. O nosso encontro é para lembrar-lhe do compromisso assumido. Por mais uma vez foi-lhe dada uma posição para que se redimisse dos erros passados através da mudança de comportamento. Infelizmente, você se dirige novamente para a armadilha do poder e do dinheiro.

— Qual é mesmo a minha tarefa nessa vida?

— Ajudar a incluir os excluídos no seio da sociedade, minimizando sua dor, a dor do descaso e da humilhação. Construir o que ajudou a destruir no passado. Por que se nega a cumprir o que pediu com tanto empenho?

— Não sei — disse Tobias. — Sinto em mim o desejo de possuir, obter e conquistar cada vez mais uma reconhecida posição. É mais forte que eu... Às vezes percebo estar errando, mas não consigo mudar, apesar de querer. Ajudem-me!

— Busca uma posição nascida da exploração dos mais fracos, da mentira, da falsidade e da ambição desmedida. É necessário, Tobias, esforçar-se e trabalhar incessantemente pelo aprimoramento moral, que deverá ser efetuado de dentro para fora. Se assim não for, resultará em total fracasso no íntimo da alma, pois será apenas fingimento moral, ostentação de virtudes aparentes e não reais, e a hipocrisia da personalidade.

— Ajudem-me a recordar esse encontro quando acordar, para que eu possa retomar o caminho traçado. Não quero mais sofrer.

— Com a permissão de Jesus, terá o nosso auxílio, através das inspirações, mas é necessário fazer sua parte.

— Como assim?

— Orar e vigiar, como Jesus ensinou. Adquira o hábito do Evangelho no lar; conseguirá forças para se livrar de energias negativas que o conduzem a reincidir no mesmo erro.

— Como saberei que são inspirações ou desejos meus?

— Tobias, as inspirações vêm do fundo da alma, é o espírito quem as recebe e as leva para a consciência, e sua consciência lhe mostrará o caminho. Se o caminho indicado for do bem e da fraternidade, irá proporcionar paz e harmonia a seu coração; despertará o desejo e o impulso da generosidade, e a satisfação do dever cumprido em concordância com as leis divinas. Por outro lado, se sufocar a consciência alertando-o do perigo de seus atos, e prosseguir na estrada que o leva ao desejo de tirar proveito próprio em tudo o que fizer, sentirá sem dúvida o desconforto e o peso da própria invigilância. Ouça sempre o seu coração, Tobias, ele o direcionará; eleve o seu pensamento a Jesus, Ele o protegerá.

— Obrigado, amigo. Que Jesus me proteja.

O espírito de Tobias retornou ao corpo físico. Constatando que ele usufruía o sono reparador, os espíritos afastaram-se, retornando à espiritualidade. Jacira, impressionada com a maneira equilibrada e amorosa como os espíritos auxiliavam os encarnados, disse aos amigos:

— Encanto-me com o trabalho de auxílio feito pelos espíritos junto aos encarnados.

— Os encarnados sofrem influência dos bons e dos maus espíritos, Jacira, muito mais do que podem imaginar. Tudo depende de sua sintonia: onde ela estiver, ali estarão suas companhias.

Tobias, no decorrer dos meses, manteve encontros noturnos com os bons espíritos, durante seu sono físico. Através das orientações que seu espírito recebia e das inspirações, foi se renovando, e sentiu nascer em seu íntimo o desejo de modificar seu comportamento em relação às pessoas menos favorecidas. Em sua mente foi surgindo projeto social de grande importância, projeto esse que viera realizar na Terra. Em pouco tempo estava em funcionamento, beneficiando com educação, saúde e lazer àqueles que pouco ou nada possuíam; descobrindo talentos entre crianças magras e desnutridas, mas que tinham em si o dom ofertado por Deus. Sua ambição dera lugar à generosidade; seu coração egoísta transformara-se no riacho doce onde os infelizes bebiam a água que aliviava suas dores e fazia surgir potencialidades escondidas por falta de oportunidade.

O tempo passou.

Tobias retornou à pátria espiritual deixando gravado seu nome como importante benfeitor dos excluídos. Livrara-se do sentimento mesquinho que o acorrentara durante séculos.

Capítulo XVII

Na reencarnação, a depuração

Como sempre acontecia nas palestras elucidativas ministradas aos espíritos próximos de iniciarem nova experiência terrena, o auditório estava repleto de candidatos à reencarnação.

O palestrante, como de costume, era o querido Irmão Lucas, espírito admirado e respeitado por todos que participavam dessa reunião e recebiam desse elevado espírito os esclarecimentos necessários para que retornassem à Terra mais fortalecidos e confiantes.

Após a habitual prece, Lucas iniciou.

— Queridos irmãos, todos aqui presentes estão próximos à reencarnação. Para muitos, este é nosso último encontro, porque partem para a Terra iniciando nova caminhada de evolução na vida terrena. Gostaria nesse instante de orientá-los mais uma vez a respeito da melhor maneira de enfrentarem mais este desafio, para que essa experiência corra menos perigo de fracassar.

— O fracasso faz parte de todos os desafios, mas é verdade que só não fracassa quem nunca tentou. O importante é não se intimidar diante dos previstos e dos imprevistos, dos encontros e dos desencontros que com certeza acontecem na caminhada de evolução na vida terrena. É importante permanecer com o coração receptivo ao amor de Jesus e compreender que aquele que se dedica ao bem e à moral cristã correrá menos risco de sucumbir diante das aflições.

— Este retorno é a grande bênção recebida do Criador, porque através dele terão oportunidade de transformar uma história que, por imprudência, não foi bem escrita em outra de maior sucesso espiritual.

— Viver é a situação mais livre, natural e espontânea em todo o ser vivo, porque assim Deus quer. As complicações procedem da mente humana que se deixa levar por tolas questões que transformam o homem em um ser com dúvidas e sofrimentos inteiramente desnecessários.

— A oportunidade de se renovar nos é dada por Deus como a maior prova de amor por Suas criaturas, e Deus espera que todos cresçam e promovam sua evolução espiritual. Oferta a todos a mesma oportunidade de aperfeiçoamento e progresso moral, mas infelizmente alguns, usando do direito do livre-arbítrio, preferem, assim que chegam à Terra, caminhar em direção contrária às leis divinas.

— Esquecem-se que retornar à vida física é a chance de que todos os espíritos precisam para se redimirem das faltas cometidas em existências anteriores. Ressarcir os erros, saldar os débitos contraídos através do egoísmo, falta de amor e apego excessivos aos prazeres materiais. É necessário, meus irmãos, fortalecer o espírito por meio de preces sinceras e a prática do bem.

— Deus mais uma vez abre para cada um o espaço no qual deverão trabalhar e crescer, elevarem-se para cada vez mais merecerem o amparo divino. Nenhum de vocês estará só e esquecido; pelos atos de bondade, atrairão a companhia e o auxílio dos espíritos que daqui, na espiritualidade, estarão vibrando por vocês para que possam cumprir com equilíbrio todos os projetos da vida terrena.

O silêncio era total. A emoção tomava conta de muitos, principalmente daqueles cuja permanência na Terra seria de grande sofrimento.

Lucas continuou.

— Para aqueles cuja prova será mais penosa, lembrem-se que ninguém sofrerá mais que o necessário e o justo para que suas dívidas com a lei sejam devidamente saldadas. Deus não permite o sofrimento maior do que os ombros possam agüentar, nem o sofrimento eterno. Um dia tudo passará e a vitória será festejada.

— Ao longo das encarnações, o espírito vai escrevendo sua história, e conseqüentemente cada um responderá por suas ações e sofrerá a reação dos atos impensados, imprudentes e levianos com os quais nortearam suas sucessivas experiências terrenas. Quem apenas vive no recreio não aprende a lição; a Terra é uma escola a ensinar a grande lição da vida.

— Nenhum espírito vai ao mundo físico a passeio, para viver no recreio interminável; o processo reencarnatório é muito mais profundo e envolve uma razão útil e enorme benefício para aquele que reencarna. É a oportunidade de anular o mal que tenha plantado no seu caminho de outrora.

— Temos aqui presentes espíritos que retornarão para executar grandes missões, como também aqueles que sofrerão provas e expiações necessárias à própria redenção. Tanto um quanto outro deverão se revestir de muita humildade para aprender cada vez mais o verdadeiro sentido da vida. "Aquele que se humilha será exaltado; aquele que se exalta será humilhado", disse Jesus. Palavras que mostram a importância de se adquirir essa virtude que se chama humildade.

— Que nosso Mestre Jesus os ilumine para que possam entender essa nova experiência terrena como a oportunidade maior de resgatar os débitos, consertar os insucessos gerados no mal que praticaram um dia. Agarrem esta chance com a força que só os que crêem conseguem ter, para conquistarem créditos e assim somarem vitórias ao longo da caminhada. O desespero impede o raciocínio; por isso, não se desesperem diante das aflições: pelo contrário, passem por elas caminhando com Jesus.

— A Terra passa por transformação. Não se intimidem em demonstrar amor, queiram bem a quantos se aproximarem à procura de um alento, uma palavra amiga ou um consolo.

— Vamos nesse instante elevar uma prece ao Mestre Jesus, guardem-na no fundo do coração para que nos momentos de aflição no planeta Terra possam trazer para a consciência a certeza de que Jesus estará sempre perto, no coração de quem O abriga.

"Muito além do horizonte, além das verdes montanhas onde a brisa suave e fresca balança as palmeiras ao vento... existe um Ser.

Uma fonte de amor... De paz... de carinho, sem a matéria grotesca que forma a pessoa humana.

Existe o Ser da verdade... da compreensão... da doçura infinita

É o Pai da humanidade, que com desvelo e paciência nos auxilia no caminho, tratando-nos com muito amor.

Para até Ele chegar e a tudo agradecer, é preciso caminhar em direção a essa luz.

Não querer ser consolado e com o sofrimento crescer.

É ter fé... é amar... é sentir nas coisas simples a essência dessa força... que é Jesus."

As luzes se apagaram. Os espíritos fortalecidos retornaram ao Departamento Reencarnatório, onde cada um foi direcionado para o lugar de espera adequado a cada caso.

— Jacob, por que quando encarnamos esquecemos de tudo o que aprendemos aqui na erraticidade, ou que vivemos no passado?

— Jacira, o esquecimento do passado é o maior benefício que Deus concede ao espírito reencarnante. Se assim não fosse, como iríamos conseguir programar a vida encarnada, traçar objetivos, lutar para vencermos as imperfeições que são a causa de nossos fracassos, atormentados pela vergonha, o arrependimento dos atos desastrosos do pretérito? Como viver — sem sentir ira, revolta ou vergonha — ao lado de alguém que lesamos por conta do orgulho ou do egoísmo; alguém que poderia também ter nos lesado pela mesma razão? Como neutralizar o sentimento de vingança que poderia atingir a nossa alma, ou mesmo exaltar o nosso orgulho? Perderíamos o mérito do esforço e da luta pelo aprimoramento do nosso progresso moral. É necessário aprender a ser bom através da compreensão das leis de Deus, e não quando se vislumbra a possibilidade de recompensa.

— Quanto aos conhecimentos adquiridos na espiritualidade através das palestras, cursos, estudo e trabalho, não os perdemos. Eles ficam latentes em nosso inconsciente, e ao primeiro sinal de perigo eles emergem e a consciência nos alerta, dando o suporte através da intuição necessária para resistir ao mal que nos ameaça. O conhecimento pertence ao espírito, e ele não o perde.

"Se não temos, durante a vida corpórea, uma lembrança precisa daquilo que fomos, e do que fizemos, de bem ou de mal em nossas existências anteriores, temos entretanto a sua intuição. E as nossas tendências instintivas são uma reminiscência do nosso passado, às quais a nossa consciência — que representa o desejo por nós concebido de não mais cometer as mesmas faltas — adverte que devemos resistir." (*Livro dos Espíritos* – cap. VII)

Jacob chegou ao Departamento Reencarnatório acompanhado de Jacira e de um espírito feminino que mantinha sua aparência de quando desencarnara, aos oitenta e cinco anos. Procurou por Clemente, e este, tomando conhecimento do assunto que os trazia, prontificou-se a ajudá-los.

— Estou à sua disposição, Jacob, traga-a e os conduzirei até o espírito em questão com o maior prazer, pois acredito mesmo que irá lhe fazer muito bem.

Jacob apresentou Clarice a Clemente.

— Esta é Clarice. Foi, em sua última encarnação, mãe de Adriano, o espírito que está prestes a ser colocado junto daquela que será sua mãe terrena.

— Seja bem-vinda, minha irmã.

— Obrigada. Consegui permissão para falar com Adriano, despedir-me dele. Soube que está próxima sua ligação com aquela que o receberá como filho.

— É verdade. Preocupa-nos um pouco sua reação. Tem uma certa tendência a desistir do retorno à vida física, pois acredita não conseguir suportar a difícil prova para a qual foi amplamente preparado. Receio que possa provocar um aborto que não está dentro da programação, pelo medo de voltar.

— Esta foi a principal razão da minha visita. Vim tentar acalmá-lo, ajudá-lo a entender a necessidade da reparação do mal praticado. Confio em Jesus que tudo dará certo.

— Creio que sim — concordou Clemente, apoiado por Jacob.

Clarice foi encaminhada para perto de Adriano.

Encontrou-o encolhido, orando a Jesus, pedindo coragem e força para não recuar diante de sua prova. Queria ir em frente, apagar de sua história o ato terrível que praticara e tanto o fizera sofrer nas zonas infelizes.

— Adriano — Clarice chamou-o docemente.

Assim que a viu, Adriano deixou que toda a carga de emoção explodisse e suplicou:

— Mãe! Há quanto tempo não nos encontramos! Por que não veio ver-me mais vezes?

— Adriano, moramos em Colônias diferentes e distantes. Só posso ausentar-me quando autorizam minha saída, e essa permissão só acontece quando nossos superiores julgam conveniente. Eles sabem o momento certo para todos os propósitos. Agora foi o momento propício, e estou aqui, meu filho!

— Vou voltar para a Terra, mãe, e estou com receio de fracassar.

— Eu sei, meu filho, mas quero lhe dizer que este receio é infundado. Terá amparo espiritual, mas deverá cumprir o seu objetivo visando sua evolução.

— É muito dura a prova que terei que enfrentar. Não sei se vou agüentar.

— Adriano, você não está partindo sem um projeto de evolução cuidadosamente elaborado para isentá-lo das marcas do seu passado. Nossas provas estão de acordo com os nossos atos desastrosos do pretérito. Se cometermos infrações lesando gravemente nosso semelhante, é justo que passemos pela mesma situação, para conhecer a intensidade da dor que causamos.

Clemente e Jacob admiravam a doçura e a sabedoria daquele espírito que sufocava seu sentimento de mãe para ajudar o filho a se reerguer e retomar o caminho do bem, do respeito e do amor.

— A senhora sabe qual será a minha vida na Terra?

— Sei, Adriano.

— Acha justa?

— Acho! Em que momento da eternidade nosso Criador cometeu uma injustiça qualquer, por menor que fosse? Você sabe que precisa passar por essa situação, Adriano, a mesma que impôs ao próximo. Deus é todo bondade e justiça, não permitiria uma prova dessa natureza se não houvesse um grande benefício para seu aprimoramento moral, e sua evolução. Quem não conhece a escuridão não valoriza a luz. Confie em Jesus, procure consolo e força no amor de Jesus e vencerá com coragem e amor no coração.

— Irmão Clemente disse que a previsão para minha permanência na Terra é de trinta e dois anos. Não é muito tempo?

— Não, Adriano. Esse tempo não lhe diz nada? Não era essa a idade que tinha seu companheiro quando você cometeu aquela agressão que ocasionou este carma? Tudo segue a lei de ação e reação. Este é o tempo adequado e necessário para quitar seu débito com a lei e o seu espírito aprender o respeito pelo próximo.

— Mãe, por que fui tolo o bastante para não escutar seus conselhos...

— Não lamente agora, Adriano, você já pagou sua maldade cometida, através dos anos de sofrimento nas zonas infelizes. Arrependeu-se e conseguiu nova oportunidade, e agora é o momento de pensar na sua nova existência; fazê-la dar certo; vencer sua prova com fé no Criador. Não se amedronte diante das aflições que terá que enfrentar; se aprender a amar de verdade, sairá dignificado. Quando nos entregamos sem restrições à prática do bem e da caridade, proporcionamos a nós mesmos a paz e a felicidade que almejamos. Eu o acompanharei com as minhas vibrações de amor, e, se me for permitido, irei ao seu socorro toda vez que fraquejar.

Adriano sentia-se mais calmo. Abraçou aquela que fora sua mãe na Terra e que tantos conselhos lhe dera; arrependera-se por não lhe ter dado ouvidos.

— Obrigado, mãe querida. Um dia, em algum lugar, estaremos juntos novamente.

— Se assim Deus permitir. Não se esqueça, filho, cumpra seu projeto de vida! Não procure atalhos, faça o percurso traçado para sua redenção e voltará como uma digna criatura de Deus.

Adriano chamou Clemente e disse-lhe:

— Estou pronto. Entrego-me ao destino que a minha iniqüidade criou. Não receie, pois nada farei que prejudique meu nascimento na vida física.

— Felicito-o, Adriano, por finalmente compreender a razão de sua aflição na Terra e aceitá-la com valentia. É um ótimo começo. Daqui a quarenta e oito horas estará ligado ao útero de sua mãe terrena.

Após a despedida de Clarice e Jacob, Adriano foi levado para a câmara onde receberia os últimos preparativos para sua reentrada na Terra.

Dois anos se passaram desde este acontecimento. Em uma manhã fria de inverno de uma pequena cidade do sul do Brasil, em um hospital simples, nascia um menino robusto e bonito. Ao ser levado para o berçário, a enfermeira disse, pesarosa:

— Meu Deus, que pena... Uma criança tão linda sem as duas mãos! Por que será que Deus permite deficiência em uma criança inocente, que não fez mal a ninguém?

Adriano receberia em abundância tudo o que precisava para saldar os seus débitos, pois ao completar cinco anos de idade perderia as duas vistas, vítima de doença incurável. Mais uma vez cumpria-se a lei de ação e reação.

"O espírito pode escolher a prova mais rude e em conseqüência a existência mais penosa, com a esperança de chegar mais depressa a um estado melhor, como o doente escolhe muitas vezes o remédio mais desagradável para se curar mais rapidamente. Aquele que deseja ligar seu nome à descoberta de um país desconhecido não escolhe um caminho coberto de flores, pois sabe os perigos que corre, mas sabe também a glória que o espera, se for feliz." (*Livro dos Espíritos*)

Os encarnados chocam-se ao verem pequenos seres sofrendo enfermidades, mutilações ou qualquer outra deficiência. Julgam-nos inocentes, vítimas do destino e questionam a justiça divina. Esquecem-se que ninguém é vítima do acaso, muito menos da injustiça de Deus, mas sim herdeiro de si mesmo. Essas aflições nada mais são que a conseqüência, não a origem. Todas as atitudes estão subordinadas à lei de causa e efeito. Em algum lugar estará a origem dessa dor; o corpo físico é novo, mas o espírito chega trazendo em sua bagagem seus atos do passado.

Mas é verdade que, se encontramos um semelhante passando por um resgate doloroso, devemos ajudá-lo a carregar o peso da sua cruz, e não deixá-lo à mercê da própria sorte, mergulhado no descaso que caracteriza falta de caridade. Deve-se fazer todo o bem possível para aliviar suas dores. Isso é praticar a lei do amor fraternal e da caridade que engrandece o homem. Como disse Jesus: "Atire a primeira pedra aquele que nunca pecou".

Não se pode esquecer que Deus se preocupa com todas as criaturas que criou, e todos recebem Sua bondade. Todavia, quando desrespeitamos e violamos Suas leis, sofremos as conseqüências desse ato impensado, e conseqüentemente nossa felicidade futura.

Ninguém padece do sofrimento eterno: um dia tudo termina. Não importa que dure dias, meses, anos ou séculos, um dia tudo mudará.

Após um tempo de silêncio, Jacira dirigiu-se a Jacob.

— Sabe, Jacob, marcou-me muito o encontro de Clarice e Adriano, o amor com que Clarice confortava Adriano.

— Jacira, por que está lembrando de um fato acontecido há tanto tempo?

— Porque não esqueço o carinho daquela mãe por um filho que tanto a fizera sofrer por conta dos desatinos cometidos.

— Clarice é um espírito nobre, Jacira.

— É. Os espíritos nobres deixam perfume por onde quer que passem, e jamais são esquecidos, não importa o tempo que transcorra.

— São eles que incansavelmente trabalham para que o homem aprenda que não se deve afundar em águas rasas, mas sim limpar os pés e prosseguir a caminhada.

— Contudo, Jacob, a maioria se desespera ao deparar com questões que facilmente seriam resolvidas se em lugar do choro houvesse disposição para lutar e modificar a si mesmo.

— Muito bem, Jacira... Muito bem! Alegra-me ouvi-la se expressar de maneira tão certa e lógica.

— Obrigada, Jacob. Depois de tantos anos acompanhando você, participando das tarefas, ouvindo palestras, enfim, depois de ter acesso a todos os aprendizados, só me restava aprender.

— Mas isso não acontece com todos, Jacira. Você participou de tudo com o intuito de se melhorar, aprender, e aprendeu porque se dispôs a isso.

— Jacob, por que existem homens que ainda não acreditam na existência de Deus?

— Jacira, alguém que nunca tenha visto a cor azul não saberia imaginá-la; então, se Deus não existisse, a imaginação do homem não teria concebido. Negar a existência de Deus é afirmar que o acaso é inteligente, e não se pode aceitar isso. Mesmo aquele que afirma não acreditar em nenhum ser supremo tem, no fundo, no âmago do seu ser, a intuição de que Deus realmente existe. Se assim não fosse, não o invocaria nas horas de maior sofrimento! O homem sempre dirá "Meu Deus" nos momentos de profunda angústia e dor.

— A vida na Terra é cheia de sofrimento, não é mesmo, Jacob?

— Na realidade, Jacira, a vida é cheia de respostas. O sofrimento existe porque em algum momento o homem imprudentemente plantou sua semente. O sofrimento nasce das imperfeições que os homens relutam em melhorar, que vão deixando pelo caminho rastros de dor. Nada fazem para si mesmos e para o bem do próximo. Sabe, Jacira, a vida é uma grande colcha de retalhos na qual devemos costurar um ao lado do outro todo o bem que reside em nosso coração; toda a compreensão com as fraquezas do próximo, a caridade praticada e todo o amor pelo Criador. Cada um deve construir sua colcha com os seus retalhos de vida, pois, quando somos atingidos pela dor que nos fere, é esse manto que irá nos abrigar das intempéries da vida; pois foi ali que abrimos espaço para receber o auxílio divino. Quando temos em nosso coração sentimentos como esperança, fé e a certeza de que fazer o bem sempre vale a pena, em qualquer situação, estamos aquecidos pelo amor divino. Com facilidade percebemos isso.

— Quem deixa o ódio e a vingança se instalarem em seu coração estará fadado a novos sofrimentos. Porém, se o amor e o perdão forem os sentimentos predominantes, certamente atrairá para si a paz e a felicidade.

— Pelo que entendi, não se consegue felicidade sem coração limpo! — comentou Jacira.

— Isso mesmo, Jacira... Perfeito!

Capítulo XVIII

Até o último ceitil

O som da sirene do carro de bombeiros ecoava pelas ruas da cidade, pedindo passagem. O motorista habilidoso se infiltrava veloz entre os carros, que se encostavam uns nos outros, apressados em dar a passagem pedida, pois sabiam da importância do trabalho de salvamento que na certa os homens iriam realizar. Logo em seguida, surgiu outro carro, mais outro e mais outro.

O grande edifício tomado pelas chamas era palco dos gritos desesperados das pessoas que tentavam sair daquele inferno. Nas ruas, a multidão aglomerada acompanhava o estafante trabalho dos bombeiros, que, arriscando a própria vida, esforçavam-se em retirar o maior número possível de sobreviventes; e, graças à Providência Divina, isso foi feito.

Passada a tormenta, cansados mas felizes, os homens comemoravam o sucesso do esforço realizado: "todos salvos, graças a Deus"; "ninguém perdeu a vida", diziam com euforia.

Ao iniciarem o trabalho de vistoria para a confirmação de que realmente não houvera morte, a surpresa. No canto de uma sala encontraram o corpo carbonizado de um homem.

O espanto foi geral.

— Como não percebemos a presença desse homem? — diziam, inconformados. — Olhamos tudo com atenção!

— Por que somente ele tornou-se vítima dessa fatalidade? — perguntou outro.

— São coisas que fogem da nossa compreensão; por que só ele perdeu a vida quando tudo indicava que a maioria morreria? Só Deus possui essa resposta.

Enquanto os encarnados davam vazão à própria indignação, ao lado do corpo desfigurado de Tarcísio, a equipe socorrista acomodava seu espírito na maca que o levaria para o hospital do espaço.

— Nunca havia presenciado um fato como esse, Jacob. Por que só ele não se salvou? Por que apenas ele foi vítima fatal dessa tragédia?

— Porque assim estava previsto, Jacira. Esse seria o meio pelo qual Tarcísio desencarnaria, e esse desencarne colocaria um fim em seu passado negro, que originou um carma tão severo.

— Como assim?

— Tarcísio vem há séculos saldando sua dívida com a lei. A cada encarnação, quitava um pouco do seu passado escabroso. A quitação final aconteceu nesse incêndio, na maneira como desencarnou. Dentre as pessoas que vivenciaram esse tormento, somente para ele estava prevista a desencarnação.

— Então a fatalidade existiu só para ele?

— Jacira, esta foi a escolha de Tarcísio, feita antes de encarnar; escolheu essa prova, e ao escolher trouxe para si mesmo o que chama de destino.

— Por que escolheu uma prova tão penosa, Jacob?

— Para completar o ciclo do resgate, de um terrível carma que teve a sua origem no incêndio de Roma. Ele há séculos vem sofrendo os efeitos de tanta crueldade cometida. Ao longo de suas existências vividas na Terra, foi saldando pouco a pouco, diminuindo sua culpa, ficando mais perto das leis divinas; e agora, com a tortura de sentir as chamas destruírem seu corpo, sofrendo o que fez sofrer tantas e tantas criaturas sem culpa alguma do que eram acusadas, finalizou sua trágica história, que o lançara na dor.

— Então ele saiu vitorioso?

— Sem dúvida. Enquanto sentia seu corpo queimar, experimentava dores alucinantes, mas seu pensamento permaneceu voltado para Jesus o tempo todo, seu coração consciente de que tudo era conseqüência de sua própria falta. Não permitiu que o desespero, a revolta e a indignação o separassem de Deus. Entregou-se a Jesus e renasceu na espiritualidade como uma criatura de Deus. Tarcísio está livre de seu passado vergonhoso.

— Para as outras pessoas que estavam no edifício não era a hora ainda de partir, é isso?

— Certamente. Quando chega a hora, nada livra aquele que deve partir.

"As idéias justas ou falsas que fazemos das coisas nos levam a vencer ou fracassar, segundo o nosso caráter e a nossa posição social. Achamos mais simples e menos humilhante para nosso amor-próprio atribuir nossos fracassos mais à sorte ou ao destino do que a nós mesmos. Se a influência dos espíritos contribuir algumas vezes para isso, podemos sempre nos subtrair a ela, repelindo as idéias más que nos forem sugeridas." (*Livro dos Espíritos* – cap. X)

Tarcísio foi levado para o Hospital de Refazimento, enquanto na Terra os encarnados tentavam entender a razão de uma única pessoa não ser vista e por isso sucumbir entre as chamas. Tarcísio, em paz, era alvo da alegria dos espíritos, que o receberam com alegria pela vitória alcançada. Através de séculos de sofrimento o mais diverso aprendera a amar e respeitar as pessoas; sofrera duramente por conta do desequilíbrio e crueldade de outrora, e agora, sem as mazelas de seu passado escabroso, alçaria vôo rumo à sua evolução.

Nada fica esquecido na eternidade, e, mesmo que nossa mente não se recorde mais, pagaremos por todos os crimes e erros praticados contra nosso semelhante na mesma proporção do estrago que causamos a eles, seja no físico ou espiritual. Mas Deus, em sua infinita bondade, permite que cada um o faça de acordo com o seu tempo. Nem que dure anos ou séculos, tudo será resgatado.

Nos momentos em que os sofrimentos são mais atrozes, deve-se deixar espaço para o amor de Deus.

A vida é um bem precioso, e não é prudente desperdiçar a oportunidade recebida para que se modifique a triste história de erros e enganos. Tudo o que for semeado em uma existência colhe-se em outra, e, como disse Jesus, tudo será cobrado até o último ceitil.

Jacira, como era de seu costume, encontrava-se em prece, sentindo a brisa e o perfume inigualável das formosas flores da espiritualidade, quando sentiu que não estava sozinha. Olhou para o lado e viu, próximo a ela, o espírito de uma mulher que aparentava ter cerca de quarenta anos. Percebeu seu rosto sombrio e a tristeza que nublava seu olhar. Acreditando que de alguma forma poderia ajudá-la, dirigiu-se a ela.

— Com licença, irmã, você está bem? Meu nome é Jacira, e sinto-a envolta em muita tristeza. Se permitisse, gostaria de ajudá-la, em nome de Jesus. Posso?

O espírito dirigiu-lhe o olhar entristecido e respondeu.

— Meu nome é Claudete. Não sei se poderia me ajudar, pois sou a principal e única responsável por tudo o que me faz sofrer; carrego a culpa daqueles que na Terra só conseguiram enxergar a si mesmos.

— Não está sendo muito severa consigo mesma, irmã?

— Não sei, acho que não. Estou apenas constatando o quanto vivi enganada no plano físico.

— Gostaria de conversar sobre isso?

— Se você quiser me ouvir, aceito. Sempre é bom dividir com alguém nossas angústias, sentimos maior alívio.

— Gostaria muito de ter a oportunidade de auxiliá-la de alguma forma, no que souber e for possível.

— É uma história de vaidade e egocentrismo. Hoje não posso lhe precisar o quanto me arrependo e envergonho de tanta leviandade.

— Não estou me dispondo a ouvi-la, Claudete, para julgar suas atitudes. Julgamento só cabe a Deus, não a mim, espírito ainda tão imperfeito, que mal consegue livrar-se da própria imperfeição.

Claudete silenciou por alguns instantes, e com coragem iniciou sua narrativa.

— Fui a filha caçula de uma família de poder aquisitivo alto. Pelo fato de ser a mais nova, tanto meus pais como meus irmãos satisfaziam-se em agradar-me o tempo todo. Era dotada de considerável beleza física e cresci acreditando ser merecedora de tudo o que fosse de melhor; enfim, achava-me o centro do universo, e tudo deveria girar à minha volta. Irava-me quando percebia não ser o alvo das atenções, e só me sentia feliz se todos estivessem aos meus pés, satisfazendo meus mínimos desejos.

— Bem, quando completei dezoito anos conheci Tomás e nos apaixonamos perdidamente; pouco mais de um ano depois, nós nos casamos. Para mim tudo eram flores. Meu marido me amava, residia em uma linda casa rodeada por belo jardim e possuía empregadas que me serviam. Tudo corria como um lindo sonho. Infelizmente, acordei, quando minha primeira filha nasceu. Para não deformar meus seios, neguei-me a amamentá-la, o que provocou inconformação em Tomás. Entreguei-a nas mãos de uma babá e passei a cultuar meu corpo e minha beleza que, na minha insanidade, imaginava estar perdendo, e culpava minha filha por isso. Tomás adorava a filha e meu egoísmo fez-me acreditar que estava perdendo seu amor. Mais uma vez culpei minha filha de usurpar o que me pertencia. Não queria dividir nada com ninguém, não importava com quem fosse. O tempo passou, e tivemos mais duas filhas. Foi como se o mundo desabasse na minha cabeça. Via meu mundo de sonho afastar-se cada vez mais de mim. Não dava a menor atenção para as crianças, irritava-me com seu barulho e não tinha a menor aptidão para cumprir meu papel de mãe. Entreguei-as definitivamente aos cuidados da babá, e não tomava o menor conhecimento do que com elas acontecia. Tomás passou a exercer o papel de pai e de mãe. As meninas o adoravam, e se distanciavam de mim. Por mais que minha família me alertasse, não dava ouvidos a ninguém, e cada vez mais culpava as crianças pelo estrago que a minha leviandade fazia-me acreditar que existia. Por várias vezes Tomás alertou-me do descaso com que as tratava, tudo em vão.

— Não a vejo fazer nenhum carinho em nossas filhas — dizia-me. — Você só consegue amar a si mesma. Poderá se arrepender mais tarde.

— Quando minha filha mais velha completou seis anos, fui acometida de uma doença grave, na época, incurável, que me colocou no leito. Não havia construído nenhum vínculo de amor com minhas próprias filhas; passara minha vida presa em mim mesma, e no leito comecei a me dar conta disso. Festas, compras e amigos acabaram. Comecei a me sentir completamente sozinha; nem Tomás dava-me o que eu esperava receber. Comecei a sofrer o descaso com o qual sempre tratara minhas filhas. As únicas visitas que recebia eram de meus pais, pois até meus irmãos pouco me visitavam, por conta de seus afazeres, diziam.

— Após seis ou sete meses, desencarnei, trazendo meu coração magoado pela solidão em que passei meus últimos dias na Terra. Amarguei algum tempo nas zonas menos felizes, e, quando aqui cheguei, recolhida, dei-me conta de que ninguém derramara nenhuma lágrima com sinceridade pela minha partida, além de meus pais e irmãos. Tomás, por conta das minhas atitudes indiferentes em relação a nossas filhas, foi se afastando de mim, pois compreendera quem eu era na verdade: uma pessoa egoísta e volúvel. Compreendi que não fazia falta para ninguém. Todos se sentiam mais felizes com a minha ausência.

— Hoje sei que está casado novamente com Heleninha, espírito nobre que se tornou uma verdadeira mãe para minhas filhas, que são amadas e felizes ao lado do pai e de dois irmãos, frutos do amor de Heleninha e Tomás.

— O que me angustia, Jacira, é saber que em nenhum momento sou lembrada, que não faço parte do amor e da saudade de minhas filhas. Não posso culpá-las porque sei que sou responsável por isso, não soube construir nenhum vínculo de amor entre nós; deixei-as ainda muito pequenas, sem condições de entender muita coisa. Para elas o que contava era o amor do pai e da babá, que era na verdade a mãe que conheciam e que está até hoje junto delas. Hoje já estão crescidas e tratam Heleninha como uma mãe verdadeira, com respeito, admiração e amor. Tudo o que perdi por não saber dar.

— Não se desespere, Claudete — disse-lhe Jacira —, agora é hora de você aprender que o amor é como uma flor, precisa de cuidados para não murchar. O que importa é você ter tomado consciência dos próprios erros e lutar para extirpar do seu espírito os sentimentos menores que afastaram você da oportunidade de viver o amor pleno ao lado dos seres que ama.

— Só não me conformo por não ter descoberto tudo isso enquanto estava ao lado de minha família; meu marido e minhas filhas. Fui tão cega, Jacira, que não conseguia enxergar nada nem ninguém além de mim mesma. Hoje tenho uma dor profunda, que vem do esquecimento; saber que não sou lembrada nunca, em nenhum momento, pelas minhas filhas. Sei que a responsável fui eu mesma, por nunca ter aprendido a amar de verdade.

— Acalme-se, Claudete, não se torture assim. Para tudo há solução, é preciso apenas aprender com os erros e os enganos cometidos, querer realmente melhorar como criatura de Deus, modificar-se através da compreensão de si própria. Todos erramos, e a nossa alegria é saber que sempre poderemos recomeçar. Deus almeja a elevação de Suas criaturas, e dá a todos a mesma oportunidade. A nossa tarefa é lutar para nosso aprimoramento espiritual. Vamos orar para acalmar nosso espírito?

— Claro, Jacira! Preciso de equilíbrio, e ele só virá através do meu relacionamento com o Plano maior.

— Fico feliz em ouvi-la se expressar assim. Realmente, nada se consegue se não for pelo caminho de Jesus.

Silenciaram.

Jacira dirigiu uma singela prece a Jesus, acompanhada de Claudete.

"— Senhor Jesus, Irmão amantíssimo e misericordioso, dirija seu olhar de paz até onde nos encontramos e compadeça-se de nós e de nossas misérias. Auxilie-nos a encontrar nossas verdades através do entendimento de suas palavras. Que a fé em nosso Criador surja cada vez mais autêntica para não cairmos na desesperança, nos erros e ansiedades.

Cada um de nós, Senhor, possui uma história de enganos; que possamos modificá-la com nossos atos de bondade e expressões de amor com quantos se aproximarem de nós. Assim seja."

— Obrigada, Jacira — disse Claudete emocionada.

— Não me agradeça. Lembre-se de que a cada prece pronunciada com sinceridade, a cada encontro que promovemos com o Pai, sentimos a Paz de Cristo envolvendo nosso espírito e fortalecendo-nos para prosseguir.

— O que mais almejo, Jacira, é conseguir tirar de mim essa angústia, esse desconforto por haver desprezado minhas filhas em razão de uma tola vaidade. Como poderei consertar, modificar essa atitude, dar a elas o meu amor? Como gostaria de novamente estar ao lado delas e de Tomás. Essa angústia não permite que eu retome meu equilíbrio.

— Volto a repetir, Claudete: caminhe sem pressa para conseguir perceber todas as flores do caminho. Um dia voltará a sorrir. Aguarde, Deus conhece suas necessidades e irá supri-las no momento adequado, para seu próprio benefício. No momento, estude, trabalhe e ame!

— Desculpe-me, preciso ir. Tenho tarefa a cumprir no hospital. Se precisar de mim, sabe onde me encontrar. Ou, então, pense em mim que virei ao seu encontro.

Despediram-se.

Vários dias se passaram desde esse encontro. Jacira, ocupada com seus afazeres de atendimento aos irmãos recém-desencarnados, não se encontrou mais com Claudete.

Entrando no quarto 102, a sala onde eram abrigados os recém-chegados da Terra, Jacira encontrou-se com Ivan e Jacob. Admirou-se da situação de Jaqueline, jovem de dezenove anos que chegara havia dois dias, mas que logo se dera conta da sua nova situação, devido ao seu preparo espiritual, conseguido através do estudo sistemático da Doutrina Espírita e todo um trabalho que desenvolvia participando de um grupo de jovens de uma casa espírita, atendendo as crianças de uma comunidade carente. A perturbação natural que acompanha o desencarne não chegou a completar quarenta e oito horas, e Jaqueline já tinha noção de si mesma e de sua nova vida. A fraqueza que a acometia era natural, mas não a impedia de perceber que já não pertencia mais ao mundo dos encarnados. Jacob ofereceu-lhe água fluidificada e ministrou-lhe passe magnético.

— Irá se sentir melhor, irmãzinha. Alegra-nos muito receber um espírito tão jovem com tanta bagagem espiritual para garantir-lhe um despertar tranqüilo, que só as criaturas de bem conquistam.

Jaqueline olhava Jacob com o semblante sereno e confiante. Com certa dificuldade, expressou-se.

— Meus pais... Como estão? Preocupo-me por minha mãe, deve estar sofrendo muito.

— Não pense neles agora, Jaqueline, pense em se harmonizar com sua nova vida. Mais tarde conversaremos sobre isso. Agora é importante o descanso.

— Por favor, irmão, vá ver meus pais.

Logo adormeceu, usufruindo o benefício do passe e da água que tomara.

Constatando que Jaqueline dormia suavemente, Jacob chamou Jacira e Ivan, perguntando-lhes:

— Tenho permissão para ir até o lar terreno de Jaqueline e levar conforto para seus pais, principalmente sua mãe, que se entrega ao desespero. Acompanham-me?

— Claro, Jacob, vamos.

Encontraram os pais de Jaqueline sentados na sala de estar, conversando com a orientadora do centro espírita que a filha freqüentara.

Dona Neide dizia para aqueles pais sofridos:

— Senhor João, dona Maura, não vou pedir-lhes que parem de chorar porque seria incoerência, e até falta de caridade, impedi-los de viver à sua maneira a dor que sentem. Chorem, mas não se desesperem nem se voltem contra Deus.

Dona Maura, mais nervosa que o marido, respondeu.

— A senhora me pede para não me desesperar? Como conseguir isso quando vivo a morte de minha filha mais velha? É muito duro estar diante da morte.

Dona Neide ia responder quando Jacob aproximou-se dela, inspirando o que deveria dizer àquela mãe sofrida. Sendo médium atuante, Neide imediatamente identificou o espírito e, confiante, entregou sua mente a ele, recebendo e sendo fiel ao pensamento de Jacob.

— Dona Maura, a senhora diz sofrer a morte, mas deveria sofrer a separação, pois sua filha continua viva. É impossível morrer, porque a morte não passa de uma transformação do ser que se muda para outra dimensão, outro plano na imensa casa de Deus. Sendo assim, a morte nada mais é do que uma ilusão. Para retornar à casa do Senhor é necessário deixar na Terra o corpo físico, porque ele não faz parte do mundo astral; nosso espírito, ao contrário do corpo, faz parte do mundo astral, e o que chamamos de morte nada mais é que a volta do espírito à sua origem. Sofremos pela separação do corpo que aprendemos a amar ao longo dos anos, mas o espírito continua sendo o alvo desse amor e o recebe onde estiver. A vida é muito maior do que a destruição de um corpo de carne. O espírito que retorna continua o mesmo que era quando encerrado no corpo denso da matéria. Sua filha, como todos que retornam, prossegue com a vida na espiritualidade; ama e sente saudade como os que ficaram.

— Mas a saudade é grande demais; a dor chega a machucar! — desabafou Maura.

— Eu acredito, e é justo que seja assim. Causaria surpresa se a senhora não sentisse essa tristeza em seu coração. É natural que assim seja, o que não é prudente é o desespero, a blasfêmia e a revolta.

— O que eu faço, dona Neide?

— Sofra com Jesus, achegue-se ao amor do querido Mestre e não perderá o equilíbrio. Deus é tão bondoso que deu a todos nós a memória. A senhora sempre poderá lembrar de Jaqueline porque ela estará viva em seu coração e presente em sua memória, que a fará recordar os melhores momentos de sua vida ao lado da filha querida. Veja como Deus nos cerca com todas as possibilidades para amenizar nossa dor, mesmo quando ela é grande demais.

Timidamente, João perguntou a Neide:

— Será que nossa Jaqueline está bem? Amparada pelos bons espíritos? Será que não está sofrendo?

Jacob continuou inspirando Neide.

— Com certeza ela está bem, senhor João. Amparada pelos espíritos amigos que trabalham subordinados a Jesus, em algum hospital da espiritualidade. Ela possuía méritos para conquistar uma desencarnação de paz, sem sofrimento e sem angústia. Quanto a ela acredito que podem ficar tranqüilos, deve estar em paz. Mas, se a amam, enviem-lhe pensamentos de amor, de harmonia e de saudade serena. O choro desarrazoado denota falta de fé e poderá levar a ela o desequilíbrio.

— Como pode, dona Neide, uma garota de dezenove anos, menina ainda, morrer de enfarto fulminante! Tão nova e cheia de vida! Nunca imaginamos que poderia ter algum problema cardíaco. Se ao menos tivesse ficado doente...

— Será que iriam preferir vê-la sofrer, talvez sem nada que pudessem fazer para aliviar suas dores? A desencarnação rápida livrou-a do sofrimento porque não deve nem ter percebido que partiu. Deus sabe sempre o que merecem suas criaturas. Por que não lhe enviamos uma prece?

— Gostaríamos muito; pode orar conosco?

— Com satisfação.

No instante em que Neide encerrou a sentida prece feita em favor de Jaqueline, Maura, como se estivesse só, falou com a filha.

"— Filha, meus olhos brilham quando me lembro de você, que me traz paz, amor, verdade e fé. Sinto-a tão junto de mim que o tremor em meu corpo me dá a certeza de sua proximidade. Amo você, filha, intensamente. Vou viver esperando o dia do nosso reencontro, trabalhando para o irmão necessitado, por você e por amor. Vamos prosseguir juntas, caminhando com Jesus; não podemos nos tocar, mas nosso amor nos ligará para sempre."

Quando Maura terminou, nem João nem Neide ousaram dizer nada, pois as lágrimas que desciam pelo rosto de ambos falavam o que lhes ia ao coração. João levantou-se e, abraçando a esposa, misturou suas lágrimas às dela.

Jacob, entrando no quarto para ver Jaqueline, encontrou-a mais disposta e mais fortalecida. Assim que o viu, disse-lhe:

— Obrigado, Irmão Jacob, pelo bem que fez aos meus pais. Recebi a prece de minha mãe e sinto-me feliz porque sei que as pessoas que amo e que ficaram estão em paz.

Os encarnados que se separam de seus entes queridos devem enviar-lhes serenidade em forma de preces sentidas e sinceras.

Capítulo XIX

Divina solução

Jacob fora designado para ir ao auxílio de Claudete, que, embora o tempo passasse, não conseguia se livrar da culpa que a atormentava. Acompanhado como sempre de Jacira, foi ao seu encontro. Ao vê-la, sentiu desconforto, pois constatou que pouco avançara para uma posição mais equilibrada.

Claudete imprudentemente se intimidou com as dificuldades que encontrara e, em vez de fazê-las motivo para exercitar a capacidade de lutar e enfrentá-las, procurando seu equilíbrio e aprimoramento espiritual, entregara-se totalmente ao desânimo e à culpa por não ter conseguido perceber a bênção que fora sua vida na Terra; e isso a atormentava cada vez mais.

A culpa domina a mente da criatura que agiu de maneira leviana, infringindo as leis divinas e também as do homem. O sentimento de culpa aparece no limiar do arrependimento. É como se fosse o despertar da consciência; e Claudete, não suportando suas próprias atitudes de outrora, sucumbia no desequilíbrio.

— Minha querida irmã — disse Jacira —, por que se deixou levar dessa maneira por esse sentimento de remorso? Por que não procurou auxílio no Mestre que a todos ampara?

Fraca e confusa, Claudete respondeu:

— Não tive forças, Jacira. Tentei lutar, enfrentar a mim mesma, mas o sentimento de perda consome meu espírito. Estou desejando o que não posso ter mais: minhas filhas.

Jacob, como um pai, aproximou-se mais daquele espírito que amargava seu engano de outrora e que não conseguia enxergar o caminho que se abria à sua frente.

— Claudete — dirigiu-se a ela —, quando tomamos consciência dos nossos erros e enganos devemos usá-la para o aprimoramento da alma, comportando-nos em acordo com os ensinamentos recebidos do bem e do amor. É preciso querer melhorar e se esforçar para que este aperfeiçoamento aconteça; caso contrário, mergulhamos no abatimento e passamos a não acreditar em nós mesmos e na capacidade que todos têm de modificar e retomar o caminho seguro.

— Não viemos aqui para julgar seu comportamento, e sim para dizer-lhe da capacidade que possui de reverter essa situação desgastante e improdutiva, transformando esse estado em que se encontra em uma grande oportunidade de crescimento.

— Não sei fazer isso — respondeu Claudete.

— Pode não saber fazer sozinha — considerou Jacob —, mas se procurar auxílio na sabedoria de Jesus e no Seu amor verá que a solução de sua aflição aparecerá clara e verdadeira. Necessário se faz confiar na possibilidade existente, Claudete; é preciso acreditar na capacidade que todos têm de reverter as situações enganosas nas quais se metem através da leviandade de querer só para si o que julgam felicidade.

Jacira, pedindo licença a Jacob, disse:

— Claudete, é muito importante prestar atenção em nossas atitudes e o que prendemos em nós mesmos, porque o sofrimento dura enquanto durar a teimosia e a relutância em se melhorar. Nosso Criador não quer que nenhuma de suas criaturas sofra, mas respeita a vontade de seus filhos porque deu a todos o livre-arbítrio.

— Bem colocado, Jacira. Parabéns!

— Obrigada, Jacob.

— Precisamos ir. Entregue-se à meditação, Claudete, e pense em tudo isso, refletindo, analisando e buscando ajuda em Cristo. Achará solução para o que está se tornando um grande obstáculo para sua ascensão espiritual: a culpa. Viremos ter com você sempre que pudermos e necessário for.

"Quem é, com efeito, o culpado? É aquele que por extravio, por um falso impulso da alma se afasta do objetivo da criação, que consiste no culto harmonioso do belo e do bem idealizados pelo arquétipo humano, pelo homem-deus, por Jesus Cristo."

Oh! Em verdade vos digo, cessai, cessai de pôr em paralelo, na eternidade, o Bem, essência do Criador, como o Mal, essência da criatura: isso seria criar uma penalidade injustificável. Afirmai, ao contrário, o abrandamento gradual dos castigos e das penas pelas transmigrações e consagrareis, pela razão ligada ao sentimento, a unidade divina." (Paulo, o apóstolo – *Livro dos Espíritos* – Questão 1009)

Jacob e Jacira dirigiram-se cada um às suas tarefas. Jacira, com o intuito de cada vez mais se aprimorar, aliava seu estudo ao trabalho edificante, sempre ao lado dos necessitados.

Atraída pelo borbulhar da água cristalina que caía na fonte, sentou-se para um breve descanso e entregou-se à análise da palestra de Madre Teresa que ouvira horas antes. "Quanto amor e sabedoria possui esse querido espírito!", pensava.

Em um relance, todas as palavras ditas pela Madre apareceram em sua mente como se as visse em uma grande tela, fazendo-a recordar.

"Necessário se faz limpar nosso espírito do ranço e dos miasmas da imperfeição, e aprender a desculpar e perdoar é sempre um ótimo começo para adentrarmos o bem. Todos cometemos falhas e imprudências e necessitamos da misericórdia de Deus para consertarmos nossos erros e nos ajustarmos na vida. Se nosso Pai nos concede esse direito por meio de novas oportunidades para recomeçar, por que nos achamos no direito de julgar aquele semelhante que nos magoou?

Pensem nisso, meus irmãos. Oportunidade perdida é felicidade adiada. O que relutamos em fazer por considerar trabalhoso nos dará trabalho dobrado quando for preciso consertar o estrago feito a fim de recuperarmos a paz em nossa consciência.

A alma que se torna o oásis do bem, em meio a tantas possibilidades de erro, transforma-se no abrigo do amor de Jesus, e é nesse abrigo que se encontra a verdadeira felicidade."

"Que espírito nobre!", pensou Jacira com emoção. Agradeço a Jesus a oportunidade de poder aprender com um espírito como Madre Teresa.

Jacira foi interrompida em suas reflexões ao ouvir um som semelhante ao choro de uma criança. Não demorou e viu, sentadinho na grama, o espírito de uma menina com a aparência de quatro anos mais ou menos.

Aproximou-se dela com carinho.

— Meu amor, por que está sozinha e chorando?

A criança olhou-a tristemente e nada respondeu.

— Qual o seu nome? — insistiu Jacira.

— Terezinha.

— Por que chora, Terezinha?

— Sinto saudade da mamãe.

— Ela está na Terra?

— Sim... Ela, papai e meus irmãos. Só eu estou aqui.

— Você sabe como veio para cá?

— Não. Eu "tava" doente e senti vontade de dormir, e quando acordei já "tava" aqui.

— Olha, Terezinha, não precisa chorar. Sua mamãe ama muito você, mas ela precisa terminar a tarefa dela lá na Terra, por isso ela ainda não pode vir. Mas você vai ficar esperando por ela aqui na casa do Papai do Céu.

— Quando ela terminar ela vem pra cá?

— Claro. Quando o Papai do Céu achar que ela já fez a tarefa dela direitinho, Ele vai trazer sua mamãe para junto de você.

— E o que vou ficar fazendo aqui?

— Vai brincar com outras crianças, que também estão esperando a mamãe delas! E vai estudar, para aprender muita coisa bonita e conhecer Jesus, que é seu amigo e ama todas as crianças. Não precisa chorar, porque você não vai ficar sozinha e é muito amada. Vou levá-la até o lugar onde está, mas prometa-me que não vai mais sair sem permissão de quem cuida de você.

— Prometo.

Terezinha envolveu Jacira com o abraço inocente das crianças.

"— Com a morte da criança, o espírito retoma imediatamente o seu vigor primitivo?

— Assim deve ser, pois que está desembaraçado do seu envoltório carnal; entretanto, ele não retoma a sua lucidez primitiva enquanto a separação não estiver completa, ou seja, enquanto não desaparecer toda a ligação entre o espírito e o corpo." (*Livro dos Espíritos* – perg. 381)

Claudete lentamente foi melhorando. Freqüentava com assiduidade as palestras de Madre Teresa, assim como do Irmão Lucas, e cada vez mais conseguia entender que um erro não justifica o outro. O que fazia era se esconder na sua culpa, evitando e retardando seu crescimento espiritual.

— Devemos aprender e crescer com nossos erros — dizia-lhe sempre Jacob. — Não lutar para vencer nossas más tendências é estar novamente se enganando, ofuscando a luz que sem dúvida iria iluminar nosso espírito se abríssemos a porta de nós mesmos através do próprio esforço.

— É mais forte que eu — repetia Claudete. — As dores morais são mais fortes que as físicas, e eu sinto a dor do meu fracasso.

— Claudete, o Senhor conhece nossas dúvidas, medos e nossa dificuldade de superação, mas mesmo assim ama a cada um de nós. Nem sempre temos forças para lutar, mas, se nos agasalharmos no amor de Deus, nos tornaremos gigantes para vencer as dificuldades que se apresentam e ir em busca da paz.

Nessas horas, Claudete silenciava e seu pensamento vagava solto, como se procurasse em algum lugar a força que lhe faltava. Tornara-se muito próxima de Jacira que, incansável, dava-lhe todo o apoio necessário para ajudá-la a vencer seus medos e remorsos.

Soubera que sua família terrena conseguira construir uma vida de paz e harmonia, e em vista disso viviam com equilíbrio e felicidade. Tomás e Heleninha completavam-se plenamente e nenhuma de suas filhas sentira, em todos esses anos, nenhuma diferença entre elas e os dois filhos que seu pai tivera com a esposa.

— São minhas filhas — dizia Heleninha sempre que as apresentava a alguém.

Claudete, embora mais fortalecida e consciente da necessidade de se esforçar para vencer sua ação negligente de outrora, nunca conseguira permissão para voltar ao seu antigo lar terreno. Os superiores temiam seu desequilíbrio ao constatar a harmonia em que viviam e retroceder em seu crescimento, pois nunca deixara de sofrer o esquecimento do qual era alvo.

Sueli, a filha mais velha de Claudete, completara vinte anos. Namorava Gilson, rapaz trabalhador que se apaixonara por ela assim que a conhecera, e fora por ela correspondido.

O relacionamento dos dois jovens era visto com bons olhos e satisfação por Tomás e Heleninha. Admiravam o caráter do rapaz e sua maneira prudente de conduzir a vida. Era órfão de pai e, como filho mais velho, ajudava a mãe na educação dos irmãos menores.

Sueli entrou correndo em sua casa, e surpreendeu seus pais pela alegria que trazia em seu rosto.

— O que aconteceu, filha?

Sueli respirou fundo e, sem se preocupar em disfarçar sua agitação, disse, eufórica:

— Pai... Mãe... Sou a pessoa mais feliz do mundo!

— Se nos explicar por que, podemos usufruir dessa sua alegria...

— Gilson me pediu em casamento!

A alegria foi geral. Abraçaram-se felizes. Após toda a demonstração de contentamento e aprovação, Heleninha, abraçando-a, disse-lhe:

— Sueli, casamento é um passo muito sério e de muita responsabilidade. Necessita ser bem pensado. É preciso muito amor para construir uma família feliz e equilibrada, dentro dos bons costumes e das leis divinas. Por essa razão vou lhe perguntar: Você o ama o suficiente para iniciar uma vida com ele, fazendo-o feliz no dia-a-dia, enfrentando dificuldades e aflições que poderão surgir no caminho?

Sueli, meiga como sempre, respondeu:

— Não se preocupe, mãe. Eu o amo sim e quero construir e enfrentar minha vida ao lado dele; e acredito que, assim como eu, ele também tenha o mesmo pensamento. Seremos felizes, tenho certeza disso, porque nosso amor não é apenas físico: ele se fortalece em nossas almas.

— Se é assim, filha, tem a nossa bênção e o nosso apoio, em qualquer situação, sempre que achar necessário.

Abraçando o pai, Sueli disse, emocionada:

— Obrigada, pai, por hoje e por todos os dias da minha vida.

— Também mereço um beijo?

— Evidente que sim. Merece um beijo e a minha gratidão por ter acolhido, como filhas, a mim e minhas irmãs. Todas nós nos sentimos suas filhas, e você é a nossa mãe de verdade.

Com lágrimas nos olhos, as duas se abraçaram.

Dezoito meses se passaram.

Sueli e Gilson, como todos esperavam, viviam em completa harmonia. Amavam-se de verdade, e construíram o lar edificado nas leis divinas, onde não faltava o respeito, o amor e a caridade. Gilson, apoiado por Sueli, continuava ajudando sua mãe, que, em agradecimento, tratava Sueli como se sua filha fosse.

Claudete foi chamada ao Departamento de Reencarnação, o que a deixou preocupada.

"Não entendo o que querem comigo", pensou.

Pediu a Jacob e Jacira que a acompanhassem, no que foi prontamente atendida.

— O que será que desejam de mim, Jacob?

— Calma, Claudete, esse Departamento só trata de reencarnação, do retorno ao mundo físico. Pode ser que conquiste uma nova oportunidade para livrar-se da sua dor.

— Será? — Jacira se surpreendeu.

— Logo saberemos.

Entraram e foram recebidos com alegria por Clemente, o responsável pelo Departamento.

— Claudete pediu-nos que a acompanhasse, Clemente. Importa-se?

— Jacob, é claro que não. Precisamos conversar e acredito que nossa irmã Claudete gostará muito do que irá ouvir. Sempre é prudente enviar um pedido de auxílio ao Mestre. Vamos orar.

Clemente iniciou uma pequena e singela prece na qual todos o acompanharam.

"— Deus, nosso Criador, deste-nos a vida uma vez e sabemos que nos dará quantas vezes forem necessárias para que possamos aprender o bem, lutar contra o mal e quitar nossos débitos do pretérito com a lei. A cada criatura que se encerra em um corpo de matéria, vemos vossa bondade se fazendo presente, e é nessa bondade que queremos mergulhar para dar uma finalidade útil à nossa existência, como vossas criaturas que somos. Assim seja."

— Compreendeu o porquê de sua presença aqui? — perguntou Clemente a Claudete.

— Compreendi, mas não ouso dizer.

— Então eu lhe digo que recebeu a misericórdia do nosso Divino Amigo e irá reencarnar.

— Vou voltar para a Terra?!

— Exatamente. Durante anos lutou para esquecer o mal que fez a si mesma. Suas filhas, a bem da verdade, não sofreram, pois encontraram em Heleninha a mãe que tanto desejaram. Mas você, ao contrário, carrega por anos a fio a culpa de não ter sido mãe de verdade. Esse sentimento vem prejudicando seu progresso; você não se liberta, ao contrário, prende a si mesma. Enfim, os superiores acharam que somente retornando à sua antiga família conseguiria acalmar seu espírito, usufruindo o amor de suas filhas.

— Perdoe-me, mas não compreendo como posso voltar à minha família terrena.

— Sueli, sua filha mais velha está casada. Ela e seu marido decidiram ter um filho, e solicitaram essa graça a Jesus, que a concedeu. Bem, retornará em sua antiga família como filha de Sueli, e receberá o seu amor. Tomás a amará como seu avô, e as outras filhas a amarão como tias. Dessa forma reconquistará o amor de todos que você lamenta ter perdido. É a grande chance de rever suas atitudes; refazer sua vida com os sentimentos nobres que irão direcioná-la para o caminho seguro.

— Não possuirá grande beleza, assim o risco de novamente cair na tola vaidade é menor; não será brilhante em nada, será uma pessoa comum, como a maioria das pessoas. Jesus está lhe dando a grande oportunidade de evoluir, mas é preciso que faça a sua parte; esforce-se e lute contra as suas imperfeições. Será muito amada e aprenderá o que na verdade é o amor.

Claudete tinha os olhos rasos de lágrimas.

— Irmão Clemente, quando iniciarão os preparativos para minha encarnação?

— O quanto antes, e se faz necessário que fique aqui desde já. Sueli e Gilson estão tentando a gravidez que ainda não aconteceu, mas acontecerá em breve, e nesse momento você será ligada ao útero de Sueli.

— Obrigada, Jacob! Obrigada, Jacira! Olhem por mim para que eu não me desvie do caminho que leva a Jesus.

— Boa sorte, Claudete. Todos iremos auxiliá-la em seus momentos de fraqueza — disse-lhe Jacira.

— Isso mesmo, Claudete. Os espíritos amigos acompanharão sua caminhada na Terra. Jesus a protegerá como filha querida. Boa sorte.

Abraçaram-se, e Claudete foi conduzida ao setor apropriado, levando em seu espírito a esperança do recomeço. Jacob e Jacira, despedindo-se de Clemente, retornaram às suas tarefas.

Claudete, ligada ao útero de Sueli, aguardava o momento de entrar no mundo físico. Sua perturbação foi aumentando, até o instante em que perdeu a noção de si mesma.

Em uma linda manhã de primavera, Claudete renasceu no mundo dos encarnados, e no colo de sua mãe recebia os primeiros dos muitos carinhos que fariam parte de sua vida.

Enquanto dormia nos braços amorosos de Sueli, era alvo dos olhares de amor de seu pai, avô e tias.

Mais uma vez a misericórdia de Deus se fazia presente.

"A reencarnação se funda na justiça de Deus e na revelação: um bom pai deixa sempre aos filhos uma porta aberta ao arrependimento. A razão não diz que seria injusto privar para sempre da felicidade eterna aqueles cujo melhoramento não dependeu deles mesmos? Todos os homens não são filhos de Deus? Apenas entre os homens egoístas é que se encontram a iniqüidade, o ódio implacável e os castigos sem perdão.

Todos os espíritos tendem à perfeição, e Deus lhes proporciona os meios de consegui-la com as provas da vida corpórea. Mas, na sua justiça, permite-lhes realizar, em novas existências, aquilo que não puderam fazer ou acabar numa primeira prova.

Qual é aquele que, no fim de sua carreira, não lamenta ter adquirido demasiado tarde uma experiência que já não pode aproveitar? Pois essa experiência tardia não estará perdida: ele a aproveitará em uma nova existência." (*Livro dos Espíritos* – cap. IV)

Considerações

Irmãos meus, chegamos ao fim de mais uma caminhada através das páginas deste livro, modesta contribuição desse espírito que tem como objetivo a evolução de cada um. É bem verdade que a partir dos esclarecimentos aqui descritos é prudente iniciar o percurso seguro que nos leva até o Criador pela rota do nosso aprimoramento espiritual.

Tanto os encarnados quanto aqueles que já se despojaram do envoltório carnal necessitam desenvolver os sentimentos nobres que levam o espírito à verdade da própria existência, elevando-o mais dignamente à condição de criatura de Deus.

Por que entregar o coração às virtudes que enobrecem a alma humana?

Por que promover a própria felicidade em concordância com a felicidade alheia?

Por que praticar todo o bem que se pode sem esperar recompensa ou perguntar se o beneficiado merece nossa bondade?

Por quê?

Porque um dia, meus queridos irmãos, as respostas chegam, e, com elas, não raro, chegam o arrependimento, as dores, as angústias e os medos.

Todas as criaturas têm direito à felicidade e à paz no reino de Deus, mas nem todas fazem por merecer essa bênção do Criador. Enquanto alguns se entregam à única ocupação de promover seu bem-estar correndo atrás de incontáveis bens materiais para a satisfação de seus amplos desejos de consumo, outros lutam para conseguirem apenas matar sua fome e saciar sua sede, o que muitas vezes não acontece, porque são raras as mãos que se estendem.

Ninguém, nenhuma criatura ficará isenta de obter suas respostas, e a reação de suas ações virá a galope. Somos responsáveis por nós mesmos, temos a livre escolha para seguirmos o rumo que quisermos, mas na verdade cada um receberá o que fez por merecer. "O plantio não é obrigatório, mas a colheita sim." A lei divina não possui dois pesos e duas medidas; é imutável e absolutamente justa.

É prudente conter as lágrimas futuras através do esquecimento de si mesmo e da lembrança do semelhante. A oportunidade de renovação acontece diariamente, e é essa oportunidade que não se deve desprezar. A glória terrena nem sempre é compatível com a glória no reino de Deus. Como disse Jesus: "Aquele que se exalta será humilhado, aquele que se humilha será exaltado".

A luta por um coração melhor é constante e árdua; mas é só através desse coração mais amoroso que o mundo será modificado, que o mal será anulado e o bem reinará em todo o seu esplendor. Modificar o mundo é antes de tudo modificar-se a si mesmo. Cabe a todos contribuir para essa transformação, que somente acontecerá se o próprio homem se transformar.

A paz irá acontecer na proporção que o homem aprender a dar nova forma ao seu caráter, mudar seus conceitos insignificantes e enganosos; extirpar o preconceito, a ambição e o egoísmo que o leva à condição primária.

Quando a manjedoura acolheu o rebento era para que o tempo zerasse e a humanidade iniciasse a construção de um mundo melhor. Porém os séculos se passaram, e cada vez mais o homem se perde em seu coração ambicioso e egoísta.

Silenciem, meus irmãos, por alguns segundos e ouçam as inspirações dos bons espíritos que trabalham como tarefeiros de Jesus, lembrando ao homem que nada conseguirá terminar com o bem e o amor que devem ser exercitados, e que existirão para sempre, porque são a matéria-prima da felicidade e do amor universal. Aqueles que compreenderem isso não irão se envergonhar, nem se arrepender quando suas respostas chegarem...

Amparar os desvalidos é um desafio que precisa ser vencido, se quisermos realizar o sonho de um mundo melhor.

Irmão Ivo.

Leia os romances de Schellida!
Emoção e ensinamento em cada página!
Psicografia de Eliana Machado Coelho

Um Diário no Tempo
A ditadura militar não manchou apenas a História do Brasil. Ela interferiu no destino de corações apaixonados.

Despertar para a Vida
Um acidente acontece e Márcia, uma moça bonita, inteligente e decidida, passa a ser envolvida pelo espírito Jonas, um desafeto que inicia um processo de obsessão contra ela.

O Direito de Ser Feliz
Fernando e Regina apaixonam-se. Ele, de família rica, bem posicionada. Ela, de classe média, jovem sensível e espírita. Mas o destino começa a pregar suas peças...

Sem Regras para Amar
Gilda é uma mulher rica, casada com o empresário Adalberto. Arrogante, prepotente e orgulhosa, sempre consegue o que quer graças ao poder de sua posição social. Mas a vida dá muitas voltas.

Um Motivo para Viver
O drama de Raquel começa aos nove anos, quando então passou a sofrer os assédios de Ladislau, um homem sem escrúpulos, mas dissimulado e gozando de boa reputação na cidade.

O Retorno
Uma história de amor começa em 1888, na Inglaterra. Mas é no Brasil atual que esse sentimento puro irá se concretizar para a harmonização de todos aqueles que necessitam resgatar suas dívidas.

Obras de Irmão Ivo: leituras imperdíveis para seu crescimento espiritual

Psicografia da médium Sônia Tozzi

O Preço da Ambição

Três casais ricos desfrutam de um cruzeiro pela costa brasileira. Tudo é requinte e luxo. Até que um deles, chamado pela própria consciência, resolve questionar os verdadeiros valores da vida e a importância do dinheiro.

A Essência da Alma

Ensinamentos e mensagens de Irmão Ivo que orientam a Reforma Íntima e auxiliam no processo de autoconhecimento.

O Amor Enxuga as Lágrimas

Paulo e Marília, um típico casal classe média brasileiro, levam uma vida tranqüila e feliz com os três filhos. Quando tudo parece caminhar em segurança, começam as provações daquela família após a doença do filho Fábio.

Somos Todos Aprendizes

Bernadete, uma estudante de Direito, está quase terminando seu curso. Arrogante, lógica e racional, vive em conflito com familiares e amigos de faculdade por causa de seu comportamento rígido.